고객 경험을
업그레이드하는
FAQ
작성의 기술

고객 경험을 업그레이드하는

Frequently
Asked
Question

히구치 게이이치로 지음
박수현 옮김

작성의 기술

유엑스 리뷰

시작하며

이 책은 효과적인 FAQ 작성법을 쉽게 해설한 책입니다.

이제 '자주 묻는 질문'이라는 말은 누구에게나 친숙할 겁니다. 일반 기업, 공공기관, 학교(이하 모두 아울러 기업이라고 칭함)의 웹 사이트라면 십중팔구 '자주 묻는 질문'을 모아 둔 페이지를 찾아볼 수 있을 정도니까요. 보통 '자주 묻는 질문'을 FAQ라고 부르며, 이를 모아 둔 사이트가 바로 FAQ 사이트입니다.

이 책을 손에 든 여러분은 분명 FAQ 사이트에 접속한 적이 있을 것이고 일부는 FAQ 사이트 제작에 관여한 적도 있을 것입니다. 그때 목적을 확실히 달성할 수 있었나요? FAQ를 통해 문제를 해결했나요? 혹은 사용자에게 도움이 되는 FAQ를 만들었나요?

통계에 따르면 FAQ를 통해 사용자가 문제를 해결하는 비율은 대략 세 명 중 한 명 이하로 매우 낮다고 합니다. 여러분의 경험에 비추어 보아도 그렇지 않을까 합니다.

비즈니스에 별로 도움이 되지 않는 FAQ는 해결해야 할 중요한 과제입니다. 아직도 FAQ가 도움이 되지 않아 콜센터를 이용하는 사용자가 많은 듯합니다. 콜센터 비용은 물론이고 FAQ 사이트에 최신 시스템을 도입하는 데도 막대한 비용을 듭니다. 그런데도 사용자의 문제 자기 해결률은 그다지 높아지지 않았습니다. 도움이 되지 않는 FAQ는 사용자도 성가시게 만듭니다. 애써서 찾았는데 문제가 해결되지 않아 결국 콜센터에 전화하게 되면 귀중한 시간을 낭비한 기분이 듭니다.

이 책에서는 FAQ가 사용자의 문제를 해결하지 못하는 원인인 FAQ, 즉

FAQ를 위해 작성되는 글의 품질에 특히 초점을 맞추었습니다.

사용자에게 인터넷, 웹 사이트, FAQ 시스템은 그저 도구일 뿐입니다. 사용자가 원하는 것은 FAQ입니다. 만약 FAQ 문장이 치졸하여 이해하기 어렵고, 오해할 여지가 있어 믿기 어렵고, 글자가 많거나 말이 어려워서 읽기도 싫다면 사용자가 도움이 되지 않는다고 생각하는 것은 당연한 일입니다.

전형적인 저품질 FAQ는 다음과 같습니다.

Q : 로그인이 안 됩니다.
A : 비밀번호가 기억나지 않는 분은 여기 안내에 따라 주십시오.

누구나 이와 같은 FAQ를 본 적이 있지 않을까요. 이 책을 읽으면 왜 품질이 낮다고 하는지, 어떻게 고쳐 쓰면 좋을지 이해가 될 것입니다.

지극히 일반적으로 보이지만 사실은 그다지 도움이 되지 않는 FAQ는 대부분의 기업 FAQ 사이트에서 찾아볼 수 있습니다. 기업의 FAQ 담당자라면 이 책을 읽고 아차 싶어 바로 고쳐 쓰고 싶어지지 않을까요. 저품질 FAQ는 사용자의 문제와 기업의 과제를 해결하지 못하는 데 그치지 않고 기업의 이미지를 실추시킬지도 모릅니다.

이 책에서는 다른 웹/앱 글쓰기 서적들이 비중있게 다루지 않았던 FAQ 문장에 주목합니다. FAQ의 품질이란 무엇인가, 저품질 FAQ를 고품질 FAQ로 개선하는 방법, 품질을 높이면 웹 사이트와 FAQ 시스템에서 얻을 수 있는 효과, 그리고 경영에 관한 효과 등을 다룹니다. 더불어 다양한 보기와 개선 사례도 소개하여 구체적으로 이해할 수 있도록 구성하였습니다. 읽기만 해도 이해될 테고, 이 책의 보기를 그대로 따라 하면 지금 당장이라도 FAQ를 개선할 수 있습니다.

이 책에서 소개하는 FAQ 작성법은 현재 고객 지원에 종사하는 사람뿐만 아니라 시스템 담당자, 엔지니어, 일반 회사원도 쉽게 배울 수 있습니다. 시스템이나 AI(Artificial Intelligence, 인공지능)를 개량할 때만큼 시간과 비용이 들지도 않습니다. 이 책을 한 손에 들고 읽으면서 바로 시작할 수 있습니다. 기업과 고객의 이익을 추구하고자 하는 경영진과 관리자에게도 도움이 될 내용이 담겨 있습니다.

한 가지 더, 이 책에서는 FAQ에 중점을 두고 설명하였지만 근본적으로 글쓰기 방법을 배움으로써 웹 페이지 글 작성, 비즈니스 메일 작성, 리포트 작성, 채팅하는 데도 이 책에서 다룬 해설과 보기를 충분히 참고할 수 있을 것입니다.

용어 설명

쉽게 이해하면서 읽을 수 있도록 이 책에서 사용하는 단어, 그리고 단어와 단어의 관계에 대하여 설명합니다.

- **FAQ**

FAQ(Frequently Asked Questions)의 약자이므로 본래 Q(Question)만을 가리키지만, Q와 A의 한 쌍이라는 의미로 쓰이는 경우가 많습니다. 따라서 이 책에서도 그와 같은 의미로 사용합니다.

- **Q와 A**

FAQ의 요소인 Q(질문)와 A(답변)를 가리킵니다. 문맥상 일부러 Q 문장과 A 문장, 혹은 질문글과 답글로 표현한 부분도 있습니다.

- **FAQ를 쓰다**

FAQ를 작문하는 것을 말합니다. 키보드로 입력하여 FAQ를 작문할 때도 이 책에서는 'FAQ를 작성한다'라고 표현합니다. 문맥에 따라 'Q를 쓰다', 'A를 쓰다', '질문글을 쓰다', '답글을 쓰다'라고 표현하기도 합니다.

- **FAQ 사이트**

기업이 FAQ를 공개한 웹 사이트를 말합니다. 사용자가 문제를 해결할 목적으로 접속하는 곳입니다. 본문에서는 단순하게 '사이트'라고 표현하기도 합니다.

- **콘텐츠**

FAQ를 가리키는데, FAQ 시스템과 구분하여 FAQ의 내용물을 표현하는 의미로 사용합니다.

• 퇴고

이 책에서는 FAQ를 개선하고자 글을 고쳐 쓰거나 재편집하는 것을 퇴고라고 표현합니다.

• FAQ 시스템

사용자의 FAQ 검색을 지원하거나, FAQ 제작자의 FAQ 분석 및 관리를 지원하는 소프트웨어를 가리킵니다. 많은 FAQ 사이트에서 FAQ 시스템을 도입하였습니다.

• 챗봇

카카오톡 같은 채팅식 인터페이스를 이용하여 사용자가 시스템과 대화하면서 FAQ에 도달하는 시스템입니다.

• AI(Artificial Intelligence, 인공지능)

본래 의미는 자기 학습을 통해 똑똑해지는 인공지능 시스템을 말합니다. 이 책에서는 최근에 사람들이 AI라고 부르는 사용자 데이터 정보 검색, 수집, 분석 시스템, 사용자 인터페이스를 가리킵니다.

FAQ 표기

이 책에서는 FAQ의 보기를 다음과 같이 표기합니다.

> **Before**
>
> Q : 배송비 무료에 관하여.

> **After**
> Q : 배송비 무료인 상품을 알려주세요.

개선 전 FAQ는 검정색으로, 개선 후 FAQ는 초록색으로 표시하였습니다.

• 기업

이 책에서는 일반 기업, 관공서, 지방 자치 단체, 커뮤니티,, 학교를 아우르는 총칭으로써 사용합니다.

• 사용자

기업의 제품과 서비스를 구매하거나 이용하는 고객을 말합니다. 이 책에서는 '사용자가 FAQ를 찾는다', '사용자가 이해한다, '사용자가 스스로 해결한다(자기 해결)'와 같은 표현을 사용합니다.

• FAQ 벤더

FAQ 사이트 및 FAQ 시스템을 제공하고 유지 관리하는 회사입니다. 본문에서는 시스템 벤더라고 표현하기도 합니다.

• FAQ 제작자

FAQ를 준비, 공개, 갱신, 분석, 유지 관리 등 일련의 운영을 담당하는 사람들을 모두 아울러 FAQ 제작자라고 표현합니다.

| 목차 |

시작하며 004

이 책을 읽는 방법 008

제1장 FAQ는 왜 중요할까 016

1.1 FAQ의 존재 의의 018

1.2 실제로 FAQ는 존재할 가치가 있는가 023

1.3 FAQ의 품질을 높인다 026

1.4 FAQ 사이트 개선을 위한 비용 032

1.5 FAQ 실패 사례와 성공 사례 034

제2장 FAQ를 작성하기 위한 기초 지식 038

2.1 고품질 FAQ의 조건 040

2.2 고품질 Q 043

2.3 고품질 A 049

2.4 고품질 Q와 A에 공통되는 문장 051

2.5 FAQ 콘텐츠 준비 057

2.6 FAQ를 쓰기 전의 기본적인 마음가짐 063

2.7 FAQ의 존재 의의를 시각화해 둔다 068

제3장 Q 작성법 072

3.1 Q를 이용해 해결 방안을 만든다 074

3.2 Q 작성법으로 심플한 A를 만든다 081

3.3 Q 문장에 오해의 소지를 두지 않는다 092

3.4 Q를 Yes/No 질문으로 쓰지 않는다 101

3.5 Q를 읽는 사람의 입장을 배려한다 112

3.6 Q 목록으로 시인성을 높이다 121

3.7 Q 목록에서 입도를 일정하게 만든다 135

3.8 Q 문장에 관한 다양한 아이디어 144

제**4**장 A 작성법 154

4.1 A 글에서 상황 구분을 하지 않는다 156

4.2 A에 너무 많은 정보를 담지 않는다 168

4.3 A와 Q를 일치시킨다 176

4.4 A에는 결론을 앞에 쓴다 185

4.5 A에서 사용하는 모든 말에 배려를 담는다 200

4.6 A는 조목별로 쓴다 212

4.7 A에서는 장식 및 기호를 효과적으로 사용한다 221

4.8 A에서는 링크를 효과적으로 사용한다 228

4.9 A에서는 시각적으로 사용자의 이해를 돕는다 236

제5장 FAQ의 가이드라인 제작법 244

5.1 기본 사항 246

5.2 FAQ(Q와 A) 작문 규칙 251

5.3 가이드라인 관리 258

제6장 FAQ 카테고리 만드는 법 262

6.1 카테고리화의 중요 포인트 264

6.2 고품질 카테고리화 268

6.3 다양한 카테고리 구성 278

제7장 FAQ의 분석과 유지 관리 294

7.1 분석과 유지 관리 297

7.2 분석값의 종류와 활용법 304

7.3 지속적 유지 관리를 통해 FAQ를 활성화한다 312

7.4 고품질 FAQ는 유지 관리도 하기 쉽다 320

7.5 유지 관리의 다음 단계 323

7.6 분석과 유지 관리의 효율화 325

제8장 FAQ 제작자가 알아야 할 FAQ 시스템의 구조 328

8.1 FAQ 시스템의 도입 목적과 효과 330

8.2 FAQ 시스템과 FAQ를 활용하기 위한 기초 지식 335

8.3 FAQ 시스템의 채택 349

마치며 355

감사의 말 358

제 1 장

FAQ는
왜 중요할까

FAQ는 일반적으로 사람들이
생각하는 것보다 훨씬 더 큰 가치가 있다.
먼저 FAQ의 존재 의의부터 한번 짚고 넘어가자.

1.1 FAQ의 존재 의의

고객용 FAQ 사이트로서

    기업의 제품이나 서비스를 구매한 고객을 위한 고객 지원은 이제 표준적인 서비스로 자리 잡았다.

    고객 지원을 대표하는 방법 중 하나로 콜센터를 꼽을 수 있다. 기본적으로 고객이 전화나 메일 등을 통하여 문의하면 이에 사람(상담원)이 대응한다. 콜센터는 고객과 기업이 직접 대화하는 '제2의 영업'이라고도 할 수 있으며 아주 중요한 역할을 한다. 따라서 기업에서는 응대(대화) 품질을 향상하는 데 진지하게 임한다.

    고객 지원을 대표하는 또 다른 방법으로 '자주 묻는 질문', 즉 FAQ 사이트를 들 수 있다. 제품이나 서비스에 관하여 고민되거나 궁금한 점을 사용자 스스로 해결(이하 자기 해결)할 수 있도록 기업의 웹 사이트에 마련되어 있다. 인터넷으로 정보를 찾는 사람이 많아진 요즘에는 거의 모든 기업에서 FAQ 사이트 운영에도 힘을 쏟고 있다.

고객 지원에 투입되는 비용 문제를 해결한다

    고객 지원 조직과 시스템을 운영하는 데는 막대한 비용이 든다. 그중에서 콜센터 운영 비용이 고객 지원 총비용의 대부분을 차지한다. 콜센터 운영 비용은 전화를 건 사용자 수에 비례하여 늘어난다. 사용자 한 명 한 명에게 응답해야 하므로 상담원의 인건비와 전화 요금과 같은 설비 이용비 등이 계속 들기 때문이다.

한편 FAQ 사이트의 운영 비용은 주로 시스템 유지 관리와 콘텐츠 관리로 이루어지며, 인건비와 설비 이용비는 콜센터 운영에 비해 적게 든다. 이용 사용자 수도 비용에 그다지 영향을 주지 않는다.

고객 지원 업계에서는 일반적으로 사용자가 고민되거나 궁금한 점이 생겼을 때 위의 두 가지 방법을 통하여 해결하는 비율을 대략 다음과 같이 본다.

- 콜센터 : 70%
- 웹 사이트(FAQ 사이트 포함) : 30%

이 비율을 보면 고객 지원에 비용이 많이 드는 이유를 알 수 있다. 사용자가 더 큰 비용이 필요한 콜센터 쪽으로 많이 유입되기 때문이다.

그 말인즉슨 콜센터에서 응대하는 사용자 중 일부라도 FAQ 사이트에서 문제가 해결되도록 한다면 고객 지원 총비용을 크게 절감할 수 있을 것이다. FAQ 사이트가 가진 중요한 존재 의의 중 하나로 꼽을 수 있는 점이기도 하다(그림 1-1).

고객 만족도와 기업 평가를 높인다

제품이나 서비스에 관하여 고민되거나 궁금한 점이 생기면 대부분의 사용자는 우선 매뉴얼, 기업의 웹 사이트, FAQ 사이트에서 스스로 해결하려고 시도한다. 뒤에 더 자세히 설명하겠지만, 이는 통계상으로도 나타난다.

만약 이 단계에서 자기 해결이 가능하면 사용자의 만족도도 높을 것이다. 더불어 이러한 경험을 한 사용자가 늘어남에 따라 기업 평가(만족도) 또한 높아진다. 어쩌면 제품이나 서비스의 매상이 늘어날지도 모른다.

기업으로서 고객 만족도(CS : Customer Satisfaction) 향상이 큰 과제임은 두말할 나위도 없다. 이처럼 FAQ 사이트에는 고객 만족도를 높여 매출을 늘린다는 점에서도 존재 의의가 있다.

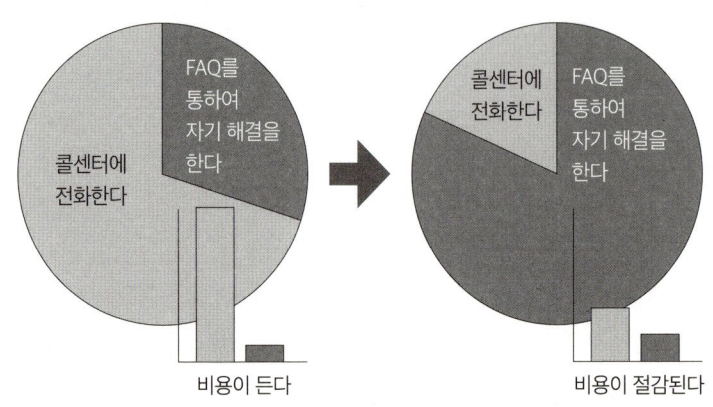

그림 1-1　고객 지원의 대응 비율과 비용의 관계

상담원의 스트레스를 줄인다

고민되거나 궁금한 점을 전화나 메일을 통하여 콜센터에 문의하는 사용자가 늘어나고 있다. 그중에는 고압적인 태도를 보이거나 감정적으로 나오는 사람도 있다. 상담원은 그런 사람들을 포함하여 모든 사용자에게 정성을 다하여 대응한다.

잇따라 쏟아지는 온갖 문의에 마음을 쓰다 보면 상담원도 스트레스가 쌓이게 된다. 그렇다 보니 이직률이 높아 만성적인 일손 부족 문제로 고민하는 콜센터도 많다. 만약 더 많은 사용자가 FAQ 사이트에서 스스로 문제를 해결할 수 있게 되면 콜센터에 전화할 일이 줄어들므로 감당하지 못할 문의량에 시달리는 상황에서 점차 벗어나게 된다.

FAQ 사이트는 간접적으로 상담원을 비롯한 콜센터 종사자의 스트레스를 줄여 주는 역할을 한다. 이처럼 FAQ 사이트는 기업 측에서 일하는 사람에게도 도움이 된다는 점에서 역시 그 존재 의의를 찾을 수 있다.

사용자의 부담을 줄인다

앞서 사용자가 기업의 웹 사이트나 FAQ 사이트에서 문제를 해결하지 못하여 결국 콜센터에 전화하는 일이 많다고 이야기했다.

그런데 막상 콜센터에 전화한다고 해도 이용 가능 시간대가 한정적이거나, '현재 문의량이 많아 연결이 어렵습니다'라는 안내 멘트가 나오거나, 이용하기 불편한 자동 음성 서비스와 씨름해야 하는 등 귀찮은 일들이 생긴다. 게다가 전화가 연결되면 상담원에게 애로사항에 대하여 다시 한번 설명해야 한다.

사용자가 FAQ 사이트에서 자기 해결이 가능한 경우와 해결되지 않아 콜센터에 전화해야 하는 경우에 느끼는 스트레스와 드는 수고는 천양지차다. 한 번에 해결하지 못하여 두 번 수고하는 셈이므로 비용 낭비라고도 할 수 있다.

이처럼 FAQ 사이트는 사용자의 스트레스와 비용을 줄인다는 점에서도 존재 의의가 있다.

내부용 FAQ 사이트로서

FAQ에는 기업이 고객에게 공개한 것뿐만이 아니라, 기업 내 사원들을 대상으로 만든 것도 있다. 예를 들어 업무 지식이나 사무 절차 등을 공유 지식으로써 FAQ 형태로 공유하면 시간과 공간에 구애되지 않는 회사의 재산으로 활용할 수 있다. 이러한 FAQ는 대부분 '헬프 데스크'라고 불리며, 사내 네트워크에서만 한정적으로 공개된다.

콜센터에서도 고객에게 응대할 때 상담원이 참고하는 지식으로 활용된다.

기업 내의 정보 공유로 생산성을 높인다

기업 내 FAQ에는 생산성을 높인다는 존재 의의가 있다.

업무 지식을 지식이라는 형태로 관리하는 것을 지식경영(KM : Knowledge Management)이라고 하며, 많은 기업에서 이를 추진하고 있다.

업무 지식의 지식화와 공유화가 이루어지지 않으면, 기업의 중요한 정보가 어느 한 부서에서 관리하는 '폴더'나 누군가의 머릿속 깊숙한 곳에만 존재하게 된다. 그 정보가 필요한 사람은 제힘으로 찾거나 다른 사람에게 물을 수밖에 없다.

그러한 정보를 기업 내 관계자 전원이 공유할 수 있도록 데이터베이스나 FAQ 형태로 사내 네트워크에 공개하고 관리하는 것이 지식경영이다.

지식 자산(재산) 관리(KAM : Knowledge Asset Management)라는 개념도 있다. 즉, 업무 지식은 기업 내 사원 개개인이 소유하는 것이 아니라, 도움이 되는 '전원의 재산'으로서 사원 모두가 활용할 수 있는 것으로 여긴다.

사내 업무의 시간 활용법을 개혁한다

'근로 방식 개혁'이라는 말이 나온 지도 오래되었는데, 사원들이 시간을 효율적으로 활용하도록 하려면 우선은 어디서 시간이 낭비되는지를 파악하고 이를 줄이는 데서부터 시작해야 한다.

예를 들어 "새로운 컴퓨터를 설치하는 방법을 알려주세요."라든가 "사원증을 재발급받으려면 어떻게 해야 했었죠?" 등 그야말로 흔히 묻는 소소한 질문이라도 여러 부서에서 계속 물으면 조직 전체로 봤을 때 낭비되는 시간도 방대해진다. 이처럼 자주 묻는 질문을 모아 둔 FAQ 사이트가 정비되어 있으면 묻는 사람과 답하는 사람, 두 명분의 시간 낭비를 줄일 수 있다.

기업 내 FAQ는 효율적인 '근로 시간' 활용법을 구사할 수 있다는 점에서도 존재 의의가 있다.

1.2 실제로 FAQ는 존재할 가치가 있는가

　지금까지 설명한 바와 같이 일반 사용자용과 기업 및 조직 내부용 모두 FAQ 사이트와 지식 공유는 매우 중요한 역할을 하며, 확실하게 더욱 많은 이익과 행복을 준다는 점에서 존재 의의가 있다.

　그런데 실제로 FAQ 사이트는 그 기대에 부응하고 있을까?

FAQ 사이트에 관한 안타까운 통계

　실제로 제품이나 서비스에 관하여 고민되거나 궁금한 점이 생겼을 때 FAQ 사이트만 보면 전부 해결이 될까? 느낌상으로는 콜센터에 의지하는 일이 더 많지 않을까 싶다. 실제로 고객용 FAQ 사이트에 관한 통계 데이터가 이를 뒷받침한다.

　『콜센터 백서 2020(コールセンター白書2020)』에 따르면 '콜센터에 전화하기 전에 그 회사 홈페이지의 "자주 묻는 질문 모음" 등을 보았는가?'를 조사한 결과, 약 51~73%(업종에 따라서도 차이가 난다)의 사람이 YES라고 답했다고 한다[1]. 즉, 콜센터에 문의한 사람 중에는 '사실 전화하기 전에 웹 사이트에서 FAQ를 찾아봤지만 해결되지 않았다. 그래서 어쩔 수 없이 전화했다.' 그런 사람이 100명 중 51~73명이나 된다는 의미다.

---

[1] 『콜센터 백서 2020』 릭텔레콤(RIC TELECOM), 2020년, p.139-153

많은 사용자가 능동적으로 해결하고자 하는 데 비해 FAQ 사이트는 사용자들의 기대에 부응하지 못하고 있다.

FAQ 사이트의 문제를 해결하는 열쇠

FAQ 사이트의 안타까운 현실에 관하여 이야기했는데, 그 원인과 해결의 열쇠는 무엇일까? 한마디로 말하자면 원인은 FAQ 문장이다. FAQ 글의 품질이 낮으면 당연히 사용자가 문제를 해결하는 데 도움이 되지 않는다. FAQ의 질문글과 답글을 보려고 사용자가 사이트를 방문하지 않았겠는가.

글의 품질 개선이 문제를 해결하는 열쇠다. 그 이유는 다음과 같다.

기업은 대부분 FAQ 사이트를 개선하고자 큰 투자를 하는 데 적극적이다. 사이트로의 유도 경로와 디자인 개선, FAQ 시스템과 챗봇의 도입, 더 나아가 자율학습형 'AI'라고 내세우는 고가 시스템의 도입을 추진하고 있다. 그렇게 하는데도 FAQ 사이트가 제 역할을 못 한다면 남는 원인은 콘텐츠밖에 없다.

FAQ 사이트의 주변 환경과 시스템은 시스템 벤더라는 전문가가 맡는다. 그럼 가장 중요한 콘텐츠인 FAQ를 작성하거나 편집하는 사람들도 전문가일까? 사실 콜센터에서 근무하는 사람들이 이를 담당하는 경우가 많다. 확실한 방증도 없이 자기 식대로 쓴 FAQ는 글의 품질이 낮아 사용자가 자기 해결을 하는 데 도움이 되는 수준에 미치지 못할 수도 있다.

실제로 FAQ 사이트들을 살펴보면 역시 기초적인 글쓰기에 관한 문제가 있거나, 사용자의 관점에서 쓰여 있지 않거나, 질문에 대한 답변이라는 기본적인 형태조차 갖추지 못하는 등 의문이 드는 것들이 눈에 많이 띈다.

다만 오해하지는 말았으면 한다. 콜센터에서 근무하는 사람들이 FAQ를 작성하여 품질이 낮다는 말이 아니다. FAQ에는 FAQ 작성법이 있다. 확실한 방증을 갖춘 작성법을 익혀 작성한 FAQ를 게시하기만 하면 된다. 더불어 콜센터에서 근무하는 사람들이 FAQ 작성법을 익히기에 가장 적합하다고 생각한다.

1.3 FAQ의 품질을 높인다

FAQ에서 글의 품질이란 무엇일까. 또 글의 품질과 사용자의 자기 해결은 어떠한 관계일까.

고품질 FAQ와 저품질 FAQ

FAQ에서 고품질 글과 저품질 글은 명확하게 구별된다.

예를 들면 당신이 ABC카드라는 신용서비스의 회원이라고 하자. 당신은 소중한 ABC카드를 어딘가에서 분실한 사실을 깨닫고 무척 당황하였다. 이때 다음 중 어느 FAQ를 클릭하고 싶을까?

Before
Q1 : ABC카드를 분실하셨나요?

After
Q2 : ABC카드를 분실했으니 부정 이용 방지 절차를 알려주세요.

Q1보다는 Q2를 고를 것이다.

그리고 위의 질문에 대한 답변(A)으로는 다음 중 어느 쪽이 더 좋을까?

Before

A1 : 항상 ABC신용카드 서비스를 이용해 주셔서 감사합니다. 지금 ABC숍에서 여름맞이 소개 캠페인 중입니다.

분실한 상황에 따라 고객님이 하셔야 할 대처 방법이 달라집니다. 외출 시 분실한 경우에는 즉시 가까운 경찰서에 신고해 주시기 바랍니다.

(생략)

자택에서 분실한 경우에는 다시 한번 잘 찾아보고 그래도 찾지 못하면 카드 사용을 정지하시기를 권장합니다. 이는 카드 부정 이용을 미연에 방지하기 위함입니다. 카드 부정 이용을 당하지 않도록 아래로 전화 주시기 바랍니다.

02-xxx-xxx (월~토, 8:30~21:30)

카드 재발급은 아래에서 신청 가능합니다.
https://abcabc.example.co.kr/card/receive

(생략)

After

A2 : 부정 이용 방지를 위해 ABC카드 정지 신청을 바로 하실 수 있습니다. 아래 사이트에서 필요 사항을 정확하게 입력하여 주시기 바랍니다.

[카드 정지]

정지 처리가 완료되면 등록하신 이메일 주소로 정지 완료 알림 메일이 갑니다.

당신은 A1보다 A2가 더 적절하다고 느끼지 않았을까. 쉽게 읽히고 바로 실행에 옮길 수 있어 보이기 때문이다.

이처럼 어떻게 쓰느냐에 따라 글이 좋아지기도 나빠지기도 한다. 표현의 정중함뿐만 아니라 말투와 문체, 표기 방법에 따라 편히 읽히는지, 쉽게 이해되는지에 차이가 난다. 이를 이 책에서는 FAQ의 품질이라고 표현한다.

사이트에 위의 Q2와 A2와 같은 글로 작성한 FAQ 콘텐츠를 마련해 두면 사용자는 자기 해결에 한 걸음 더 가까워질 수 있다.

FAQ의 품질을 높이는 요소

위에서 예로 든 Q2와 A2는 Q1과 A1에 비해 FAQ의 품질이 높다. 다만 최고의 품질이라고 하기는 어렵다. 그 밖에도 FAQ의 품질을 높이는 요소가 존재한다.

아래에 FAQ의 품질 요소에 관하여 간단히 설명하겠다. 자세한 내용은 다음 장에서 차례로 자세히 설명하겠다.

글쓰기 방법

FAQ의 Q와 A(질문과 답변)가 글로 이루어져 있다는 사실을 다시 한번 의식하자.

사용자가 많은 FAQ 중에서 '이거다!'라고 느낄 하나의 질문글(Q), 그리고 사용자가 읽고 이해하여 문제를 해결할 수 있는 답글(A)은 어떻게 작성해야 할까.

평소에도 메일, 채팅, SNS, 블로그 등을 이용하며 많은 글을 쓰고 누군가를 이를 읽는다. 누구든 글은 쓸 수 있다고 생각하기 쉽다. 하지만 이는 잘못된 생각이다.

예를 들면, 매뉴얼, 계약서, 제안서 등 기업이나 사용자의 이익에 직결된 글에는 적절한 내용이 들어가야 하고 따라야 할 서식이 있다. 이를 지키지 않으면 비즈니스상 심각한 사태를 초래할 수 있다. 이러한 글을 누구나 쓸 수 있다고 하기는 어렵다.

　FAQ 또한 매뉴얼이나 계약서와 마찬가지로 기업과 사용자의 이익에 직결된다. 오히려 사용자가 스스로 문제를 해결하고 싶을 때 찾는 것이기에 더 중요할 수도 있다.

　FAQ를 작성하려면 적절한 글쓰기 방법을 알아 두어야 한다.

검색 용이성

　FAQ는 사용자가 검색하여 찾을 수 없으면 의미가 없다. FAQ에는 찾기 쉬운 것과 그렇지 않은 것이 있다. 그 차이는 글쓰기 방법과 말투를 비롯하여 FAQ 검색 시스템에 알맞은 작성법과도 관련이 있다.

　FAQ 사이트에는 많은 FAQ가 게재되어 있다. 사용자는 FAQ 시스템이나 웹 검색(구글 등)을 통해 '단어'를 사용하여 FAQ를 검색한다. 즉 FAQ는 시스템에서 잘 검색되는 글로 작성해야 한다.

　글에서 사용된 단어의 양, 질, 다용도성이 FAQ가 잘 검색되는지, 사용자가 찾기 쉬운지를 좌지우지한다.

카테고리

　FAQ 사이트에는 많은 FAQ가 게재되어 있다. 따라서 FAQ는 사용자가 선별하기 쉽도록 카테고리로 분류한다. 이를 카테고리화라고 한다. 카테고리화, 즉 FAQ의 분류, 전체 구성, 각 카테고리의 이름을 어떻게 정하느냐에 따라 FAQ의 선별을 쉽게 할 수 있는가가 크게 달라진다. 카테고리화의 품질이 낮으면 FAQ가 있는데도 사용자가 찾지 못하는 일이 생긴다.

　카테고리화도 FAQ의 품질을 결정짓는 요소 중 하나다.

분석과 유지 관리

FAQ를 사이트에 공개한 후에도 사용자의 이용 상황 분석과 유지 관리를 반드시 해야 한다.

이용 상황을 분석하면 FAQ의 품질을 확인하거나 높이는 데 참고하기 좋은 현실적인 값을 얻을 수 있다. 이러한 값을 정확하게 판단하여 FAQ를 유지 관리해야 한다.

이때 FAQ 시스템의 분석 기능을 숙지하여 FAQ를 작성하면 사용자의 이용 상황 분석값이 더욱 정확해진다. 정확한 분석 결과를 이용하여 유지 관리하면 FAQ의 품질을 한층 더 높일 수 있다.

사용자의 자기 해결에 도움이 되는 빈도가 높은 FAQ 사이트는 사용자의 이용 빈도도 높아진다. 더 많은 사용자가 이용하면 분석에 활용할 수 있는 데이터가 사이트에 더욱더 쌓이게 되고, 유지 관리를 통하여 FAQ의 품질을 높일 수 있다. 그러면 사용자의 자기 해결에 도움이 되는 빈도도 높아지는 선순환이 이루어진다.

FAQ 시스템과의 상호의존

많은 FAQ가 게재돼 있는 사이트에서 사용자가 FAQ를 쉽게 찾을 수 있도록 하려면 검색 기능 등을 갖춘 FAQ 시스템에 의존해야 한다.

한편 FAQ 시스템이 효과적으로 검색 기능을 발휘할 수 있는가는 FAQ 문장의 수준에 달려있다. 고품질 FAQ는 FAQ 시스템의 능력과 성능도 끌어올릴 수 있다.

FAQ 시스템의 검색 기능은 대부분 단어를 기반으로 FAQ를 검색하는 구조다. 이러한 구조를 숙지하여 FAQ를 작성해야 한다. 시스템의 동의어 검색 기능 또한 잘 활용하려면 그 구조를 숙지한 후에 FAQ를 작성해야 한다.

분석 및 유지 관리 기능 등도 마찬가지다. 고품질 FAQ일수록 시스템이 힘을 발휘할 수 있으며, 그 결과 고품질 분석과 유지 관리가 가능해진다.

이처럼 FAQ 시스템과 FAQ 콘텐츠는 상호의존 관계를 이룬다.

FAQ 작성 및 관리 담당자

FAQ의 품질을 높이는 데는 FAQ 사이트를 운영하는 사람들의 프로 의식이 매우 중요하다.

사용자는 인터넷에 올려 둔 FAQ를 우연히 보고 읽는 것이 아니다. 적극적으로 FAQ를 찾아서 읽는다. FAQ를 사이에 두고 사용자와 FAQ 사이트 운영자들이 마주하는 셈이다.

프로 의식이란 마주하는 사용자의 배경과 문제를 상상하여 해결책을 제공하고자 하는 마음가짐이라고 생각한다.

기업에서 사용자에게로 일방통행하지 않고, 콜센터와 FAQ 사이트를 통해 사용자의 '목소리'를 반영하여 FAQ가 활발해지도록 해야 한다. 그리고 무엇보다도 FAQ의 품질 향상을 뒷받침하는 것은 바로 항상 사용자에게 도움이 되고 있는지를 끊임없이 추구하는 자세다.

1.4 FAQ 사이트 개선을 위한 비용

　FAQ의 품질 향상에 어느 정도 예산을 들일 수 있을까. FAQ의 존재 의의가 높아지면 절감할 수 있는 고객 지원 비용부터 생각해 보자.

간단한 비용 계산 방법과 대표적인 계산식

　콜센터에서는 전화비, 인건비, 관련 시스템과 지원, 그리고 광열비와 사무실 임대료 등의 비용이 든다. 총비용은 기업이나 고객 지원의 내용에 따라, 그리고 가동 상담원 명수와 콜 건수에 따라 크게 달라진다.

　대략적인 비용을 시뮬레이션하는 데 CPC(Cost Per Call, 전화 한 통에 대응하는 데 드는 비용)라는 지표를 이용한다. 어디까지나 평균적인 기준이지만, CPC를 이용하면 한 콜센터의 총비용을 대략 계산할 수 있다.

　최근 일본의 전국 콜센터 평균 CPC는 『콜센터 백서 2020』에 따르면 1,223엔이라고 한다[2]. 예를 들어 한 달 콜 건수(전화로 문의하는 건수)가 10,000건인 콜센터라면 단순히 1,223(CPC)×10,000(건)=12,330,000엔(1,233만 엔)이 한 달에 드는 대략적인 총비용이다.

　한편, 돈으로 환산하기는 어렵지만 사용자(고객) 한 명 한 명에게도 콜센터에 문의하는 비용이 발생한다. 콜센터에 전화한 시간+기다린 시간+전화

---

[2] 『콜센터 백서 2020』 릭텔레콤(RIC TELECOM), 2020년, p.82

요금 등이 필요하다.

기업과 고객의 콜센터 관련 비용을 합하면 역시 막대한 금액이 든다.

FAQ 개선에 예산을 충분히 들여야 하는 이유

만약 FAQ의 품질 개선을 위해 예산으로 연간 1억 2,000만 원을 배정한다고 하면, 한 달에 1,000만 원을 사용할 수 있는 셈이다. FAQ의 양에 따라 다르겠지만, 이 정도의 예산이 있고 효율적으로만 개선한다면 충분히 전문적인 FAQ 품질 향상을 노릴 수 있다.

한편 FAQ의 품질 향상을 도모하여 사용자의 자기 해결 비율이 늘어나고 콜 건수가 줄면 비용을 어느 정도 절감할 수 있을까? 위의 한 달 콜 건수가 10,000건인 기업에서 콜 건수를 30% 줄이면 CPC가 12,230원이라고 할 때 절감할 수 있는 비용은 대략 다음과 같이 계산될 수 있다.

12,230(CPC)×10,000(건)×30%=36,690,000원

한 달에 FAQ 개선 예산 1,000만 원을 들여 콜센터 비용을 3,600만 원 이상 아끼는 셈이다. 콜 수를 30% 줄이는 데 1년이 걸린다 해도 단 4개월만 운용하면 투자 비용 대비 효과를 볼 수 있다.

적은 투자로 충분히 큰 이익을 얻을 수 있다. 이것이 바로 FAQ의 품질 개선에 충분한 예산을 들여야 하는 이유다.

1.5 FAQ 실패 사례와 성공 사례

여러분이 참고할 수 있도록 필자가 지금까지 접한 FAQ 사이트의 실패 사례와 성공 사례를 소개하겠다.

실패 사례는 모두 FAQ 사이트를 통한 사용자의 자기 해결률이 낮아 콜센터 비용 절감에 도움이 되지 않았던 사례다.

성공 사례는 매우 적지만 지금 바로 따라서 실행할 수 있어 참고할 가치가 높다.

실패 사례 및 성공 사례와 함께 이를 뒷받침하는 이유는 다음 장부터 차례로 설명하겠다.

실제 실패 사례

FAQ가 너무 많은 사이트

어떤 FAQ 사이트는 수천 건에서 만 건에 가까운 FAQ로 가득했다. 그 사이트에 FAQ가 많은 이유는 자주 묻는 질문과 그렇지 않은 질문을 가리지 않고 모두 게재하고, 필요 없어진 오래된 FAQ도 그대로 두었기 때문이다. 때때로 FAQ를 추가하면서 사이트에 이미 있는지 확인하지도 않아 비슷한 FAQ가 여러 개 존재하는 상태였다. FAQ가 너무 많아서 분석이나 유지 관리에 손쓸 방도가 없어 사이트가 거의 방치되어 있었다.

사이트에 FAQ가 많으면 사용자는 반드시 FAQ를 검색해야 한다. 하지만 검색해본들 수십 건에서 수백 건의 FAQ가 나열된다. 결국 대부분의 사용자가 FAQ에 도달하지 못해 콜센터로 넘어오고 있었다.

너무 이해하기 어려운 사이트

화면 가득히 전문 용어와 기술 용어, 기업에서 제공하는 서비스명 및 제품명이 보이는 FAQ 사이트다. 거의 모든 FAQ에 사용자가 당연히 모든 용어를 알 것이라는 듯이 기재되어 있었다.

기업은 기술자 등을 총동원해서 정성 들여 진지하게 FAQ를 제작했을 것이다. 하지만 기업 내부 사람들은 이해할 수 있어도 일반적으로는 이해하기 어려운 말이 많아 이탈하는 사용자가 많은 FAQ 사이트였다.

글이 치졸한 사이트

FAQ는 많지 않지만, 각 Q와 A 글이 치졸한 사이트다. 어엿한 서비스를 제공하고 있는 기업이 온라인에 공개한 것치고는 조금 창피한 내용이었다. 겉보기에는 정말 예쁘게 디자인된 기업 웹 페이지여서 FAQ 문장이 오히려 더 눈에 띄었다.

또 어떤 기업의 FAQ는 하나하나의 글이 모두 엉성하고 불친절했다. 안내된 해결 방법도 사이트 내의 다른 페이지를 링크로 걸어두었거나, 콜센터 전화번호를 안내할 뿐이었다.

사실 이러한 FAQ를 올린 기업은 자사 웹 사이트의 톱 페이지나 업무 소개 페이지에 기재한 글의 품질이 낮은 경우가 많다. 모르는 사이에 기업의 품위가 떨어져 손해를 보고 있는 사례다.

실제 성공 사례

FAQ의 품질을 높였다는 점에서 참고가 될 만한 성공 사례를 소개하겠다.

FAQ를 찾을 수 있는 비율이 30% 이상이나 향상된 실제 사례

FAQ 사이트에서 사용자의 자기 해결을 늘리는 데 바로 효과를 보이는 방법은 엄선한 FAQ를 올리는 것이다.

어떤 기업에서는 FAQ 개수를 기존의 2,000건에서 300건으로 확 줄였다. 사용자의 이용 분석을 세밀하게 해서 자주 조회되는 상위 FAQ만 남기고, 다른 FAQ는 사이트에서 삭제했다. 그 결과 73%의 사용자가 자신이 원하던 FAQ를 찾을 수 있게 되었으며, 자기 해결도 가능한 효율적인 사이트로 탈바꿈했다.

다른 기업의 FAQ 사이트에는 원래 수백 건의 FAQ가 공개되어 있었지만, 1년 치 운용 데이터 분석을 통해 많은 사용자가 조회하는 FAQ는 수십 건에 불과하다는 사실이 밝혀졌다. 그래서 과감하게 그 수십 건만 글을 퇴고하여 올렸다. FAQ가 적어서 사이트에 FAQ 시스템을 마련할 필요도 없었다. FAQ 개수는 극단적으로 적어졌지만, 사용자가 원하는 FAQ를 대부분 찾을 수 있는 합리적이면서도 깔끔한 FAQ 사이트로 바뀌었다. FAQ가 적어서 사용자 역시 답을 찾는 수고를 덜었다. 약 95%의 사용자가 스스로 문제를 해결할 수 있게 되었다.

챗봇을 잘 활용한 실제 사례

챗봇 성공 사례는 사용자를 사전에 준비한 FAQ로 유도하도록 제작한 경우다. 물론 대상 FAQ도 엄선하여 사용자가 높은 비율로 해당 FAQ에 도달할 수 있도록 했다.

사용자와 챗봇의 대화는 전문 시나리오 작가와 함께 만들었다. 그리고 도달하는 FAQ 또한 사용자가 '내가 찾던 거야.'라는 생각이 들도록 글을 고쳐 썼다.

기존처럼 사용자가 입력한 문장에 챗봇이 반응하는 것이 아니라, 챗봇이 제시하는 선택지를 사용자가 선택하는 유형이었다. 시나리오 작가가 챗봇이 제시할 말(선택지)을 완벽한 표현으로 준비해 두자 사용자는 시나리오대로 유도되어 찾던 FAQ에 도달할 수 있었다.

콜센터의 지식에 활용된 실제 사례

불특정 다수의 사용자를 대상으로 한 FAQ를 응용하여 콜센터의 상담원이 활용할 수 있도록 했다.

제품 및 서비스에 관하여 훈련을 받은 상담원들은 지식이 풍부하다. 그러나 지식이 풍부하기에 고객 대응 시 사용자에게 생소한 전문 용어나 기업 내에서만 통하는 용어를 사용하는 경향이 있었다. 때로는 고객이 이해하지 못해서 콜센터의 대화(응대) 품질에 대해 낮게 평가했다.

그래서 사용자와 상담원이 똑같은 FAQ를 공유하기로 했다. 그러자 시간이 지나면서 상담원과 사용자 사이에 존재하던 어휘의 수준 차이를 줄일 수 있었다. 상담원이 풍부한 지식을 갖춘 채 사용자의 리터러시(언어능력) 수준에 맞추어 대화할 수 있게 되었다.

동시에 상담원도 자신의 경험을 통해 FAQ에서 사용자가 쉽게 이해하지 못하는 점이 무엇인지 점차 알게 되었다.

이렇게 대처하자 상담원용 지식과 사용자용 FAQ를 이중으로 관리하지 않아도 되는 효과도 있었다.

이번 장에서는 FAQ의 중요성과 존재 의의, 그리고 그 열쇠를 쥔 FAQ의 품질에 관한 기본적인 이야기를 했다. 다음 장부터는 FAQ의 품질을 높이는 작성법에 대하여 구체적으로 설명하겠다.

제**2**장

FAQ를 작성하기 위한 기초 지식

이번 장에서는 앞으로의 내용을 쉽게 이해할 수 있도록
고품질 FAQ 콘텐츠(글)를 작성하는 데 필요한
기초 지식에 관하여 설명하겠다. 더불어
FAQ 제작 체제에 관해서도 이야기하겠다.

2.1 고품질 FAQ의 조건

고품질 FAQ의 기본 조건은 다음과 같다. 자세한 설명은 다음 장부터 차례로 설명하겠다.

사용자가 읽고 이해할 수 있을 것

FAQ는 사용자의 문제를 해결하기 위한 것이다. 따라서 당연히 읽고 이해할 수 있는 글이어야 한다. 예를 들어 전문적인 기술 용어나 생소한 서비스명이 섞여 있거나, 말투가 적절하지 않거나, 또는 어떻게 해석하면 좋을지 고민되는 글이 되지 않도록 주의해야 한다.

이제 말투가 부적절한 글과 이를 정정한 예시를 살펴보자.

> **Before**
> Q : 비디오가 녹화되지 않아요.

> **After**
> Q : 녹화 버튼을 눌러도 비디오에 녹화되지 않아요.

다음은 어떻게 해석하면 좋을지 고민되는 글과 그 정정 예시다.

Before
Q : 신청하려면 어떻게 해야 하나요?

After
Q : ○○ 가입 신청에 필요한 서류를 알려주세요.

위와 같이 비교만 해도 [Before]보다 [After]가 더 좋아 보일 것이다. 당연히 A(답변)도 같은 이치다.

사용자에게 신뢰받을 것

신뢰받는 FAQ란 사용자가 기대하는 내용을 정확히 알려주는 것이다. 예를 들면, A에서는 Q에서 질문한 내용에 정확하게 답변한다. 이는 아주 지극히 당연한 일이며, 당연히 FAQ 전체에 걸쳐 철저히 지켜야 할 사항이다.

이렇게 당연한 이야기를 하는 것은 많은 FAQ 사이트의 곳곳에서 사용자의 신뢰를 잃는 FAQ가 눈에 띄기 때문이다. 다음과 같은 FAQ를 예로 들 수 있다.

Q : 왜 인터넷을 사용할 수 없나요?
A : PC에서 Wi-Fi가 보이는지 확인해 주세요. (생략)

Q에서는 인터넷을 사용할 수 없다는 막연한 표현으로 '이유'를 묻고 있는데, A에서는 이유가 아니라 한정적인 Wi-Fi에 관한 지시로 답한다. Q에 맞는 A가 아니므로 사용자의 기대와 불일치한다.

FAQ는 정적(고정적)으로 게재된 글이다. 그렇다는 것은 만약 사용자가 이해하지 못해도 즉시 보완할 수는 없다는 말이다. Q와 A 글의 해석과 받아들이는 방식은 사용자에게 전적으로 일임된다. 따라서 기대에 못 미친다고 느껴지면 FAQ 사이트에 대한 불신으로 이어진다.

신뢰받는 Q는 적힌 내용 그대로 해석되고, 그 해석에 알맞은 A로 사용자를 이끈다.

사용자가 헷갈리지 않고 취사선택할 수 있을 것

모든 웹 사이트가 사용자의 중도 이탈을 방지하고 싶을 것이다. FAQ 사이트의 이탈 원인 중 하나는 '망설임'이다. '이 FAQ일 수도 있고 저 FAQ일 수도 있고.' 사용자가 그렇게 느끼는 것이다.

한 명의 사용자가 원하는 FAQ는 대개 하나이며, 당장은 그 사용자에서 다른 모든 FAQ는 필요하지 않다. 하나의 FAQ를 빠르게 찾을 수 있는가가 중요하며, 동시에 그 사용자에게 관계가 있는지 없는지도 명확하게 알 수 있어야 한다. 그러면 사용자는 망설이는 일 없이 하나의 FAQ를 고를 수 있다.

극단적으로 말하자면, 사용자가 '이 사이트에는 원하는 FAQ가 없다'라는 사실을 바로 알 수 있어야 좋다. 그 결과 사용자가 콜센터에 문의했다고 해도 FAQ 사이트에서 소비하는 시간이 짧아지기 때문이다.

2.2 고품질 Q

'FAQ 사이트에서는 무엇을 원하나요?' 그렇게 물으면 당연히 누구나 '해결 방법을 찾아요.'라고 대답할 것이다. 그럼 그때 '"가장 먼저" 무엇을 찾나요?'라고 물으면, 분명 '질문'이라고 답할 것이다.

질문, 즉 Q는 사용자가 고민되거나 궁금한 일을 해결하기 위해 반드시 지나야 하는 관문이다. 따라서 Q의 품질을 올려야 한다.

고품질 Q의 구체적인 목적

Q 문장의 목적은 사용자의 문제를 정확하게 대변하는 것이다. 고민되거나 궁금한 일로 머릿속에 떠오르는 단어가 Q 문장에 포함되어 있으면 사용자는 그것에 주목한다.

더불어 사용자는 FAQ를 찾을 때 머릿속에 떠오르는 말을 사용하여 '검색'하는 경우가 많다. 사용자의 머릿속에 떠오르는 말을 적절히 사용한 Q 문장은 사용자가 검색할 때 잘 노출된다(검색된다).

고품질 Q를 쓰려면 말을 숙고해야 한다. 사용자가 찾을 수 있도록 하는 것이 구체적인 목적 중 하나다.

고품질 Q의 기본

문제에 직면하여 FAQ를 찾을 때 사용자의 머릿속에 구체적인 문장이 있는 것이 아니다. 아마도 문제를 표현하는 말을 어렴풋이 머릿속에 떠올리고 있을 뿐이다. 그 어렴풋한 말을 대변하고 해결 방안을 제시하는 것이 Q 문장의 역할이다.

해결 방안을 제시할 것

알기 쉬운 예시를 들어보겠다. 당신은 산책 중에 목이 너무 말랐다. 그때 눈앞에서 주스 자판기를 발견하였다. 특별히 자판기를 찾고 있었던 것은 아니지만 목이 마르다는 문제와 자판기가 머릿속에서 연결된다. 자판기에서 주스를 사서 마시면 문제를 해결할 수 있다.

산책하는 동안 당신은 목도 마른 데다가 너무 피곤하다면, 자판기보다 테이블과 의자가 비치된 편의점이 더 좋은 해결책이 된다.

- 목이 마르다 + 자판기 → 해결!
- 목이 마르고 피곤하다 + 편의점 → 해결!

이처럼 문제(곤란한 일)+해결 방안 조합에 따라 해결책을 얻을 수 있을지가 정해진다.

'문제+해결 방안' 문체로 구성할 것

위의 예시를 FAQ에 빗대어 보자. 한 사용자가 '비밀번호를 잊어버려서 곤란한데~' 하고 막연히 말을 떠올린다. 이때 '재발급 절차'라는 해결 방안이 제시되었다. 그러면 사용자의 머릿속 문제와 제시된 해결 방안이 연결된다.

- 비밀번호를 잊어버려서 곤란하다 + 재발급 절차 → 해결!

해결 방안은 '메일로 공지', '재설정 절차' 등 문제와도 연결할 수 있다.

- 비밀번호를 잊어버려서 곤란하다 + 메일로 공지 → 해결!
- 비밀번호를 잊어버려서 곤란하다 + 재설정 절차 → 해결!

자신이 직면한 문제는 알지만, 해결책이나 해결 방법은 막연한 경우에도 위와 같이 Q 문장에서 해결 방안도 제시하면 사용자가 자신의 문제와 연결시킬 수 있다.

반드시 Q의 기본 문체로 쓸 것

사실 많은 FAQ 사이트에서 '문제'만 표현한 Q를 게재하고 있다. 예를 들면 다음과 같다.

> **Before**
> Q : ABC 카드를 분실했어요.

사용자는 자신의 상황과 일치하는 듯싶으면 이러한 문장으로 작성된 Q라도 클릭할 것이다. 그러나 클릭해서 실제로 A를 볼 때까지 사용자는 Q가 어떤 해결 방안을 제시할지 알 길이 없다. 기대를 저버리는 경우도 많다.

고품질 FAQ에서 Q의 기본 문체는 '문제 + 해결 방안'이다. 즉 기본 문체를 따른 Q에는 다음과 같이 해결 방안이 제시된다.

> **Q1** : ABC카드를 분실해서 이용 정지 절차를 알고 싶어요.
> **Q2** : ABC카드를 분실해서 재발급 절차를 알고 싶어요.
> **Q3** : ABC카드를 분실했는데 포인트 사용 방법을 알고 싶어요.

이처럼 쓰여 있으면 해결로 이어지는 구체적인 길이 보이고, 안심과 신뢰감을 가지고 클릭할 수 있다

이처럼 고품질 Q는 사용자의 문제를 구체적으로 대변하고, 그 해결 방안을 명시함으로써 신뢰감 있는 A(답변)로 이어지는 길을 만들 수 있다.

FAQ의 Q는 모두 기본 문체 '문제 + 해결 방안'으로 쓸 수 있다. FAQ를 찾는 사용자는 어떠한 '문제'가 있고, '해결'을 바라고 있기 때문이다. 기본 문체에 단어를 보충하여 사용자가 '자신의 FAQ'라고 확신하는 비율을 높인다. 이것이 바로 품질을 높이는 것이다.

고품질 FAQ 목록

FAQ 사이트에서는 대부분 FAQ가 목록(리스트)으로 게재된다. FAQ 목록의 '시인성'도 의식하면 품질이 높아진다.

시인성을 의식할 것

그림 2-1과 2-2의 메뉴를 비교해 보자.

그림 2-1과 같이 쓰기나 단어에 일관성이 없으면 한 문장 한 문장을 해독해야 한다. 한 마디로 전체를 파악하는 데 시간이 걸리는 기재 방식이다.

그림 2-2는 시인성이 높은 목록이다. 메뉴를 '정식'이나 '라이스'로 분류하고 비슷한 것은 앞뒤로 가까이 배치했다. 따라서 한눈에 '면'으로 볼 수

있다. 이처럼 시인성이 좋은 목록은 빠르게 전체를 파악하거나 원하는 것을 취사선택하는 데 유리하다.

시인성이 높은 FAQ 목록으로 만들 것

목록에 죽 늘어선 FAQ를 볼 때, 시인성 좋은지 나쁜지에 따라 사용자가 '찾을' 동기 부여 여부를 좌우한다.

그림 2-1 일관성이 없고 시인성이 낮은 메뉴

```
<메뉴>

우동정식
런치 세트
된장국·밥 포함 회 정식
카레 우동 세트
생선구이 (밥과 된장국 포함)
카레 단품
하이라이스

※ 정식에는 밥과 된장국이 포함됩니다.
```

그림 2-2 일관성이 있고 시인성이 높은 메뉴

```
<메뉴>

회 정식
우동 정식
생선구이 정식
요일 정식
카레 우동 정식
카레라이스
하이라이스

※ 정식은 밥과 된장국 포함
```

시인성이 높은 FAQ 목록이라면, 사용자가 전체를 한눈에 볼 수 있으며, 짧은 시간 내에 목적인 FAQ를 찾을 수 있다.

시인성이 낮은 FAQ 목록이라면, 슬쩍 보기만 해도 '찾기 힘들 것 같아', 'FAQ를 찾을 수 있을까' 그런 번거로움과 불안감을 느끼며, 최악의 경우 이탈로 이어진다.

다음과 같이 단어나 문장의 끝만 일치시켜도 시인성이 좋아져 사용자가 FAQ 목록을 보기 편해진다.

Before
Q1 : 스마트폰은 얼마야.
Q2 : 휴대전화에서 스마트폰으로 바꾸는 수수료는?
Q3 : 2G폰을 기기 변경하고 싶다.

After
Q1 : 스마트폰의 계약 요금을 알고 싶어요.
Q2 : 스마트폰으로 기기 변경하는 수수료를 알고 싶어요.
Q3 : 2G폰의 기기 변경 절차를 알고 싶어요.

시인성이 높은 FAQ에 관해서는 제3장, 제4장에서도 자세히 설명하겠다.

2.3 고품질 A

Q(질문)라는 입구를 통과하면 사용자는 다음으로 A(해결)를 읽는다. A는 FAQ의 도착 지점이므로, 이제 사용자의 고민되거나 궁금한 일을 해결하고 싶다. 제대로 해결할 수 있는지는 A의 품질에 좌우된다.

고품질 A의 구체적인 목적

A의 품질을 높이는 구체적인 목적은 당연히 사용자가 직면한 문제를 그 자리에서 확실하게 해결하는 것이다. 그리고 사용자가 '도움이 됐다'고 생각한다면 더할 나위 없다.

고품질 A의 기본 조건

먼저 고품질 A의 필수조건을 알아 두자.

A에는 사용자가 문제를 해결하도록 한다는 중요한 목적이 있다. 그 목적을 위한 기본이란 무엇일까.

사용자가 끝까지 읽을 수 있을 것

먼저 A 글은 끝까지 읽도록 해야 하는데, 사용자가 반드시 느긋하게 읽어 준다는 보장은 없다. 따라서 글자 수를 줄이고, 줄 수도 줄이고, 조목별로 쓰고, 읽기 쉬운 간단한 문장으로 쓰고, 익숙한 용어를 사용해야 한다.

이러한 요소를 최대한 고려하면서 A 글을 쓴다. 그러면 사용자가 끝까지 읽을 마음도 들고, 반복해서 읽어도 부담되지 않는다.

사용자가 이해 가능할 것

A 글은 쉬운 표현을 사용하지 않으면 사용자가 피곤함을 느껴 이해하려고 들지 않을 수도 있다. 복잡하고 긴 글, 전문 용어나 익숙하지 않은 단어나 서비스 용어가 계속 나오는 글은 사용자가 이해하지 못하거나 도중에 읽기를 멈추고 이해하려고 노력해야 한다.

사용자가 끝까지 읽을 수 있을 뿐만 아니라 이해 가능한 글을 작성한다.

사용자를 안심시킬 것

기본적인 글쓰기 수준이 낮은 글은 사용자의 신뢰를 얻지 못한다. 치졸한 표현이 사용자의 눈에 들어오면 FAQ 전체에 대한 신용에도 영향을 미친다.

글은 글자 수가 많아질수록 글 전체의 작문 수준을 유지하기 힘들어진다. A 글은 당연히 신중하고 정확하게 써야겠지만, 되도록 간결하게 해야 품질을 유지하기 쉽다.

2.4 고품질 Q와 A에 공통되는 문장

Q와 A는 상호 관계다. 반드시 고품질 A에는 고품질 Q, 고품질 Q에는 고품질 A가 따라와야 한다. 여기서 고품질 Q와 A에 공통되는 기본적인 것을 정리해 두겠다. 제3장과 제4장을 이해하는 토대가 된다.

일문일답으로 만든다

FAQ의 Q와 A는 원칙적으로 일문일답으로 만든다. 일문일답이란 말 그대로 하나뿐인 질문과 그에 대한 하나뿐인 답변이라는 말이다. 일문일답으로 만들려면 Q와 A가 서로의 작성법에 책임을 져야 한다.

일문일답으로 만드는 이유 중 하나는 A를 가능한 한 간결하게 만들어서 사용자가 빠르게 읽고 이해할 수 있도록 하기 위함이다. 또 다른 이유는 일문일답에 가깝게 만들어 Q 문장의 모호함과 오해의 소지를 없애기 위해서다. 이는 사용자가 검색할 때도 도움이 된다.

일문일답 FAQ는 제작자도 편집하기 편하다. FAQ를 작성할 때는 Q와 A를 서로 비교하면서 작업하는데, 일문일답으로 되어 있으면 작업이 간단해진다.

의미가 하나인 문장을 만든다

의미가 하나가 아닌 문장이란, 어떤 식으로도 해석할 수 있고, 어느 쪽인지 알 수 없는, 분명하지 않은 글을 말한다.

예를 들면 다음과 같다.

> **Q** : 일은 어느 쪽이신가요?
> **A** : 소방서 쪽에서 열심히 하고 있어요.

직업에 관한 것인지 장소에 관한 것인지 분명하지 않은 질문과 답변이다. 이러한 문장에 직면하면 우리는 독자적인 상상과 해석을 해야 하며 쓴 사람의 의도와 다른 의미로 받아들일 수도 있다.

글로된 정보는 읽는 사람이 해석한 궤도를 수정할 수 없다. 대화와는 달리 해석이 올바른지 확인하거나 정정할 방법이 없다. 해석이 엇갈리면 신뢰를 잃게 된다.

Q와 A 모두 반드시 의미가 하나인 문장으로 작성하면, 사용자가 오해하는 일도 없고, 사용자의 신뢰도 얻을 수 있다.

6W1H를 따른다

의미가 하나인 문장을 만드는 데 6W1H[1] 문체를 따르는 방법이 있다. 6W1H는 언제, 누가, 어디서, 왜, 무엇을(무엇이), 누구에게, 어떻게(영어 단

---

[1] 보통 5W1H라는 표현을 자주 사용하지만, 고품질 FAQ를 쓰는 데 필요한 Whom도 더하여 6W1H라고 했다.

어로 When, Who, Where, Why, What, Whom, How)가 포함된 글이다. FAQ의 Q와 A 모두 6W1H에 따라 쓰는 것이 원칙이다.

단, 모든 문장을 일일이 6W1H에 따라 쓸 필요는 없다. 6W1H는 의미가 하나인 FAQ를 작성하기 위해 초안을 만들 때 의식하면 된다.

다음의 예시를 보면 쉽게 이해될 것이다.

• 80년 전 기념품 전시

이러한 문장이 있다고 하자. 여기에 6W1H에 따른 설명을 덧붙인 것이 다음 문장이다.

• 80년 전 미도리카와시의 초등학교에서 아이들에게 선물한 개항 기념품을 오늘 전시

사정을 아는 사람은 전자만 봐도 이해될 것이다. 그러나 사정을 모르면 읽는 사람마다 '80년 전의 일에 관한 기념품', '80년 전에 있었던 전시'…… 등 다양하게 해석하거나 의문이 든다. 후자를 보면 사정을 아는지와는 상관없이 다른 해석의 여지가 없어져 의미가 하나인 문장이 완성된다.

FAQ에 접속하는 사람은 대부분 사정을 모르는 사용자다. 그것이 바로 6W1H를 의식해서 쓰는 이유다.

말과 말의 관계에 신경을 쓴다

문장이 하나의 뜻으로 해석되고, 일문일답이 되도록 만들어도 말과 말의 관계를 잘못 쓰면 사용자가 오해하기도 한다. 다음 예를 살펴보자.

> **Before**
> Q : 냉동 및 신선식품을 정기 배송으로 주문했을 경우의 요금을 알려주세요.

여기서 표현된 요금이란, 다음 중 어느 것인지 분명하지 않다.

- 냉동 및 신선식품 요금
- 정기 배송 요금
- 냉동 및 신선식품, 정기 배송 요금 전부

읽는 사람에 따라서는 앞으로 나아갈 수 없거나 오해한다.

말과 말의 관계에 신경을 쓰면 다음과 같이 쓸 수 있겠다. 그러면 오해 없이 요금의 의미가 무엇인지 확실하게 알 수 있다.

> **After**
> Q1 : 냉동 및 신선식품을 정기 배송으로 주문했을 경우의 전체 요금을 알려주세요.
> Q2 : 냉동 및 신선식품을 정기 배송으로 주문했을 경우의 배송비를 알려주세요.

여기서는 Q를 예로 들었지만, FAQ에서는 A 글이 더 긴 만큼 말과 말의 관계가 불분명해질 가능성도 크므로 주의하자.

용어와 말투를 통일한다

FAQ의 Q와 A에 사용하는 '같은 의미를 나타내는' 단어는 모두 통일한다.

사용자는 FAQ에 정확하고 명쾌한 정보를 바란다. 문제를 해결하려는 중에 의미는 같을 텐데 다른 단어를 사용한 글을 보면 '왜 다르지?', '의미도 다른가?'라는 생각이 들어 이해하는 데 걸림돌이 된다.

말투를 통일하기 위해 유행어와 외래어, 알파벳 표기 방식에도 주의를 기울여야 한다.

같은 사이트 내에서 통일되지 않은 단어가 여기저기서 보이면, 기업에서 공개하는 정보로서는 치졸하게 비친다.

단어 통일을 위한 가이드라인 작성 등에 관해서는 제5장에서 자세히 다루겠다.

약칭을 활용한다

사용자에게 도움이 된다면 Q와 A 작성 시 약칭도 적극적으로 사용하자. FAQ는 사용자가 읽고 이해하기 쉬운가를 가장 우선시해야 하기 때문이다. 인터넷상에 공개하는 정보에는 정식 명칭을 사용해야 한다고 믿는 기업도 있지만, 사용자를 배려한다면 정식 명칭에 구애받을 필요는 없다고 생각한다. 참고로 이 책에서는 독자의 인지도와 글자 수를 고려하여 애플리케이션을 앱으로 줄여 표기하였다.

약칭은 FAQ의 전체 글자 수를 줄여서 시인성을 개선하는 효과도 있다.

> **Before**
> Q : 모바일 애플리케이션에서 사용하는 메일 주소를 알려주세요.

> **After**
> Q : 앱에서 사용하는 메일을 알려주세요.

그렇지만 기업 내에서만 사용하거나 인지도가 낮은 약칭 등은 사용하지 않도록 한다. 사회에 보급된 정도와 인지 상태는 시대와 함께 변화하므로 약칭은 신중하게 사용 여부를 정하고 가이드라인에서도 규칙으로 정해야 한다.

단문으로 만든다

FAQ에 접속하고도 글자 수가 많다는 이유로 읽기를 포기하고 이탈하는 사용자도 있다.

FAQ를 단문으로 만드는 첫 번째 목적은 사용자가 읽을 마음이 들도록 동기를 부여하기 위함이다. 그리고 또 다른 목적은 사용자가 잘못 읽을 가능성을 조금이라도 줄이기 위함이다.

기업에서는 정중한 표현에 구애받는 경향을 보이는데, 사용자는 간단하게 문제를 해결할 수만 있으면 된다고 생각한다. 옛 습관에 얽매이지 말고 대담하게 단문으로 만들어도 괜찮다고 생각한다.

2.5 FAQ 콘텐츠 준비

대상으로 삼을 수 있는 원고

FAQ는 무엇을 바탕으로 쓸까? 몇 가지 패턴으로 정리해 보자.

이미 있는 FAQ를 퇴고한다

이미 FAQ 사이트 또는 제품 매뉴얼을 통해 제품과 서비스에 관한 Q와 A를 공개한 경우, 이를 바탕으로 만들 수 있다. 새로 쓰기보다는 지금 있는 FAQ를 퇴고(고쳐 쓰기)하는 것이다.

현재 FAQ의 품질이 낮아 콜센터에 문의가 집중되고 있다면 퇴고할 여지가 많다고 볼 수 있다.

필자의 경험에 비추어 보아도 이러한 패턴을 보이는 의뢰를 가장 많이 받는다.

분석 보고서를 바탕으로 FAQ를 작성한다

현재 FAQ 사이트를 사용자가 이용하고 있고, 그 반응 등을 분석한 결과에 따라 FAQ를 쓰거나 퇴고하는 방법이다.

사이트에 사용자 이용 분석을 하는 FAQ 시스템 등과 같은 장치가 마련되어 있어야 하지만, 가장 합리적이고 즉각적인 효과도 볼 수 있다. 물론 분석한 결과를 어떻게 FAQ에 반영할지, 혹은 어떤 FAQ를 추가할지는 규칙을 정해 두어야 한다.

콜센터 대응 이력을 바탕으로 FAQ를 작성한다

콜센터에서 상담원이 기록한 고객 문의에 관한 대응 이력을 바탕으로 Q와 A를 작성한다.

거의 모든 현장에서 콜센터의 대응 이력, 고객의 문의 내용과 그에 대한 상담원의 답변 세트를 반드시 축적한다(통화 녹음밖에 남기지 않았다면, 음성을 텍스트로 바꾸는 작업이 필요하다).

참고로 고객 지원 분야에서는 대응 이력에서 추출한 고객의 문의 내용을 콜 리즌(Call Reason) 혹은 VOC(Voice Of Customer, 고객의 소리)라고 부른다. 콜 리즌과 VOC의 집계와 분석은 FAQ를 준비하는 데 매우 중요한 역할을 한다.

매뉴얼을 바탕으로 FAQ를 작성한다

대응 이력이나 기존 FAQ가 아니므로 'FAQ =자주 묻는 질문' 형태를 띠고 있지는 않지만, 제품이나 서비스의 매뉴얼을 바탕으로 FAQ를 작성하기도 한다. 매뉴얼을 바탕으로 제대로 된 FAQ를 만들고자 할 때는 특히 제품에 대해 숙지하고 Q에 관한 상상력이 필요하다.

실제로 사용자의 문의를 바탕으로 하지 않아 FAQ 사이트에 공개해도 사용자에게 별로 도움이 되지 않을 수도 있다. 매뉴얼을 바탕으로 FAQ를 제작하고자 하는 기업도 많은데, 별로 추천하고 싶은 방법은 아니다.

공개할 FAQ 선정

FAQ를 작성하면 FAQ 사이트에 전부 공개하지 말고 필요한 것만 먼저 선정하기를 권장한다. 선정 방법을 몇 가지 소개하겠다. 이 방법들을 조합해도 괜찮다.

사용자 타깃에 따른 선정

사용자 타깃이란, 예를 들면 서울 거주, 20~30대, 회사원, 독신…… 등 제품이나 서비스의 대상이 되는 사용자를 가정한다. FAQ에서도 제품이나 서비스를 사용할 법한 고객만 타깃으로 삼는다.

타깃을 가정하면 FAQ 콘텐츠를 선정하는 데도 도움이 된다. 일반적으로 필요한 FAQ를 예상할 때도 제품이나 서비스를 구매하는 타깃 고객층을 그대로 적용할 수 있다.

일반 사용자용 FAQ 사이트가 아닌 기업 및 판매 대리점용, 사내용일 경우에는 타깃 사용자도 비교적 특정하기 쉬워서 FAQ를 한정적으로 준비할 수 있다. 불특정 다수의 일반 사용자를 타깃으로 할 때와 달리 전문적인 용어를 사용하여 기술적인 FAQ도 준비할 수 있다.

사용자의 문의 건수에 따른 선정

FAQ의 기본으로 되돌아가 고객의 문의 건수가 많은가에 따라 선정한다.

일상적인 고객 지원(콜센터) 시 집계한 값을 사용하여 선정한다. 콜센터에 집계를 부탁하여 앞서 이야기한 콜 리즌별 건수를 계산한다. 그중에서 역치를 넘은 콜 리즌을 선정하여 공개용 FAQ로 만든다. 평소에 콜 리즌을 분석하여 FAQ로 만든 경우에는 해당 FAQ별 문의 건수가 역치를 넘은 것을 선정한다.

콜 리즌 분석의 정확성 또한 글의 품질에 좌우된다. 예를 들어, 다음 두 분석 중 후자가 정확한 콜 리즌 분석이라고 할 수 있다. 같은 콜 리즌이라도 고품질 글로 남겨 두어야 품질 높은 집계를 할 수 있다.

- 저품질 콜 리즌 분석
- '카드 해지에 관한' 문의가 100건
- 고품질 콜 리즌 분석

- '카드 해지 절차를 알려주세요'가 56건
- '카드 해지 시 포인트의 유효 기간을 알려주세요'가 30건
- '카드를 해지하지 않은 경우의 연회비를 알려주세요'가 14건

파레토 법칙에 따른 선정

파레토 법칙(콜센터 업계에서는 '80:20 법칙'이라고도 한다)이란, 쉽게 말해 매장에서 취급하는 전체 상품 중 약 20% 종류의 매상이 총 가게 매상의 약 80%를 차지하는 경향이 있다는 법칙이다.

상품 종류를 가로축, 각 상품의 매출액을 세로축으로 하여 꺾은선 그래프로 나타내면, 별로 팔리지 않는 상품의 매출액 부분이 동물의 긴 꼬리처럼 보여서 롱테일이라고 부르기도 한다(그림 2-3).

파레토 법칙은 콜센터 문의나 FAQ에서도 대체로 들어맞는 것으로 알려졌다. 즉 문의 내용(종류)이 1,000건이어도 특히 사용자가 많이 문의하는 것은 200건 정도이고, 나머지 800건의 문의는 롱테일처럼 나타난다.

문의 운영 분석을 해서 롱테일 부분은 과감히 생략하여 상위 20%의 문의를 FAQ로 선정한다. 물론 상위 20%의 FAQ에 대해서는 정확하게 통계를 낸다.

> column

이런 FAQ는 게재하지 않아도 된다

거의 읽히지 않는 FAQ

아무리 소소한 FAQ라도 읽는 고객이 한 명이라도 있다면 사이트에 올려야 한다고 생각하는 기업도 많다. 진지한 마음은 충분히 이해되지만, 계속 그렇게 운영하다 보면 사이트의 FAQ가 방대해져 버린다. 그 결과 사용자는 원하는 FAQ를 찾기 어려워지고, FAQ 제작자는 유지 관리에 큰 부하가 걸리게 된다.

전문적, 기술적이어서 어려운 FAQ

FAQ 사이트 내를 둘러보다 보면 전문적인 기술 용어나 어렴풋이 기억하는 서비스명과 기능명이 눈에 많이 띌 때가 있다. 그러면 사용자는 조금 당황하여 사이트에서 이탈해 콜센터에 전화해야겠다고 생각할지도 모른다. 무슨 일이 있어도 사용자에게 낯선 단어를 사용해야 할 때는 특히 많이 문의하는 FAQ에 한해서 올리는 것이 좋겠다. 이때도 단어의 의미를 이해하기 쉽도록 방법을 생각하거나 주석을 단다.

사용자의 질책을 드러낸 FAQ

콜센터에 걸려오는 고객의 질책 등을 그대로 FAQ에 노출하면 안 된다. 예를 들자면 이러한 것이다. "사장 바꿔!", "책임자가 누구야!", "전화 연결이 안 돼!" 이에 대해 사용자가 납득할 만한 답변을 올리기란 불가능할 것이다. 더불어 질책을 '자주 묻는 질문'으로 올림으로써 그 회사의 서비스 품질이 낮다고 광고하는 셈이다.

또 콜센터의 전화번호를 안내하는 FAQ를 올리면, 사용자 입장에서는 단순한 '책임 미루기'로 느껴진다. 반드시 콜센터에서 대응할 수밖에 없는 FAQ 이외에는 콜센터 번호를 기재하지 않도록 한다. 애초에 콜센터 전화번호를 FAQ에 기재하면, 사용자의 자기 해결이라는 FAQ의 본래 목적을 잃게 된다.

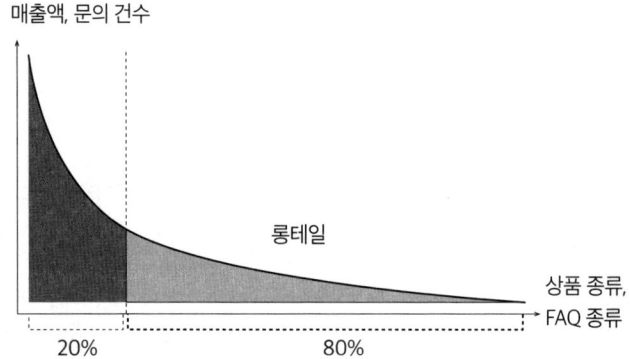

그림 2-3 파레토 법칙과 롱테일 그래프

2.6 FAQ를 쓰기 전의 기본적인 마음가짐

누구나 접근할 수 있는 인터넷에 정보를 올린다면 내용에 책임을 져야 한다. 기업에서 올린 공식적인 정보이자, 사용자와 기업의 이익에 직결되는 FAQ 사이트라면 더욱더 그렇다.

FAQ 사이트에서 중요한 것은 콘텐츠, 즉 FAQ 문장이다. 작가라는 전문직이 있을 만큼 원래 글쓰기에는 고도의 기술이 필요하다. 다만 글의 대상을 FAQ에 한정하면, 반드시 전문 작가가 필요하지는 않다. 담당자의 마음가짐과 체제에 따라 글의 수준이 달라진다고 생각한다.

FAQ의 작성 담당자와 품질책임자 지정하기

우선 FAQ를 작성할 담당자와 작성된 FAQ의 품질을 확인하는 품질책임자를 정한다. 이 책에서는 둘을 아울러 FAQ 제작자라고 부르겠다.

그렇게 지정된 FAQ 제작자가 아닌 사람이 아류로, 혹은 효과의 근거도 없는 작성법으로 준비한 FAQ를 기업 공식 사이트에 게시해서는 안 된다. 지금까지 수차례 지적했듯이 FAQ는 사용자와 기업의 이익과 직결되는 '공식 문서'라고 할 수 있기 때문이다.

'글을 잘 쓰니까', '글쓰기를 좋아해서'와 같은 이유만으로 FAQ 제작자를 지정해서도 안 된다. 글에도 종류가 많으며, 작문이 뛰어나다는 평가는 대부분 감각적인 것이다.

기업을 대표하여 일반인에게 공개하는 글을 쓴다는 의식을 제대로 가진 사람을 FAQ 제작자로 지정하자. 고객이 읽기 쉬운 글쓰기에 충실하고, 글을 계속 퇴고하는 데 스스럼없는 사람이 FAQ 제작자에 적합하다고 생각한다.

그렇게 지정한 FAQ 제작자가 쓴 FAQ만 사이트에 올리도록 한다.

FAQ의 리뷰

사이트에 공개하기 전에는 FAQ 콘텐츠의 내용과 품질을 반드시 리뷰(검토)한다. FAQ 가이드라인을 파악한 전임 리뷰 담당자 또는 매니저가 참여하도록 한다.

될 수 있으면 FAQ를 쓰는 전임자와는 다른 사람이 리뷰를 담당한다. 작문과는 다른 입장에서, 동시에 기업이 아닌 사용자의 관점에서 FAQ를 확인한다.

FAQ는 리뷰를 거쳐 '승인'되면 비로소 FAQ 사이트에 올리도록 한다.

지속적으로 FAQ의 품질을 높이는 운영

사이트에 올린 후 사용자가 이용하기 시작하면 FAQ의 이용 상황을 하나하나 관찰한다.

사이트에 FAQ 시스템을 도입했다면 사용자의 이용 상황을 그래프나 장부를 통해 실시간으로 열람할 수 있으므로, FAQ 제작자와 매니저는 관찰을 소홀히 하지 않도록 한다.

그리고 FAQ의 품질을 점점 더 높이는 유지 관리 방법을 찾는다. FAQ 시스템이 있으면 분석은 자동으로 되지만, 이를 이용하여 FAQ를 어떻게 유지 관리할지는 숙련된 FAQ 제작자가 생각해야 한다.

FAQ 사이트가 존재하는 한 FAQ 제작자는 계속 FAQ의 분석과 유지 관리를 해야 한다.

FAQ는 제품이나 서비스와 동일하다는 의식

FAQ는 공식 사이트에 공개되는 순간부터 사용자가 찾아 읽고 이해하여 문제를 해결할 수 있는지 시험받는다.

FAQ를 찾았는데도 사용자가 직면한 문제를 해결할 수 없으면, 그것은 기업 측의 책임이다. 사용자는 FAQ에 적힌 내용을 있는 그대로 받아들일 수밖에 없고, 의미나 해석을 되물을 수도 없다. 그런 의식이 낮은 기업은 저품질 FAQ를 계속 올리게 된다.

저품질의 제품 또는 서비스를 세상에 내놓으면 기업의 평가가 떨어지듯이 저품질 FAQ를 게재하면 마찬가지로 평가가 낮아진다. FAQ는 제품이나 서비스와 마찬가지로 항상 사용자의 엄격한 시선 앞에 노출된다는 점을 의식한다.

사용자에 대한 배려

FAQ를 작성할 때 어떤 말이나 어휘를 사용할지는 글쓴이의 센스에 따라 달라질 듯하다. 그러나 그렇게 말하면, 누구나 FAQ 제작자가 될 수 있다고는 말할 수 없다.

글쓰기 센스가 없어도 사용자에 대한 '배려'를 할 수 있으면 FAQ 제작자가 될 수 있다. 글쓰기 기술 향상은 시스템의 도움을 받을 수도 있다.

예를 들면 FAQ 시스템이 분석한 사용자의 FAQ 활용 상황을 이용하면, 사용자에게 더 친숙한 말, 자주 사용하는 말을 파악할 수 있다. 그중에는 많은 사용자가 검색할 때 사용하는데도 FAQ가 검색되지 않는 말도 있다. 이를 정밀히 조사하여 숙고하면 사용자가 더욱 이해하기 쉽고, 보다 찾기 쉬운 글을 쓰는 데 활용할 수 있다.

FAQ 제작자에게 앞서 이야기한 기본적인 작성법 이외에도 FAQ 시스템을 활용한 FAQ 준비와 분석과 유지 관리를 소홀히 하지 않는 마음가짐이 필요하다.

FAQ를 성장시키겠다는 의식

FAQ의 작성과 퇴고, 그리고 분석과 유지 관리에 높은 장벽이 느껴진다고 해도 불안해할 필요는 없다.

FAQ를 사이트에 게재 및 공개한 단계에서 처음부터 큰 성과를 거두기란 거의 불가능하다. FAQ는 실제로 공개해서 사용자가 사용해 보지 않고서는 효과를 알 수 없기 때문이다. 세상에 내놓기 전부터 상품이 실제로 히트를 칠지 알 수 없는 것과 마찬가지다.

이제 막 사이트에 게재되었을 때 FAQ는 갓난아기와 마찬가지다. 그리고 운영하면서 점점 어엿한 어른이 된다. FAQ 제작자로서는 FAQ를 세상에 내놓기 위한 준비 작업보다 그 후에 성장시키기 위한 작업이 더 많다.

많은 사용자가 FAQ에 대한 질타와 격려를 보낸다. 그리고 이를 수용하는 FAQ 제작자가 FAQ를 키워간다.

가이드라인 제정

FAQ 준비는 FAQ 제작자가 중심이 되어 진행한다. 다만 특정 FAQ 제작자만 작업이 가능하여 그 개인에게 과도하게 의존하는 상황에 빠지지 않도록 주의한다.

'가이드라인'을 정해 관계자 전원이 FAQ 제작과 운영을 공유하고 작업을 분담하도록 하자. 그렇게 하면 여러 관점에서 FAQ의 품질을 볼 수 있고, FAQ 제작자나 담당자가 교대되어도 차질없이 지속적으로 운영할 수 있다.

가이드라인을 만드는 방법은 제5장에서 자세히 다루겠다.

FAQ 운영 관계자 전원의 협조

FAQ는 독립적인 존재가 아니다. FAQ 시스템 그리고 FAQ 사이트라는 용기에 담긴다. FAQ 콘텐츠를 FAQ 사이트와 시스템이 활용한다. 반대로 FAQ 콘텐츠도 시스템과 FAQ 사이트의 기능을 활용하는 상호의존 관계다.

FAQ 시스템과 사이트도 기업의 웹 페이지 중 하나이며, 여기에는 시스템 벤더와 웹 페이지 담당자가 관여한다. 따라서 FAQ 제작자와 FAQ 시스템 담당자 및 벤더, 웹 페이지 및 웹 사이트 담당자와 긴밀히 커뮤니케이션을 취하여 서로 더 큰 효과를 발휘하도록 한다.

콜센터 운영에도 FAQ는 깊은 연관이 있다. FAQ 제작자와 콜센터에 종사하는 사람들은 평소에 긴밀하게 정보를 교환한다. 특히 콜센터에 종사하는 상담원은 매일 수십 명의 실제 고객들과 현실적인 대화를 나누는, 사용자와의 질의 응답에 관한 전문가다. FAQ에 관한 많은 힌트를 얻을 수 있다.

2.7 FAQ의 존재 의의를 시각화해 둔다

FAQ 준비 단계에서 FAQ의 존재 의의는 반드시 '시각화'해 둔다.

FAQ의 품질을 높이는 목적은 사용자의 자기 해결을 촉진하기 위해서다. 사용자가 자기 해결할 수 있는 수(또는 자기 해결률)가 늘어날수록 FAQ의 존재 의의는 커진다.

존재 의의를 시각화하는 지표에 관해 살펴보겠다. 이번 장에서 설명하는 지표를 이용한 유지 관리 방법은 제7장에서 자세히 다루겠다.

가시화=수치화

존재 의의는 수치로 나타내면 시각화할 수 있다. 수치는 거짓말을 하지 않으며, 명확한 지표다.

FAQ의 품질은 사용자의 자기 해결률이라는 지표로 나타나며 동시에 FAQ의 존재 의의의 기준이 된다. 수치로 나타내는 지표를 KPI(Key Performance Indicator, 핵심성과지표)라고 한다.

KPI의 종류

FAQ 제작 및 운용에 있어서 대표적인 KPI를 소개하겠다. 사용자의 자기 해결률의 2대 요소는 답변 도달률과 문제 해결률이다.

- 답변 도달률

사용자가 FAQ를 발견하는 비율

- 문제 해결률

사용자가 문제를 해결하는 비율

사용자의 자기 해결률이라는 지표는 위와 같은 양대 KPI를 접목하여 평가할 수 있다.

답변 도달률

답변 도달률은 FAQ 사이트에 방문한 사용자가 자신의 고민되거나 궁금한 일이 해결될 듯한 Q를 클릭(터치)하여 A를 조회한 비율이다.

답변 도달률 = 실제로 FAQ를 클릭하여 조회한 수÷FAQ 사이트의 총 PV

답변 도달률의 좋고 나쁨은 FAQ의 Q의 품질에 달렸다. 사용자가 많은 FAQ 중에서 하나의 Q를 발견하려면, Q가 사용자의 문제를 명쾌하게 대변해야 한다.

사용자가 Q를 찾아낼 수 있는지는 하나의 관문이다. 웹 사이트 운영에 종사하는 사람들에게는 전환이라는 표현이 더 쉽게 이해될 수도 있다.

문제 해결률

답변 도달률만 높아서는 사용자가 자기 해결했다고 할 수 없다. Q를 클릭한 사용자가 A를 읽고, 실제로 문제를 해결할 수 있어야 한다.

문제 해결률은 FAQ 사이트에서 사용자가 직면한 문제를 해결한 비율이다. 문제 해결률의 좋고 나쁨은 FAQ의 A의 품질에 달렸다.

문제 해결률 = 사용자가 문제를 해결한 총 건수÷실제로 FAQ를 조회한 총 건수

사용자가 문제를 해결할 수 있었는지는 사용자가 직접 자기 신고를 해야 알 수 있다. 이에 대해서는 제7장에서 자세히 다루겠다.

KPI 값의 목표

KPI를 정했다면 반드시 그 목표를 정한다. 예를 들어 다음과 같이 정한다.

- 답변 도달률 : 목표 70% 이상
- 문제 해결률 : 목표 80% 이상

FAQ 운영을 통해 KPI가 목표에 가까워지면, 사용자 입장에서의 FAQ 품질 향상, 나아가서는 존재 의의가 커졌음을 판별할 수 있다.

KPI 목표값과 FAQ 운영 사이클

지금까지 설명했듯이 KPI는 FAQ의 존재 의의의 지표가 된다. FAQ를 운영하며 항상 KPI를 관찰해야 한다.

처음으로 사이트에서 FAQ를 공개했을 때의 KPI는 물론이고, 어떠한 이유로 FAQ를 유지 관리하는 경우에는 유지 관리 전후의 KPI를 기록해 둔다. 물론 KPI는 특별히 FAQ를 갱신하지 않아도 변화한다. 사용자의 지식과 세상의 흐름이 변화하기 때문이다.

FAQ 사이트뿐만 아니라 고객 지원에 관하여 일상적으로 KPI를 관찰하고 되돌아보지 않는 기업은 의외로 많다. 기업으로서 고객 지원이 중요한 영업

의 일환인 점을 생각하면, 참으로 아까운 일이다.

끝없는 고품질화의 추구와 지속

첫 단계에서 고품질 FAQ를 준비하고, 운용하기 시작한 후에도 FAQ이 품질이 더욱 좋아지도록 이용 상황을 분석하고 유지 관리(퇴고 및 편집)하는 활동이 FAQ의 존재 의의를 높인다.

그 성과는 언제든지 KPI로 관찰할 수 있다. KPI라는 수치를 관찰하고 목표를 달성할 때까지 분석과 유지 관리 활동을 지속하는 것이 무엇보다도 중요하다.

일상적으로 관찰하다 보면 KPI가 급격히 변동할 텐데 FAQ의 품질을 향상하고자 꾸준히 노력하면 중장기인 면에서는 반드시 상승한다. 진부한 표현이지만, 낙숫물이 돌을 뚫듯이 중요한 것은 '꾸준함'이다.

제 **3** 장

Q 작성법

이번 장에서는 FAQ의 질문글인
Q 작성법에 대하여 구체적으로 설명하겠다.
Q는 사용자가 자신의 고민이나 궁금한 점을 해결하는
첫 단서다. FAQ 사이트의 어딘가에 원하는 FAQ가
게재되어 있다고 해도 사용자가 찾지 못하면 의미가 없다.
고품질 Q를 쓰는 목적은 사용자가 원하는 FAQ를
쉽게 찾을 수 있고, 망설임 없이 확신을 갖고
선택할 수 있도록 하기 위함이다.
항목별로 저품질 FAQ와 맞닥뜨려서 문제를
해결하지 못한 사용자의 경험을 소개하고,
그에 대한 개선 방법을 설명하는 순으로 해설하겠다.

3.1 Q를 이용해 해결 방안을 만든다

좋지 않은 FAQ의 예시

김태호 씨는 다음 달 해외 출장지에서 자동차를 운전할 예정이다. 이를 위해 국제운전면허증을 취득해야 하는데 방법을 모른다. 그래서 여행사의 FAQ 사이트에서 알아보았다.

> **Before**
> **Q** : 해외에서 운전하고 싶어요.

그러자 위와 같은 FAQ를 발견했다. 달리 그럴싸한 FAQ가 없어서 김태호 씨는 그 FAQ를 클릭하여 A를 읽어 보았다.

> **A** : 해외에서 자동차를 운전할 때 다음과 같은 주의 사항이 있습니다.
> - 한국 면허가 있을 것
> - 국제운전면허증을 취득할 것
> - 보험에 가입할 것
>
> (생략)

A에는 김태호 씨가 이미 알던 사실만 열거되어 있을 뿐 정작 중요한 국제운전면허증 취득 방법은 적혀 있지 않았다.

이 경우의 문제점

사이트에서 발견한 이 FAQ는 무언가를 묻는 문장이 아니다.

> **Before**
> Q : 해외에서 운전하고 싶어요.

'산책 가고 싶다', '날씨가 좋았으면 좋겠다'와 같은 어떤 희망을 표현하고 있을 뿐인 문장이다. '그래서 질문이 뭐예요?'라고 물을 수밖에 없다.

다만 이 FAQ는 확실히 김태호 씨의 상황을 나타내고 있다. 다른 적당한 FAQ가 눈에 띄지 않아 김태호 씨는 '이 FAQ에 국제운전면허증 취득 방법이 쓰여 있으려나?' 하고 기대했지만, 그 기대를 저버렸다.

잘못된 기대를 한 것이 나쁜 게 아니다. A에 대해 사용자가 상상할 수밖에 없도록 만드는 Q 작성법이 나빴던 것이다. 안타깝게도 이 FAQ는 김태호 씨의 상상도 수고도 헛되게 만들었다.

개선점

'해외에서 운전하고 싶다.' 이렇게 쓰게 된 데는 콜센터에 전화로 문의하는 고객의 '첫마디'를 FAQ에서 표현함으로써 사용자에게 친근감을 주고자 하는 의도가 있었을지도 모른다. 다만 전화와 달리 FAQ에서는 대화하지 않는다. 이런 표현을 사용해도 A에서 기대를 저버리면 친근감은커녕 아쉬움만 남을 뿐이다.

그렇게 되지 않으려면 Q는 질문답게 구체적으로 무언가를 묻는 문장으로 만든다. 예를 들면, 다음과 같은 Q라면 기대되는 답변이 구체적이어서 상상할 필요도 없다.

> **After**
>
> **A** : 해외에서 운전하고 싶어서 국제운전면허증의 취득 방법을 알고 싶어요.

　이러한 Q 문장을 보면 김태호 씨는 '국제운전면허증의 취득 방법'을 안내하는 A를 볼 수 있겠다고 확신할 수 있다. 이처럼 해결 방법을 처음에 제시하여 사용자에게 해결에 이르는 길을 알려주는 것이 바람직한 Q 작성법이다.

문제 + 해결 방안

　이 형태에 따른 문체로 Q를 쓰면, 사용자의 기대에 부응하는 신뢰할 수 있는 FAQ를 작성할 수 있다. 알기 쉽게 몇 가지 상황을 Q로 만들어 보자. 표 3-1을 바탕으로 다음과 같이 Q 문장을 쓸 수 있다.

> **Q1** : 배가 고파서 가까운 레스토랑이 어디 있는지 알고 싶어요.
> **Q2** : 비밀번호를 잊어버려서 재설정 방법을 알고 싶어요.
> **Q3** : 신청하기 위한 조건을 알고 싶어요.
> **Q4** : 국제운전면허증을 취득하고 싶은데 신청 방법을 알고 싶어요.

　이처럼 Q는 반드시 '문제 + 해결 방안' 문체로 써야 한다.

Before, After

　다음은 각각 품질을 개선하기 전과 후의 FAQ다. 퇴고 전([Before])과 퇴고 후([After])를 비교해 보자.

Before

Q1 : 로그인이 안 돼요.

Q2 : 짐을 재발송해 주세요.

Q3 : 사이즈가 틀려요.

Q4 : 카드를 분실했어요.

표 3-1 문제와 해결책의 예시

문제	해결 방안
배가 고프다	가까운 레스토랑의 위치
비밀번호를 잊어버렸다	재설정 방법
골드회원을 신청하고 싶다	조건
국제운전면허증을 취득하고 싶다	신청 방법

After

Q1 : 로그인이 안 되니 새로운 비밀번호를 알려주세요.

Q2 : 짐을 재발송해 주었으면 하니 재발송 신청 창구를 알려주세요.

Q3 : 사이즈가 틀리니 교환 신청 방법을 알려주세요.

Q4 : 카드를 분실했으니 회원 사이트에서 이용 정지 신청하는 절차를 알려 주세요.

[Before]는 주위에서 흔히 볼 수 있는 FAQ인데, 모두 해결 방안이 제시되어 있지 않아 사용자의 기대를 저버릴 가능성이 있다. 사용자는 이를 읽고 A의 해결 내용을 상상하고 기대할 수밖에 없는데, 상상이 틀리면 기대가 무너지고 만다. 또, [Before]는 곤란한 상황에 대해서는 쓰여 있지만, 무엇을 알고 싶은지 알 수 없어 부족한 느낌이 드는 문장이다.

[After]에서는 [Before]를 Q의 기본 문체인 문제 + 해결 방안에 따라 고쳐 쓰고, 문장 끝을 '~알려주세요.'라고 해결 방안을 묻는 글로 만들었다.

> **Before**
> Q : 입회 신청을 하고 싶어요.

위와 같은 예문도 흔히 볼 수 있는 FAQ다. 이 Q를 본 사용자는 다음과 같이 다양한 상상을 할 것이다.

- 입회 신청을 하고 싶다. → 신청서는 어디서?
- 입회 신청을 하고 싶다. → 조건은?
- 입회 신청을 하고 싶다. → 필요한 서류는?
- 입회 신청을 하고 싶다. → 온라인에서 가능한가?
- 입회 신청을 하고 싶다. → 요금은?
- 입회 신청을 하고 싶다. → 가족도 가능한가?

역시 많은 사용자들이 기대가 무너질 수도 있고 동시에 불신감이 든다.

> **After**
> Q1 : 입회 신청용 신청서를 받는 방법을 알고 싶어요.
> Q2 : 입회 신청할 수 있는 수입 조건을 알고 싶어요.
> Q3 : 입회 신청 시에 필요한 서류를 모두 알고 싶어요.
> Q4 : 입회 신청할 수 있는 웹 사이트를 알고 싶어요.
> Q5 : 입회 신청하고 싶은데, 입회비와 회비를 알고 싶어요.
> Q6 : 입회 신청(가족 회원) 절차를 알고 싶어요.

[After]와 같이 Q 문장에 입회 신청을 하고 싶다는 점을 나타내면서 동시에 구체적으로 알고 싶은 내용을 해결 방안으로써 함께 작성한다. FAQ 개

수는 늘어나지만 하나하나의 문장으로 문제 + 해결 방안이 명쾌해진다. 사용자는 명시된 해결 방안대로 A에 도달할 수 있다고 기대할 수 있다.

요약

Q는 다음의 기본 문체에 충실하게 맞춰 쓴다.

문제 + 해결 방안

사용자가 고객 지원에 문의하는 내용은 간단히 말하면 이와 같은 문장으로 나타낼 수 있다.

'문제'이므로 '해결 방안'을 알고 싶다.

'~하므로' 부분과 문장 끝의 '알고 싶어요.' 부분은 꼭 위의 예시 그대로 따라 할 필요는 없지만, 시인성을 위해 모든 FAQ를 통일한다. 시인성에 대해서는 뒤에 설명하겠다.

개선해 보기

개선 전

다음 상황을 '문제 + 해결 방안' 문체로 만들어 보자. '해결 방안' 부분은 자유롭게 상상해서 써 보라.

> **Before**
> **Q1** : 안경을 써도 전만큼 잘 보이지 않아요.
> **Q2** : 어금니가 아파요.
> **Q3** : 신청 용지를 잃어버렸어요.
> **Q4** : 건축 중인 빌딩이 시끄러워요.

개선 후

개선 전의 문장에는 모두 상황만 나타나 있다. 이에 대해서 '그래서 어떻게 하고 싶은데?' 하고 자문해 보면 '해결 방안' 부분을 상상할 수 있다. 실제 FAQ에서는 사용자에게 안내하고 싶은 해결 방안이 A로서 존재할 테니, 이를 바탕으로 '해결 방안'을 추가한다. 문장 끝은 모두 '~를 알려주세요.'로 정리했다.

After

Q1 : 안경을 쓰고도 글자가 전처럼 잘 보이지 않으니 도수 조정 신청 창구를 알려주세요.

Q1 : 안경의 도수가 맞지 않는 것 같으니 상담 창구를 알려주세요.

Q2 : 어금니가 아프니 응급 처치할 수 있는 약의 이름을 알려주세요.

Q2 : 어금니가 아프니 토요일, 일요일에도 여는 치과를 알려주세요.

Q3 : 신청 용지를 잃어버렸으니 받으러 갈 수 있는 창구의 주소를 알려주세요.

Q3 : 신청 용지를 잃어버렸으니 온라인으로 신청하는 방법을 알려주세요.

Q4 : 건축 중인 빌딩이 시끄러우니 소음이 발생하는 공사 기간을 알려주세요.

3.2 Q 작성법으로 심플한 A를 만든다

좋지 않은 FAQ의 예시

이준엽 씨는 L시에 발령 나서 홀로 이사 온 참이다. 오랜만에 보내는 독신 생활은 물론이고 새로운 지역에서 익숙해져야 할 일로 가득하다.

이사하며 나온 골판지 박스와 포장재를 처분하려고 하는데, 쓰레기를 내놓는 요일을 몰라서 스마트폰으로 L시의 웹 사이트를 들어가 보기로 했다. 자주 묻는 질문 사이트에서 이런 FAQ를 발견했다.

> **Before**
>
> **Q** : 신문지, 잡지, 골판지 박스 버리는 방법을 알려주세요.
>
> **A** : L시에서는 재활용 가능한 쓰레기는 분리해서 버려야 합니다.
>
> 　　신문지, 잡지의 경우
>
> 풀리지 않도록 끈으로 단단히 묶어 정리하여 각 지구의 쓰레기 배출일, 지역의 배출 장소에 내놓습니다. 비닐봉지에 넣지 마세요.
>
> ※ 배출 시간에 맞춰 내놓지 않은 쓰레기는 수거할 수 없으므로 책임지고 가져가 주세요.
>
> ※ 배출일 전날 밤에는 절대로 내놓지 마세요.
>
> ※ 우천 시 쓰레기를 수거하지 않습니다.
>
> ○ 각 지구의 배출일과 배출 시간은 다음과 같습니다.
> 　(생략)

○ 각 지구의 배출 장소에 관한 링크는 다음 목록을 참조해 주세요.
　(생략)

골판지 박스의 경우

골판지 박수는 잘게 잘라 시에서 지정한 종이 봉투에 넣어 배출 장소에 내놓아 주세요. 골판지 박스도 재활용품으로 취급하지만, 쓰레기와 함께 수거하지 않고 시와 업체에서 분담하여 수거합니다.

※ 배출 시간에 맞춰 내놓지 않은 쓰레기는 수거할 수 없으므로 책임지고 가져가 주세요.

※ 배출일 전날 밤에는 절대로 내놓지 마세요.

※ 우천 시 쓰레기를 수거하지 않습니다.

○ 각 지구의 배출일과 배출 시간은 다음과 같습니다.
　(생략)

○ 각 지구의 배출 장소에 대한 링크는 다음 목록을 참조해 주세요.
　(생략)

　이준엽 씨는 이사 온 지구의 골판지 박스 배출일과 배출 장소를 겨우 알아냈다. 그러나 필요한 정보를 알아내기 위해 스마트폰 화면을 슬라이드 하며 많은 양의 문자 정보를 읽어야 했기에 소비한 시간은 회수할 수 없었다.

이 경우의 문제점

　이 FAQ는 이준엽 씨가 찾던 것은 틀림없지만, A에 게재된 내용은 이준엽 씨가 알고 싶은 것만 얻기에는 정보가 너무 많았다.

> **Before**
>
> **Q** : 신문지, 잡지, 골판지 박스 버리는 방법을 알려주세요.

그 이유는 Q가 질문 형태를 띠고는 있지만, '버리는 방법'이라는 표현의 범위가 넓어서 여러 가지 의미를 포함하기 때문이다. '버리는 방법'은 쓰레기 분리 방법, 버리는 장소, 버리는 일시, 버릴 때의 주의 사항 등 여러 가지 의도로 해석할 수 있다. 모든 의도에 대답하기 위해 A에 많은 내용이 적혀 있다. 이준엽 씨는 쓰레기를 버리는 요일을 알아내기 위해 불필요한 정보도 훑어봐야 했다.

개선점

사용자가 알고 싶은 점을 Q에 넣는다

앞서 예로 든 Q에는 제대로 해결 방안이 쓰여 있다. 다만 표현의 범위가 넓어서 A에서 설명해야 할 정보가 많아진다. 사용자가 A의 내용에서 필요한 사항을 찾아야 한다. 마치 '○○ 씨의 전화번호를 알려주세요.'라고 물었더니 전화번호부를 건네받은 셈이다. 물은 사람은 정보량이 너무 많은 바람에 질려서 포기(이탈)할지도 모른다.

Q는 심플한 A로 사용자에게 해결을 제시할 수 있는 문장으로 쓴다.

> **Before**
>
> **Q** : 신문지, 잡지, 골판지 박스 버리는 방법을 알려주세요.

위의 내용은 다음과 같이 퇴고할 수 있다.

> **After**
>
> Q1 : 신문지, 잡지를 내놓을 수 있는 쓰레기 배출일을 알려주세요.
> Q2 : 골판지 박스를 내놓을 수 있는 쓰레기 배출일을 알려주세요.
> Q3 : 신문지, 잡지를 내놓을 때의 배출 방법을 알려주세요.
> Q4 : 골판지 박스를 내놓을 때의 배출 방법을 알려주세요.
> Q5 : 신문지, 잡지, 골판지 박스 배출 장소의 위치를 알려주세요.

여기서는 원래 A에서 안내하던 경우에 따라 Q를 만들어 FAQ를 분할했다. 그리고 막연하게 '버리는 방법'을 묻는 것이 아니라 '배출 요일', '배출 방법', '배출 장소'라는 실제적인 내용을 묻는 문장으로 만들었다. 이렇게 하면 A가 깔끔하고 분명해져서 FAQ의 Q와 A를 일문일답으로 만들 수 있다. 예를 들면 다음과 같이 만들 수 있다.

> **After**
>
> Q1 : 신문지, 잡지를 버릴 때의 배출 방법을 알려주세요.
> A1 : 신문지, 잡지를 버릴 때의 배출 방법은 풀리지 않도록 끈으로 단단히 묶어 배출 장소에 내놓습니다. 비닐봉지에 넣지 마세요.
>
> Q2 : 신문지, 잡지의 쓰레기 배출일을 알려주세요.
> A2 : 신문지, 잡지의 배출일은 각 지구의 배출 요일과 배출 시간은 격주 수요일 8:00~12:00입니다.
> ※ 배출 시간 외에 배출한 쓰레기는 수거할 수 없습니다.
> ※ 우천 시 수거하지 않습니다.
>
> Q3 : 신문지, 잡지, 골판지 박스 배출 장소의 위치를 알려주세요.
> A3 : 신문지, 잡지, 골판지 박스 배출 장소
>   지구별로 여기 목록에서 확인할 수 있습니다.

위와 같이 사용자가 알고 싶은 것(요일과 장소)과 이를 위한 조건(여기서는 쓰레기의 종류)을 구체적으로 제시하고 Q를 쓰면 심플한 A로 깔끔하게 정리할 수 있다. A가 Q에 대해서 군더더기 없이 간단하게 답하면 사용자가 읽는 시간을 들이지 않아도 된다.

예를 들어, 다음과 같은 FAQ의 A를 흔히 볼 수 있다.

Before

A : 서비스 신청 방법은 다음과 같습니다.

● 신청하시는 분에 대해서
- 회사원일 경우 (생략)
- 회원의 가족일 경우 (생략)
- 학생일 경우 (생략)

● 신청 방법에 대해서
- 엽서로 신청하는 경우 (생략)
- 온라인으로 신청하는 경우 (생략)
- 매장 창구에서 신청하는 경우 (생략)

A의 내용에서 조건에 따라 구분한 경우, 모든 조건마다 Q를 작성한다.

After

Q1 : 회사원일 경우 엽서로 신청하는 방법을 알려주세요.
Q2 : 회사원일 경우 온라인으로 신청하는 방법을 알려주세요.
Q3 : 회사원일 경우 매장 창구에서 신청하는 방법을 알려주세요.
Q4 : 회원의 가족일 경우 엽서로 신청하는 방법을 알려주세요.
Q5 : 회원의 가족일 경우 온라인으로 신청하는 방법을 알려주세요.
Q6 : 회원의 가족일 경우 매장 창구에서 신청하는 방법을 알려주세요.

> Q7 : 학생일 경우 엽서로 신청하는 방법을 알려주세요.
> Q8 : 학생일 경우 온라인으로 신청하는 방법을 알려주세요.
> Q9 : 학생일 경우 매장 창구에서 신청하는 방법을 알려주세요.

조건마다 Q 문장을 만들면 A에서 경우를 구분하지 않아도 되어 다음과 같이 심플하게 안내할 수 있다.

> **After**
> Q : 회사원일 경우 매장 창구에서 신청하는 방법을 알려주세요.
> A : 회사원일 경우 매장 창구에서 신청하는 방법은 다음과 같습니다. (생략)

A를 심플하게 쓰기 위해서 Q에 조건을 어떻게 쓰느냐가 관건이다. 다만 모든 조건별로 Q를 쓰면 FAQ 개수가 많아질 우려가 있다. 이에 대해서는 제7장 '고품질이어서 수가 늘어난 FAQ의 문제'에서 해결하겠다.

6W1H를 의식한다

6W1H를 의식해서 Q를 쓰면 A를 명확하고 심플하게 만들기 위한 조건을 갖출 수 있다. FAQ를 통해 사용자에게 전달하고 싶은 정보를 바탕으로 조건을 더해서 6W1H로 만든다.

간단한 예로 다음의 A와 짝이 되는 Q 문장을 생각해 보자.

> A : 조지프 로비넷 바이든 주니어

다음과 같은 Q는 반드시 위에서 예로 든 A가 답이라고 할 수 없다.

> **Before**
> Q : 미국의 대통령은?

다음과 같이 하면 어떨까?

> **After**
> Q : 2020년 선거에서 당선된 미국 대통령의 풀네임은?

이와 같은 Q라면 위에서 예를 든 A에 부합한다. 이를 위해 2020년 (When), 선거에서 당선된(How), 미국(Where), 대통령(Who), 풀네임(What) 과 같은 조건들이 글에 포함되어 있다. 위의 Q에는 6W1H가 전부 갖추어져 있지는 않다. 하지만 6W1H를 의식해서 썼기에 A를 심플하게 쓸 수 있는 조건이 갖추어졌다.

Before, After

다음은 각각 품질을 개선하기 전과 후의 FAQ다. [Before]와 [After]의 품질을 비교해 보자.

> **Before**
> Q : 인터넷에 접속할 수 없어서 해결하고 싶어요.

> **After**
> Q : Wi-Fi 접속 시 표시되는 접속 에러 e001의 해결책을 알고 싶어요.

[Before]의 '인터넷에 접속할 수 없다'라는 식으로 쓰면 다양한 상황이 예상되어 A가 매우 길어질 가능성이 있다.

[After]와 같이 '인터넷에 접속할 수 없는' 상황별로 하나씩 FAQ를 준비한다. 이 예시에서는 'Wi-Fi 접속 시 표시되는 에러 e001'에 대해서만 Q로 만들었으므로 구체적이고 달리 해석할 여지는 없다. 사용자도 자신의 상황과 대조해 보기 쉬우므로 필요한 FAQ를 고르기 용이하다. A는 이 상황에 대한 해결책만 제시하면 되므로 심플하게 쓸 수 있다.

> **Before**
> Q : 무료 배송에 대해서.

> **After**
> Q : 무료 배송인 상품을 알려주세요.

[Before]의 '~에 대해서'라는 표현을 보고 사용자는 A에게 무엇을 기대하면 좋을지 알 수 없어 상상하거나, 마음대로 해석하게 된다. 이에 맞춰 A를 쓰면, 무료 배송에 관해서 예상되는 모든 내용을 쓰지 않으면 사용자의 기대에 부응할 수 없다.

[After]는 상품을 구체적으로 묻는 형식이다. 따라서 A에서 무료 배송 대상인 상품을 열거하기만 하면 된다. 이 FAQ를 선택한 사용자도 기대했던 대로의 FAQ라고 느낀다.

> **Before**
> Q : 요금 납부 계좌를 변경하고 싶어요.

> **After**
>
> **Q** : 요금 납부 계좌를 변경하는 절차를 알려주세요. (온라인)

[Before]에서는 계좌 변경 절차 창구를 알고 싶거나, 계좌 변경 시 필요한 서류를 알고 싶거나, 계좌 변경 절차를 알고 싶은 사용자도 이 FAQ를 클릭할 가능성이 있다. 따라서 A는 그 모든 것에 대해 안내하는 긴 글이 될 것이다.

[After]에서는 계좌를 변경하는 절차(온라인)가 질문에 명기되어 있다. A에서도 온라인상에서의 계좌 변경 절차만 안내하면 된다.

이와 같이 Q에 심플한 A로 이끌기 위한 조건을 최대한 쓰도록 한다. 사용자에게는 심플하고 읽고 바로 이해할 수 있는 해결책이 더 고마운 법이다.

요약

A에 조건 분기가 있는 경우에는 조건별로 FAQ를 나눈다. 그리고 조건은 Q 문장에서 명시한다. 그러면 Q와 A가 일문일답에 가까워진다.

심플한 A를 만들려면 명백하게 Q 문장에 가능한 한 조건 등의 요소를 넣는다. 그 방법의 하나가 6W1H 문체에 가깝게 만드는 것이다.

개선해 보기

개선 전 1

다음과 같은 A가 나오도록 Q를 써 보자.

> **A1** : 대왕고래
>
> **A2** : 1988년 9월 17일
>
> **A3** : 가덕도
>
> **A4** : 다음과 같습니다.
>
> **https**://developers.google.com/?hl=ko

개선 후 1

지시한 A가 나오도록 Q를 쓰면 되므로 자유롭게 쓸 수 있는데, 중요한 점은 '그 A 이외에는 없다'라는 Q 문장을 만들어야 한다는 것이다.

> **Q1** : 세계에서 몸길이가 가장 긴 포유동물의 이름은?
>
> **Q2** : 한국에서 최초로 개최된 올림픽의 개막식 날짜는?
>
> **Q3** : 부산 서남단 끝에 위치한 부산 최대의 섬으로, 예로부터 더덕이 많이 난다는 데서 이름이 유래한 섬은?
>
> **Q4** : 구글의 개발자를 위한 지원 사이트의 URL은?

예를 들어 A1에서 '세계에서 가장 큰 생물은?'이라고 물으면 '대왕고래' 외의 대답도 가능하다. Q를 쓸 때는 6W1H 전부는 아니더라도 가능한 한 많이 쓰면 대답이 하나로 좁혀진다.

개선 전 2

다음과 같은 A가 나오도록 Q를 문제 + 해결 방안 문체로 써 보자.

> **A1** : 월요일~금요일은 21:00에 폐점합니다.
>
> **A2** : 매주 수요일 오전 중에 수거합니다.
>
> **A3** : 구매 후 1년 이내에는 부품 수리가 무료입니다.
>
> **A4** : 마이 페이지에서 오른쪽 하단의 '명세서' 버튼을 터치하기만 하면 됩니다.
>
> **A5** : 내년 3월 31일이 무료 업그레이드 마감일입니다.

개선 후 2

이 또한 자유롭게 쓸 수 있는데, 요점은 Q의 기본 문체 '문제 + 해결 방안'으로 만드는 것이다. 여기서 '해결 방안'은 A에서 지시한 내용이므로 '문제'를 자유롭게 상상해서 Q로 만든다.

> **Q1** : 늦은 시간에 귀가하는데, 평일의 폐점 시간을 알려주세요.
>
> **Q2** : 이 지구에서의 헌 신문과 골판지 박스 등의 배출일을 알려주세요.
>
> **Q3** : 구매 후 1년 이내에 고장이 났을 경우의 부품 수리비를 알려주세요.
>
> **Q4** : 마이 페이지에서 명세서를 발행하는 방법을 알려주세요.
>
> **Q5** : AA소프트웨어의 무료 업그레이드 기간을 알려주세요.

6W1H를 의식하여 Q와 A를 나란히 읽었을 때 쓴 내용이 서로 맞지 않거나 설명이 부족한 부분이 없는지도 확인해야 한다.

3.3 Q 문장에 오해의 소지를 두지 않는다

좋지 않은 FAQ의 예시

윤영선 씨는 백화점에서 고급 와규 고기를 주문하고 '냉동 택배'로 집으로 배송되도록 의뢰했다. 배송 지정일은 윤영선 씨가 집에 있는 주말로 신청했다. 그런데 의뢰한 후에 지정일에 외출 예정이 생긴 윤영선 씨는 배송 날짜 변경을 요청하고자 했다.

백화점 사이트를 살펴보았지만, 배송일 변경 방법이 어디에 있는지 알 수 없었다. 그래서 윤영선 씨는 FAQ 사이트에서 알아보기로 했다.

사이트에는 다음과 같은 FAQ를 발견하고 '바로 이 FAQ야!'라는 생각에 그 Q를 선택하여 A를 읽어 보았다.

> **Before**
> Q : 배송 지정일에 받을 수 없는 경우에는 어떻게 해야 하나요?
> A : 배송 지정일에 받을 수 없는 경우에는 부재중 배송 안내를 남기고 물품을 가지고 돌아가므로 소정의 재배송 신청을 해주세요. 단, 냉동육은 품질보증을 위하여 판매처로 반품되므로 양해 바랍니다. (생략)

윤영선 씨는 이 FAQ를 보면 틀림없이 배송 지정일 변경 방법을 알 수 있으리라고 기대했는데 착각이었다. 조금 조바심이 나서 다시 한번 백화점에 전화하여 상담하기로 했다.

이 경우의 문제점

이 Q는 모호하게 작성되었다.

> **Before**
>
> **Q** : 배송 지정일에 받을 수 없는 경우에는 어떻게 해야 하나요?

따라서 다음 중 어떤 식으로도 해석할 수 있다.

❶ 배송 지정일에 받지 못하는 경우 고객 측의 대처 방법은?
❷ 배송 지정일에 받을 수 없는 경우 판매처 측의 대처 방법은?
❸ 배송 지정일에 받을 수 없는 경우 지정일 변경 방법은?

이와 같이 여러 가지로 해석 가능한 문장은 읽는 사람이 오해하게 할 수 있다. 여기서 윤영선 씨는 ❸으로 해석했지만, 백화점 측의 의도는 ❷였다. 사용자의 해석과 기업 측의 의도가 다른 탓에 FAQ의 정보는 윤영선 씨에게 도움이 되지 않았다.

모호한 표현은 일상적인 커뮤니케이션에서도 문제를 일으키는 원인이다. 더군다나 기업의 FAQ 사이트에서 결국 사용자의 기대를 저버리게 되므로 기업에 대한 신뢰에 영향을 미칠 수 있다.

사실 기업이 공개하고 있는 거의 모든 FAQ에서 '어떻게 하면 되나요?' 식으로 작성된 것을 볼 수 있다. 이러한 표현은 사용자의 오해를 불러일으키는 데 그치지 않는다. 불완전하고 질문으로서는 부족한 인상을 준다.

개선점

다음과 같이 Q를 만들면 어떨까?

> **After**
> Q1 : 배송 지정일에 받을 수 없으니 지정일 변경 방법을 알려주세요.
> Q2 : 배송 지정일에 받지 못했을 경우 물품 재배송 방법을 알려주세요.
> Q3 : 배송 지정일에 받지 못했을 경우 물품에 대한 대처 방법을 알려주세요.

위와 같은 문장이라면 사용자는 안심하고 필요한 FAQ를 고를 수 있다. 오해의 소지가 없는 작성법이므로 사용자가 다시 고르는 일도 피할 수 있다.

'어떻게 하면 되나요?' 식의 작성법이 아니라 '지정일 변경 방법을 알려주세요.'라고 구체적으로 알고 싶은 내용을 나타내는 문장을 만든다. 궁금한 점을 질문한다면 역시 '○○를 알려주세요.', '○○를 알고 싶어요.'와 같이 '해결 방안'을 명확하게 표현하는 문체가 적당하다. 사용자 입장에서 보면 해결을 기대할 수 있는 신뢰성 높은 FAQ가 된다.

모호한 표현은 많다. 예를 들어, 다음은 '어떻게 하면 되나요?'라는 질문에서 해석할 수 있는 종류다. 이처럼 모호한 표현이 사용자를 어떻게 당황스럽게 만드는지 알 수 있다.

> **Before**
> Q : 서울대학교에 가려면 어떻게 해야 하나요?

> **After**
> Q1 : 서울대학교에서 가장 가까운 역을 알려주세요.
> Q2 : 신촌역에서 서울대학교로 가는 길을 알려주세요.
> Q3 : 서울대학교에 합격할 수 있는 실적이 좋은 입시학원을 알려주세요.
> Q4 : 서울대학교의 입학원서에 필요한 서류를 알려주세요.
> Q5 : 서울대학교에 입학하기 위한 시험 대책을 알려주세요.

> **Before**
> Q : 카드를 분실했는데 어떻게 해야 하나요?

> **After**
> Q1 : 카드를 분실했을 경우 상담 연락처 알려주세요.
> Q2 : 카드를 분실했을 경우 이용 정지 신청 방법을 알려주세요.
> Q3 : 카드를 분실했을 경우 부정 이용 여부를 확인하는 방법을 알려주세요.
> Q4 : 카드를 분실했을 경우 재발급하는 방법을 알려주세요.

Before, After

다음은 각각 품질을 개선하기 전과 후의 FAQ다. [Before]와 [After]의 품질을 비교해 보자.

> **Before**
> Q : 재해 자원봉사에 응모하려면 어떻게 해야 하나요?
> A : 재해 자원봉사의 응모 요강은 여기에서 다운로드할 수 있습니다.

> **After**
> Q : 재해 자원봉사의 모집 요강이 있는 사이트를 알려주세요.
> A : 재해 자원봉사의 응모 요강은 여기에서 다운로드할 수 있습니다.

[Before]의 '어떻게 하면……'에서는 응모에 관한 무엇을 알고 싶은 Q인지 알 수 없다. 글 자체도 치졸해 보인다.

[After]의 A에서 응모 요강 다운로드 사이트를 안내하고 있으므로 Q도 그 내용을 구체적으로 보여주도록 작성한다.

> **Before**
> Q : 무료 지원은 언제까지인가요?
> A : 무료 지원은 ABC제품 구매일로부터 6개월입니다.

> **After**
> Q : 구매한 후의 무료 지원 기간을 알려주세요.
> A : 무료 지원은 ABC제품 구매일로부터 6개월입니다.

[Before]의 '언제까지'에서는 일시를 묻고 있는지 기간을 묻고 있는지, 혹은 어느 날짜로부터 상대적인 타이밍을 묻고 있는지 명확하지 않다. 사용자에 따라서는 시각이라고 생각할 수도 있다.

[After]의 A에서는 구매한 날로부터의 상대적인 기간을 안내한다. 따라서 Q도 그에 맞춰 작성한다.

> **Before**
> Q : 종로 세미나는 어떻게 가면 되나요?
> A : 종로 세미나 행사장은 광화문역 2번 출구에서 가장 가깝습니다. 가는 길은 아래 지도를 참고해 주세요.

> **After**
> **Q** : 광화문역에서 종로 세미나 행사장으로 가는 길을 알려주세요.
> **A** : 종로 세미나 행사장은 광화문역 2번 출구에서 가장 가깝습니다. 가는 길은 아래 지도를 참고해 주세요.

[Before]의 '어떻게'에서는 대중교통 경로나 이동수단으로도 해석되며, 가는 길로도 해석할 수 있다. 또는 사전 예약 방법이라고 해석할 수도 있다.

[After]와 같이 누구나 똑같이 해석할 수 있도록 구체적으로 작성한다.

> **Before**
> **Q** : 반품 신청은 어디에 있나요?
> **A** : 반품은 아래의 온라인 사이트에서 간편하게 신청하실 수 있습니다.
> **반품 접수**

> **After**
> **Q** : 반품을 의뢰할 온라인 사이트 URL을 알려주세요.
> **A** : 반품은 아래의 온라인 사이트에서 간편하게 신청하실 수 있습니다.
> **반품 접수**

[Before]의 '어디'를 보면 물리적인 장소(매장이나 배송 센터)와 온라인상의 정보를 찾는 사람 모두 이 FAQ를 선택하고 만다. 그러나 A는 온라인 사이트만 안내하고 있다.

[After]와 같이 온라인 사이트를 안내한다는 사실을 Q 문장에서 나타낸다.

사용자에 따라 다르게 해석할 여지가 없는 명쾌하고 구체적인 글을 게재한다.

요약

Q 문장에는 다음과 같은 모호한 질문 방식을 사용하지 않도록 한다.

- 어디인가요? 어느 쪽인가요?
- 어째서인가요? 왜인가요?
- 어떻게 하면 되나요? 어떻게 해야 하나요?
- 언제인가요? 언제까지인가요?
- 얼마인가요? 어느 정도인가요?
- 어떤 것인가요? 누구인가요?

사용자가 오해하지 않는 문장을 만들려면 말의 표현에 신경을 쓴다. Q에서 제시하는 '해결 방안'에 대해 누가 읽어도 똑같이 해석할 수 있는 말로 쓴다. 즉 A에서 안내하는 내용에 따라 구체적인 표현으로 작성한다.

개선해 보기

개선 전 1

다음 Q 문장에서 모호한 표현을 없애고 구체적인 Q 문장으로 만들어 보자.

Before

- **Q1** : 회원 신청이 가능한 사람은 누구인가요?
- **Q2** : 온라인 회원 사이트는 어디인가요?
- **Q3** : 전화가 항상 연결되지 않는데 어떻게 해야 하나요?
- **Q4** : 매장을 리뉴얼하는 이유가 무엇인가요?
- **Q5** : 대형 쓰레기 배출 방법은 어떻게 하면 되나요?

개선 후 1

위의 Q는 모두 표현이 모호하다. 사용자에 따라 '누구', '어디', '어떻게 하면' 부분의 해석이 달라지거나 답변을 예측할 수 없는 문장이다.

> **After**
> **Q1** : 회원 신청이 가능한 조건을 모두 알려주세요.
> **Q2** : 온라인 회원 로그인 사이트의 URL을 알려주세요.
> **Q3** : 콜센터에 전화가 연결되기 쉬운 시간대를 알려주세요.
> **Q4** : 매장을 리뉴얼해서 기대되는 효과를 알려주세요.
> **Q5** : 대형 쓰레기 수거를 신청하는 시의 사이트를 알려주세요.

기존의 Q를 퇴고한 예는 위에서 개선 후의 예로 소개한 외에도 다양하게 쓸 수 있다. 그 말인즉슨 원래 문장은 사용자에게 여러 가지 의미로 해석된다는 뜻이다.

그렇게 되지 않도록 서비스에 맞는 구체적이고 의미가 하나인 작성법을 모색하자.

개선 전 2

다음 A 글에 따른 구체적인 Q를 써 보자.

> **A1** : 카드 도난을 당하면 우선 경찰에 신고하세요.
> **A2** : 매장 리모델링으로 인해 3월 1일부터 일주일간 쉽니다.
> **A3** : 신선 제품은 품질을 보증할 수 없으므로 보관하지 않고 반품됩니다.
> **A4** : 교체 불가능한 내장 배터리에 수명이 있다는 의미입니다.
> **A5** : 식사하는 동아 테이블을 넓게 사용하실 수 있도록 요청 시 가져다 드리고 있습니다.

개선 후 2

처음부터 A의 정보가 존재하는 경우에는 A의 내용을 바탕으로 Q 문장을 구체적으로 쓸수록 Q와 A가 일문일답을 이룬다. 예를 들어, A1에 대해서 종종 '도난을 당하면 어떻게 하면 되나요?'라는 Q를 쓰곤 하는데, 도난을 당하면 해야 할 일은 다양하고, AI에서 제시하는 답변만으로는 부족해진다. 다만 A1에서는 '우선 경찰에……'라고 하므로 이에 참고하여 Q를 작성한다.

> **Q1** : 카드 도난을 당하면 가장 먼저 해야 할 일을 알려주세요.
> **Q2** : 가게의 가까운 시일 내의 휴무 예정일을 알려주세요.
> **Q3** : 배송품이 신선 제품일 경우 재배송이 불가능한 이유를 알려주세요.
> **Q4** : 구매한 제품에 '장난감의 수명'이라고 기재된 의미를 알려주세요.
> **Q5** : 테이블 자리에 조미료와 냅킨을 두지 않은 이유를 알려주세요.

A에 알맞은 Q를 쓰면 자연스럽게 구체적이고 일문일답을 이루는 FAQ를 만들 수 있다.

3.4 Q를 Yes/No 질문으로 쓰지 않는다

좋지 않은 FAQ의 예시

이화영 씨는 가구 온라인 판매 사이트에서 소파 세트를 구매하려고 한다. 그 사이트에는 반입과 설치 서비스도 있는 모양인데 신청 방법을 모르겠다. FAQ도 찾아봤지만, 신청 방법을 안내하는 것은 찾을 수 없었다. 할 수 없이 콜센터 전화번호를 찾아봤지만 이미 상담 시간이 지나 내일 전화하기로 했다.

다음날 점심에 이화영 씨는 직장 동료와의 점심 식사를 거절하고 온라인 판매 사이트의 콜센터에 전화했지만, 대기 시간이 길고 연결이 되지 않아 포기했다.

저녁에 귀가하여 다시 한번 온라인으로 검색해 보자 다음의 FAQ에 이화영 씨가 궁금했던 안내가 있는 것을 비로소 발견했다.

> **Before**
> **Q** : 가구 반입을 신청할 수 있나요?
> **A** : 주문한 가구의 반입 신청 절차는 여기서 신청 가능합니다.
> **반입 신청 양식 (생략)**

사실 이화영 씨는 어제도 그 FAQ를 발견했지만 무시했다. 가구 반입을 신청할 수 있다는 것은 처음부터 알고 있었기 때문이다. 이화영 씨는 꼬박 하루를 손해 본 기분이 들어 그 온라인 판매 사이트에서 살 마음이 사라졌다.

이 경우의 문제점

다음은 '예'나 '아니오'로 대답할 수 있는 전형적인 Yes/No 질문이다.

> **Before**
> Q : 가구 반입을 신청할 수 있나요?

이를 이화영 씨가 무시했던 이유는 궁금한 질문이라는 생각이 들지 않았기 때문이다. 그런데 이 FAQ의 A에 '예'나 '아니오'뿐만이 아닌 내용, 즉 반입 신청 방법이 안내되어 있었다. Q 작성법이 좋지 않아 사용자에게 자기 해결할 기회를 주지 못한 전형적인 예다.

Yes/No 질문에 대한 A는 '예'나 '아니오'가 적혀 있을 것이라고 예상할 수 있다. 하지만 그밖에 어떤 정보가 기재되어 있는지 사용자는 추측할 수 없다. '예'나 '아니오' 이외의 내용이 쓰여 있는 경우 A가 알맞지 않다라고도, Q와 A가 일문일답을 이루지 않는다고도 말할 수 있다.

기껏 A에 해결 방안이 적혀 있는데 Q에서 이를 명시하지 않아서 사용자가 클릭하지 않는 안타까운 상태다.

개선점

Q에 해결 방안을 명시한다

기존의 FAQ를 다음과 같이 퇴고한다.

> **After**
> Q : 주문한 가구의 반입을 신청하는 절차를 알려주세요.
> A : 주문한 가구의 반입 신청 절차는 여기서 신청 가능합니다.
> **반입 신청 양식 (생략)**

위와 같이 바꾸면 Q 문장에 신청 절차라는 '해결 방안'을 명시하고 있으므로 완전히 일치하는 A로 유도한다. 그러면 이화영 씨는 처음부터 망설이지 않고 클릭하여 자기 해결할 수 있었을 것이다.

Yes/No 질문인 FAQ는 위의 예시 이외에도 흔히 볼 수 있다.

- ~ 있나요?
- ~ 할 수 있나요?
- ~ 라는 말인가요?

이와 같이 작성한 Q를 많은 FAQ 사이트에서 찾아볼 수 있다. 대부분 각각에 대응하는 A에 '예'나 '아니오'보다 그에 관한 보충 설명이나 절차 등의 정보가 쓰여 있다.

예를 들면, 다음과 같이 쓰여 있는 사이트를 흔히 볼 수 있다.

> **Before**
>
> **Q1** : 연말 정산하면 세금이 돌아오나요?
> **A1** : 연말 정산에 따라 환급되는 세금의 계산 방법은 다음과 같습니다. (생략)
>
> **Q2** : ABC계약은 연장이 가능한가요?
> **A2** : 계약 연장은 여기서 신청 가능합니다.
>
> **Q3** : 제품의 보증 기간 내라면 수리가 가능한가요?
> **A3** : 보증 기간 내에 언제든지 수리 접수를 받습니다. 여기로 연락 주세요.
> afterservice@example.co.kr

이를 다음과 같은 문장으로 바꾸면 본래 전하고 싶었던 방법 등 해결책으로 사용자를 유도할 수 있다.

> **After**
> **Q1** : 연말 정산으로 돌아오는 세금의 계산 방법을 알려주세요.
> **Q2** : ABC계약 연장을 신청하는 사이트를 알려주세요.
> **Q3** : 제품의 보증 기간 내의 수리 신청 연락처를 알려주세요.

게다가 위와 같이 작성하면 사용자가 Yes/No의 대답만 궁금하다면 A를 읽을 필요도 없다는 것을 알 수 있다. 일문일답이면서 사용자에게 두 가지 내용을 전할 수 있는 일석이조 FAQ가 된다.

A가 YES일 때도 A의 내용과 비슷한 Q를 쓰면 쉽게 쓸 수 있다. 다음 예를 살펴보자.

> **A** : 주문한 가구의 반입 신청 절차는 여기서 신청 가능합니다.
> **반입 신청 양식**

위의 글에서 역산하여 Q를 쓰면 다음과 같다.

> **Q** : 주문한 가구의 반입 신청 절차 양식이 있는 사이트를 알려주세요.

위와 같이 A 글의 첫머리를 따라서 Q를 쓴다. 그리고 반드시 Q와 A가 서로 맞는지 확인한다. 이는 모든 FAQ에 해당하는 것이다.

이처럼 Q와 A의 첫머리를 맞추면 사용자는 안심한다. A가 Q를 그대로 복창하는 형태를 띠기 때문이다.

부정적인 답변을 작성하는 방법

A에서 부정적인 내용을 안내해야만 하는 경우에는 Q를 Yes/No 질문으로 만들 수밖에 없다. 다음과 같은 예의 경우, 이 이상 안내할 정보가 없으면 FAQ로서 충분하다.

> **Q** : ABC스포츠클럽에 고등학생은 가입할 수 있나요?
> **A** : ABC스포츠클럽은 고등학생 또는 18세 미만은 가입할 수 없습니다.

만약 FAQ가 다음과 같은 내용이라면, Yes/No 질문이 아닌 기본 문체로 쓸 수도 있고, 또 부정적인 내용이 되지도 않는다.

> **Before**
> **Q** : ABC스포츠클럽에 고등학생은 가입할 수 있나요?
> **A** : ABC짐은 고등학생 또는 18세 미만은 가입할 수 없습니다.
> 단, 정회원의 동반이라면 고등학생도 이용료 1회 8,000원으로 이용 가능합니다.

> **After**
> **Q** : ABC짐을 고등학생도 이용할 수 있는 방법을 알려주세요.
> **A** : ABC짐에서는 정회원 동반 시 고등학생도 이용할 수 있습니다. 이용료는 1회 8,000원입니다.

위에서는 고등학생은 가입할 수 없음을 나타내면서도 이용 조건을 안내할 수 있다.

Before, After

다음은 각각 품질을 개선하기 전과 후의 FAQ다. [Before]와 [After]의 품질을 비교해 보자.

> **Before**
> Q : ABC 서비스에 추가로 가족 신청을 할 수 있나요?
> A : ABC 회원님의 가족분도 추가 신청할 수 있습니다.
> **여기서 안내해 드립니다**.

> **After**
> Q : ABC 서비스에 추가로 가족 신청하는 절차를 알려주세요.
> A : ABC 회원님의 가족분도 추가 신청은 여기서 가능합니다.

[After]는 추가로 가족 신청이 가능하다는 것을 전제로 쓰여 있으므로 A와 같이 심플한 안내만으로 끝낼 수 있다.

> **Before**
> Q : 내년에도 캠페인을 하나요?
> A : 네. 캠페인은 내년에도 진행합니다. 캠페인 예정 기간은 7월 1일~10월 31일입니다.

> **After**
> Q : 내년 캠페인의 예정 기간을 알려주세요.
> A : 내년에도 캠페인 예정 기간은 7월 1일~10월 31일입니다.

[After]에서도 캠페인을 한다(Yes)를 전제로 Q가 쓰여 있다. 캠페인 개최 여부만 알고 싶은 사용자는 A까지 읽을 필요가 없다. A는 위와 같이 심플하게 쓸 수 있다.

> **Before**
> Q : 수령한 납부서는 편의점에서 처리할 수 있나요?
> A : 납부 가능한 편의점은 ABC, DEF, EFG의 각 지점입니다.

> **After**
> Q : 수령한 납부서로 납부 가능한 편의점을 알려주세요.
> A : 납부 가능한 편의점는 ABC, DEF, EFG의 각 지점입니다.

[After]처럼 하면 편의점에서 납부할 수 있다는 사실뿐만 아니라 납부 가능한 구체적인 편의점을 A에서 안내한다고 예상할 수 있는 FAQ를 만들 수 있다.

> **Before**
> Q : 해외에서 회원 사이트에 접속할 수 있나요?
> A : 인터넷에만 접속되면 전 세계의 어디서나 회원 사이트에 접속하실 수 있습니다. 평소대로 회원 사이트(동일 URL)에서 이용해 주세요.
>   ※ 접속할 수 없는 나라도 있습니다. 사전에 여기를 참고해 주세요.
>   접속 불가능한 나라

> **After**
>
> **Q1** : 해외에서 회원 사이트에 접속하는 방법을 알려주세요.
>
> **A1** : 해외에서도 회원 사이트는 평소처럼(동일 URL) 이용하실 수 있습니다. 인터넷에만 접속되면 회원 사이트에는 전 세계 어디서나 접속할 수 있습니다.
>
> ※ 접속할 수 없는 나라도 있습니다. 사전에 여기를 참고해 주세요.
>
> 접속 불가능한 나라
>
>
> **Q2** : 해외에서 회원 사이트에 접속할 수 없는 경우를 알려주세요.
>
> **A2** : 체류 중인 나라에 따라 회원 사이트에 접속할 수 없는 경우가 있습니다. 사전에 여기를 참고해 주세요.
>
> 접속 불가능한 나라

[After]에서는 기존의 FAQ를 두 개의 다른 FAQ로 나누었다. 글을 나누어 Q를 퇴고함으로써 회원 사이트에 접속할 수 없는 때도 있음을 전할 수 있다. 더불어 Q 문장에서 A에 구체적인 접속 방법이 안내된다는 사실을 명시하고 있다.

퇴고한 Q의 경우 '예', '아니오'만 궁금한 사용자는 분석상 '답변 도달'한 건으로 카운트되지 않지만, 자기 해결은 촉진할 수 있다.

요약

Q 문장을 Yes/No 질문으로 만들지 않는다. 만약 A에서 보충하는 경우에는 그 내용에 관하여 묻는 질문문으로 만들면 Yes라는 의미도 Q 문장에서 전달된다. 한편, A가 No가 되고 보충할 내용도 없다면, Yes/No 질문으로 만들 수밖에 없다.

> 개선해 보기

개선 전

다음의 Yes/No 질문을 퇴고해 보자. A는 자유롭게 생각해도 된다. A가 '예'인 경우뿐만 아니라 '아니오'일 경우도 써 보자.

Before

Q1 : 앱 버전을 무료로 업그레이드할 수 있나요?

A1 : 앱 버전 업그레이드 방법은 앱 우측 상단의 메뉴를 터치하여 목록 중에서 '버전 업그레이드'를 선택합니다. (생략)

Q2 : 수령한 옷의 사이즈가 맞지 않는데 교환할 수 있나요?

A2 : 옷 교환은 1회에 한하여 가능합니다. 회원 로그인 후 '교환' 메뉴에서 신청해 주세요.

Q3 : 냉동식품을 배송일 지정으로 주문했는데, 지정일을 변경할 수 있나요?

A3 : 냉동식품의 배송 지정일 변경은 0120-000-000으로 연락해 주시기 바랍니다. 단, 배송 예정일 3일 전까지 부탁드립니다.

Q4 : 카드를 탈퇴하려고 하는데 포인트를 상품권으로 바꿀 수 있나요?

A4 : 포인트를 상품권이나 현금으로 교환할 수 없습니다. 포인트는 카드를 탈퇴한 달의 월말까지 모두 사용해 주세요.

Q5 : 영국 BBB은행에 현금 송금이 가능하나요?

A5 : 영국 BBB은행에는 현재 송금할 수 없습니다. 단, 2022년 1월 1일부터 송금하실 수 있습니다.

개선 후

개선 전에는 Q가 모두 Yes/No 질문임에도 불구하고, A에서 절차나 방법을 답변한다. Yes/No로 대답한 것도 있고 대답하고 않은 것도 있으며, Q와 A가 서로 맞지 않는다는 인상을 준다. 개선 후의 예시에서는 A에서 전하고 싶은 내용을 Q에 구체적인 질문으로 적었다. 또 Q만 봐도 Yes/No 중 어느 쪽인지 알 수 있게끔 했다.

After

Q1 : 앱을 무료로 버전 업그레이드하는 방법을 알려주세요.
A1 : 앱 버전 업그레이드 방법은 앱 우측 상단의 메뉴를 터치하여 목록 중에서 '버전 업그레이드'를 선택합니다. (생략)

Q2 : 수령한 옷의 사이즈가 맞지 않으니 교환 방법을 알려주세요.
A2 : 회원 로그인 후 '교환' 메뉴에서 신청해 주세요. 단, 옷 교환은 1회에 한하여 가능합니다.

Q3 : 냉동식품을 주문했는데 배송 지정일을 변경하는 방법을 알려주세요.
A3 : 냉동식품의 배송 지정일 변경은 0120-000-000로 연락해 주세요. 단, 배송 예정일 3일 전까지 부탁드립니다.

Q4 : 카드를 탈퇴할 건데 남은 포인트의 사용 방법을 알려주세요.
A4 : 포인트는 카드를 탈퇴한 달의 월말까지 모두 사용해 주세요. 포인트는 상품권이나 현금으로 교환할 수 없습니다.

Q5 : 영국 BBB은행 앞으로 현금을 송금할 수 있게 되는 연월일을 알려주세요.
A5 : 영국 BBB은행 앞으로 현금을 송금할 수 있게 되는 예정일은 2022년 1월 1일입니다.

예를 들어, '변경할 수 있나요?'에서 '변경 방법을 알려주세요.'와 같이 처음부터 Yes를 전제로 작성했다. Q4와 같이 답변이 No인 경우에도 '포인트의 사용 방법을 알려주세요.'라고 함으로써 '상품권으로 교환할 수 있나요?'라는 질문을 하고 싶은 사용자도 선택하도록 했다.

3.5 Q를 읽는 사람의 입장을 배려한다

좋지 않은 FAQ의 예시

김민진 씨는 회사에서 새 컴퓨터를 지급받았다. 메일 설정 등은 스스로 할 수 있도록 매뉴얼도 있어서 바로 따라 해봤다.

설정한 후에 시험 삼아 옆자리에 있는 이유진 씨에게 메일을 송신했지만, "메일이 안 와."라고 한다. 이유진 씨의 컴퓨터는 이전부터 메일 송수신이 가능한 상태다.

김민진 씨의 컴퓨터에서는 송신 에러가 표시되지 않았지만, 무언가 자신의 메일 설정을 잘못했나 싶다. 이유진 씨가 사내 지식에서 FAQ를 찾아 주었다. 지식 중에서 가장 그럴싸한 FAQ는 다음과 같았다.

> **Before**
> Q : 메일이 전달되지 않은 경우.

두 사람은 그 FAQ를 읽어 보았다.

> **After**
> A : 메일이 전달되지 않은 경우 수신 설정을 확인하는 방법은…… (생략)

아무래도 메일을 수신하는 쪽의 문제를 해결하기 위한 FAQ인 모양이다. 김민진 씨와 이유진 씨는 '전달되지 않는다'라는 의미를 착각한 데에 쓴웃

음을 지었다.

이 경우의 문제점

'전달되지 않는다'라는 표현에 대해서 김민진 씨와 이유진 씨는 송신한 메일이 상대에게 전달되지 않는다(송신할 수 없다)라고 생각했다. 자신들의 상황이 그러했기 때문이다.

그런데 이 FAQ는 메일이 자신에게 전달되지 않는다(수신할 수 없다)라는 의도로 적혀 있었다. 문장이 부정확해서 이번 경우처럼 잘못 선택하게 된다.

내부용 혹은 공개용을 불문하고 FAQ를 정확한 말로 작성하지 않으면 안 된다는 것은 새삼 강조할 필요가 없다.

개선점

보내는 사람과 받는 사람이 있는 문장을 쓸 때는 특히 조심하지 않으면 읽는 사람의 입장 차이에 따라 받아들이는 방식이 달라진다.

가령, '전화로 목소리가 잘 들리지 않는다'와 같은 경우, 들리지 않는 원인(상황)이 대화하는 두 사람 중 어느 쪽에라도 있을 수 있으므로 이를 고려하여 문장을 작성한다.

- 전화하는 목소리가 작아서 잘 안 들린다. (말하는 쪽의 문제)
- 통화 중에 주위의 소음 때문에 말이 잘 안 들린다. (듣는 쪽의 문제)

김민진 씨가 본 FAQ를 다음과 같이 고쳐 쓰면 어떨까?

> **After**
>
> **Q1** : 메일을 송신했는데 상대가 수신하지 못하는 경우의 해결법은?
>
> **Q2** : 메일이 올바르게 송신되었는데 수신할 수 없는 경우 해결법은?

이렇게 적어 두면 김민진 씨는 자신 있게 전자의 FAQ를 클릭할 수 있다. 그리고 올바르게 문제를 해결할 수 있었을 것이다.

만약 '전달하다'라는 단어를 사용한다면 다음과 같이 쓸 수 있다.

> **After**
>
> **Q1** : 메일을 송신했는데 상대에게 전달되지 않는 경우의 해결법은?
>
> **Q2** : 메일이 올바르게 송신되었는데도 자신에게 전달되지 않는 경우에 해결법은?

문제나 궁금한 점에 관한 주제에 대해서 관계자의 '입장'이 다양할 때는 각각의 입장을 고려하여 문장을 만든다. 여기서 '입장'이란 메일의 송신 측과 수신 측을 가리킨다.

Q를 어떤 입장의 사람이 읽어도 올바른 FAQ를 선택할 수 있도록 해야 한다. 다음과 같은 사항을 재고해 보자.

❶ '보내다, 받다, 가다, 오다, 들어가다, 나가다……'와 같은 표현이 들어가는 문장에는 ○○에서 ○○로(영어에서 from A to B)를 고려하여 글을 쓴다.

- ✗ 사원증을 보낸다
- ○ 회사에서 사원에게 사원증을 보낸다
- ✗ 송부한다

- ✕ 고객이 은행에 송부한다

❷ 현상이나 움직임을 정확하게 표현한다.

- ✕ 메시지가 뜬다
- ○ 메시지가 화면에 표시된다, 컴퓨터에서 메시지 음성이 나온다.
- ✕ 컴퓨터를 본다
- ○ 컴퓨터 화면에 표시된 내용을 읽는다.
- ✕ 전기가 들어온다
- ○ 조명이 점등된다.

❷에 관해서는 구두로 평소에 사용하는 표현이므로 무심코 쓰기 쉽지만, 읽는 쪽에는 정확하게 전달되지 않을 수도 있다. 하물며 기업 사이트에 게재하는 경우에는 사용자에게 정확하게 의미가 전달되도록 써야 한다.

Before, After

다음은 각각 품질을 개선하기 전과 후의 FAQ다. [Before]와 [After]의 품질을 비교해 보자.

Before
Q : 물품이 도착하지 않는데 원인을 알려주세요.

After
Q1 : 오늘 예정된 물품을 아직 받지 못했는데 원인을 알려주세요.
Q2 : 보낸 물품이 상대방에게 도착하지 않은 모양인데 원인을 알려주세요.

[Before]는 문제가 물품을 보내는 사람인지 받는 사람인지는 확실하지 않다.

[After]처럼 하면 문제에 대한 입장이 명쾌해진다. 화물의 송부와 수령과 같은 경우 보내는 사람과 받는 사람에 따라 상황이 문제가 달라진다. 그 원인과 해결책도 다를 수 있다. 따라서 위와 같이 두 개의 FAQ로 만들 수 있다.

Before
Q : 돈이 이체되는 것은 언제인가요?

After
Q1 : 상대방에게 입금되는 것은 입금으로부터 며칠 후인지 알려주세요.
Q2 : 자신의 계좌에 입금되는 날짜를 알려주세요.

은행 등에서 금전 절차에는 입금하는 측과 입금되는(받는) 측이라는 두 가지 입장이 있다. [Before]는 어느 쪽의 이야기인지 알 수 없는 문장이다. 더불어 '언제인가요?'라고 묻는 방법도 모호하고, 구체적인 날짜인지 상대적인 일수인지 알 수 없다.

[After]와 같이 고쳐 쓰면 질문의 입장이 명쾌해지고, 사용자가 자신의 입장과 대조하여 선택하기 쉬워진다. '이체'가 아닌 돈의 움직임을 더욱 명쾌하게 알 수 있는 '입금되다'라는 표현으로 바꾸었다. '언제'에 대해서도 걸리는 일수인지 날짜인지를 명쾌하게 알 수 있도록 한다.

Before
Q : '냉동 특급 냉동편'이라면 어느 정도 걸리나요?

> **After**
> **Q1** : '냉동 특급 냉동편'이라면 주문 후 며칠 후에 수령하는지 알려주세요.
> **Q2** : '냉동 특급 냉동편'의 추가 요금을 알려주세요.

이는 모호한 표현을 사용한 패턴이다. 따라서 [Before]는 사용자가 잘못 해석하기 쉽다.

[After]는 구체적이고 명쾌하게 쓰여 있어서 사용자는 작성된 그대로의 내용을 안내하는 A를 기대할 수 있다.

> **Before**
> **Q1** : TV 리모컨이 움직이지 않아요.
> **Q2** : TV가 수신되지 않아요.
> **Q3** : 스마트폰으로 동영상을 할 수 없어요.

> **After**
> **Q1** : 리모컨 버튼을 조작해도 TV가 반응하지 않을 경우에 예상되는 원인은?
> **Q2** : TV에서 소리는 나는데 화면이 나오지 않는 경우에 예상되는 원인은?
> **Q3** : 스마트폰의 카메라 앱에서 동영상을 촬영할 수 없는 경우에 예상되는 원인은?

[Before]는 일상적으로 있을 법한 말투를 그대로 사용한 FAQ다. 하고 싶은 말은 대강 알겠지만, 전부 작성법이 치졸하고 정확하지 않아서 사용자가 자신 있게 FAQ를 선택할 수 없다.

Q1에서 리모컨은 물리적으로 움직이지 않는다. [After]처럼 정확한 표현

으로 쓰자.

Q2에서는 'TV가 나오지 않는다=수신되지 않는다'라고는 단정할 수 없다. 사용자는 그렇게 표현할 수도 있지만, 수신 여부를 판별하는 것은 기술적으로는 간단하지 않다. 이와 같은 경우 [After]와 같이 사용자에게 보이는 그대로 표현한다.

Q3에서는 '동영상을 할 수 없어요'는 구어라고 해도 이해가 안 되지만, FAQ 사이트에 게재하기에는 너무나도 치졸한 작성법이다. [After]처럼 사용자의 조작을 구체적으로 쓴다.

위와 같이 사용자가 실수하게 만드는 FAQ를 많은 기업 사이트에서 볼 수 있다. 제대로 쓰여 있는 듯이 보여도 냉정하게 보면 이상한 표현을 사용했다. 사용자의 신뢰를 잃을 가능성도 있다.

요약

Q를 쓸 때는 고민되거나 점에 대한 여러 다른 입장이 없는지 확인한다. 만약 여러 입장이 있다면 각 입장의 사람들이 오해하지 않도록 문장을 만든다.

- 편지가 도착한다.
  → 편지가 나에게 도착한다. (또는 편지를 받다)
  → 편지가 상대방에게 도착한다.

개선해 보기

개선 전

다음의 Q 문장을 사용자가 잘못 이해하는 일이 없는 문장으로 바꿔 보자. 설문의 의도를 잘 생각하면 문장이 여러 개가 될 수도 있다.

> **Before**
>
> **Q1** : 신청서가 언제 도착하는지 알려주세요.
> **Q2** : 에어컨이 시원해지지 않는 원인을 알려주세요.
> **Q3** : 자녀가 가족 회원이 되는 방법을 알려주세요.
> **Q4** : 숙박으로 카드를 사용할 수 있나요?
> **Q5** : 모르는 사람의 메일은 어떻게 하면 되나요?
> **Q6** : 입원 시 치료비 납부 방법을 알려주세요.
> **Q7** : 잘못된 주문 상품을 받았어요.
> **Q8** : 인터넷을 볼 수 없는 이유를 알려주세요.

개선 후

설문의 Q는 모두 여러 가지로 해석(사용자에 따라서는 오해)할 수 있는 글이다. 따라서 각각 개선 후의 예에서는 두 개 이상의 Q를 만들 수 있다. 기존의 Q는 말이 부족하거나 FAQ 제작자가 일방적으로 의미를 한정한 것이다.

> **After**
>
> **Q1** : 송부한 신청서가 수리되기까지의 일수를 알려주세요.
> **Q1** : 신청서를 신청했는데 받기까지 며칠 걸리는지 알려주세요.
>
> **Q2** : 에어컨 냉방 운전으로 방이 시원해지지 않는 원인을 알려주세요.
> **Q2** : 에어컨 리모컨으로 냉방 버튼이 작동하지 않는 원인을 알려주세요.
>
> **Q3** : 중학생 이하의 자녀의 가족 회원 신청 절차를 알려주세요.
> **Q3** : 회원의 친자녀(성인)인데 가족 회원 신청 절차를 알려주세요.
>
> **Q4** : 숙박비 결제가 가능한 카트의 종류를 알려주세요.

Q4 : 숙박 예약이 가능한 카트의 종류를 알려주세요.

Q5 : 메일 주소도 이름도 모르는 사람으로부터 메일을 수신한 경우의 대처 방법을 알려주세요.

Q5 : 이름은 알지만 다른 메일 주소로부터 메일을 수신한 경우의 대처 방법을 알려주세요.

Q6 : 입원 시 보험료(치료비)를 청구하는 절차를 알려주세요.
Q6 : 입원 보험료(치료비)를 병원에 납입하는 절차를 알려주세요.

Q7 : 주문한 것과 다른 상품을 받은 경우의 대처 방법을 알려주세요.
Q7 : 주문한 기억이 없는 상품이 잘못 도착한 경우의 대처 방법을 알려주세요.

Q8 : 컴퓨터 브라우저에서 평소와 같은 사이트가 표시되지 않는 이유를 알려주세요.
Q8 : 컴퓨터 브라우저에서 오류가 표시되고 아무것도 표시되지 않는 이유를 알려주세요.
Q8 : 컴퓨터에서 Wi-Fi 연결을 하려고 하면 오류가 나는 이유를 알려주세요.

　Q3에서 '자녀'는 미성년자를 지칭하는 경우와 혈연 관계를 가리키는 경우 중 어느 쪽인지를 명확하게 해야 한다. Q6 등은 보험회사 및 계약자의 입장에 따라 보험료가 지불되는 것인지 보험료를 청구하는 것인지 달라진다. 개선 후의 예시에서는 계약자, 즉 사용자의 입장에서 썼다. 사용자 입장에서 보험료는 보험회사에 청구하는 것이며, 병원에 납입하는 것이다.

3.6 Q 목록으로 시인성을 높이다

좋지 않은 FAQ의 예시

어느 일요일, 이정민 씨 부부는 백화점에 갔다. 백화점에 별로 가지 않는 이정민 씨인데, 부인이 1층에서 쇼핑하는 동안 자신도 와이셔츠를 구경하기로 마음먹었다.

그래서 이정민 씨는 벽에 설치된 층별 안내를 보았다(그림 3-1).

와이셔츠는 어느 층에 있는지 알 수 없었는데, 일단 세일 상품이라도 둘러볼까 싶어 5층에 갔다. 그런데 5층은 유아용품 매장이었다.

다시 한번 층별 안내를 자세히 들여다보자. 층의 순서가 이정민 씨의 생각과 반대로 위아래가 뒤집혀 표기되어 있었고, 세일 매장은 8층이었다. 더 천천히 살펴보자 와이셔츠는 2층에도 6층에도 8층에도 있을 법했다.

층별 안내를 보며 시선이 방황하다 점점 귀찮아지던 이정민 씨의 휴대전화에 쇼핑을 마친 부인으로부터 연락이 와서 그의 넥타이를 고르고 싶으니 신사복 판매 매장으로 오라고 한다. 이정민 씨는 그 층에 갈 자신이 없어서 "몇 층이야?"라고 물었고, 부인은 "10층이야!" 하고 대답했다.

그림 3-1 정보 곳곳에 눈이 가서 망설여지는 표시

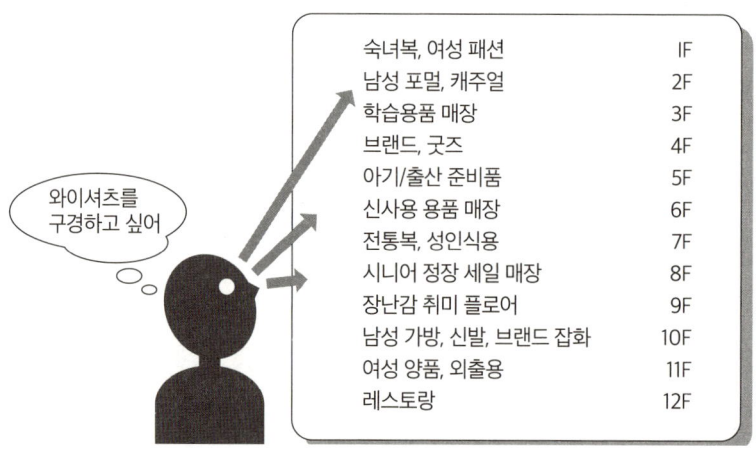

이 경우의 문제점

백화점에서 이정민 씨가 본 층별 안내는 고객의 입장이나 알기 쉽도록 하는 배려가 부족한 층별 안내라고 할 수 있다. 이정민 씨는 자칫하면 미아가 될 뻔했다.

우선 배려가 부족한 점은 각 층의 상품 표기에 일관성이 없다는 것이다. 찾고 싶은 상품이 여기저기 있을 것 같다, 혹은 어디에도 없을 것만 같은 표기법이다. 고객의 시선이 층별 안내 위에서 방황하게 된다. 층별 상품이 정리되지 않은 듯하다.

층 표기가 위아래로 뒤집힌 것도 신경 쓰인다. 실제로는 벽에 설치된 층별 안내에서 이런 표기법은 볼 수 없지만, 팸플릿(종이) 등에서는 본 적이 있다.

이 경우에는 FAQ는 아니었지만, 고객을 대상으로 한 정보가 한데 열거되어 있다는 점에서 FAQ 사이트에서도 고려해야 하는 개선점이 있다.

개선점

말투에 일관성을 준다

이때 고객이 알기 쉽도록 하는 배려란 '시인성'이다. 시인성이란, 한눈에 알기 쉬운지, 사용자가 바로 봐야 할 요점을 알 수 있는가 하는 점이다. 디자인 분야에 확립된 시인성에 관한 참고서가 무수히 많다.

예를 들어 위의 경우, 층별 안내를 그림 3-2와 같이 바꾸면 어떨까? 설명 없이도 기존의 층별 안내보다 찾기 쉬울 것이다. 시인성이 좋아진다는 것은 세세한 설명이 필요 없어지는 것에 가깝다고 생각한다.

퇴고 후의 층별 안내에서는 말투에 일관성을 주어 시인성에 대해 배려했다. 예를 들어 남성용 상품에 대해서는 표기를 모두 '남성', 여성용품은 '여성', 어린이용은 '키즈'로 통일했다. 그리고 여성, 남성, 키즈는 층이 가까이 모여 있어 안내 내용도 정리되어 보인다.

일관성이 있어 돋보이게 할 수 있다

굳이 통일하지 않음으로써 도리어 눈에 띄게 할 수도 있다. 예를 들면 나이가 어린 고객도 읽을 수 있도록 '키즈 용품', '완구'를 '장난감'으로 표기하거나, '전통복, 성년식용' 등은 그대로 표기하여 다소 딱딱한(포멀한) 이미지를 냈다.

그런 식으로 개선하면 전체적으로 글자의 모음이라기보다 부호나 이미지처럼 보여서 고객이 주시해야 할 점이나 찾고 싶은 것을 바로 알 수 있게 된다(그림 3-3).

알기 쉬운 예로 말하면 24색 색연필 세트 중에서 특정 색을 찾는 것은 간단하다. 주시하는 것은 색깔의 차이뿐이고, 그 이외의 정보는 무시할 수 있기 때문이다. 그런데 시민 마라톤 스타트 라인에 선 수많은 참가자 중에서 친구를 찾기란 쉽지 않다. 비교할 차이점이 많기 때문이다.

또 다른 쉬운 예로는 책의 색인을 들 수 있다. 색인을 이용하면 책에서 보고 싶은 페이지로 이동하기 쉽다. 우리는 색인에서 한 문장 한 문장을 공들여 읽지 않고 글머리만 세로로 훑어보고, 원하는 글머리 부분에서만 그 뒤에 오는 글자를 읽는다.

FAQ 사이트에서도 똑같은 배려가 필요하다. 많은 FAQ가 게재된 FAQ 사이트에서는 전체를 쓱 보고 FAQ를 찾는 것이 빠를수록 사용자에게 좋다. 그러기 위해서는 시인성을 높이고, 얼마나 빨리 FAQ를 구분할 수 있는지가 중요하다. 따라서 단어의 통일과 전체의 패턴화 및 색인화를 고려한다.

그림 3-4에서 퇴고한 후의 보기는 Q 문장의 첫머리에 '부산광역시'라고 붙이고, 모든 문장 끝은 '~를 알려주세요.'로 통일되어 있다. 전체적으로는 문체를 틀에 박은 듯이 비슷하게 작성했다.

퇴고 전과 퇴고 후를 비교하면 잘 알 수 있는데, 퇴고 후에는 사용자의 시선이 매우 편하게 움직이고, 그 결과 원하던 FAQ를 빠르게 찾을 수 있게 된다(그림 3-5).

그림 3-2 헤매지 않고 쉽게 찾을 수 있도록 의식한 표시

레스토랑, 카페	12F
전통복, 성인식용	11F
장난감, 취미	10F
시니어 정장 세일 매장	9F
아기, 출산 준비품	8F
키즈 용품 매장	7F
학생복, 용품 매장	6F
남성 가방, 신발, 브랜드 잡화	5F
남성 정장, 캐주얼	4F
여성, 남성 브랜드	3F
여성 외출용 캐주얼	2F
여성 패션	IF

(와이셔츠를 구경하고 싶어)

그림 3-3 패턴이 있으면 보지 않는 곳을 무시할 수 있다

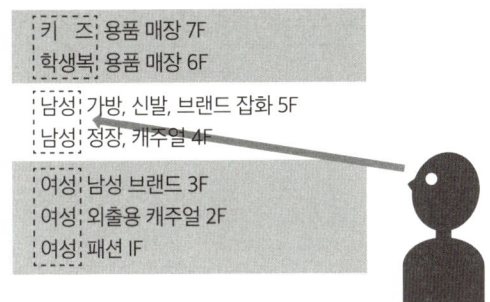

그림 3-4 시인성을 높이도록 변경하기 전과 후의 Q 예시

퇴고 전

Q : 인감등록증명서를 발급받고 싶어요.
Q : 본인을 대신해서 대리로 인감등록을 하고 싶어요,
Q : 현재의 호적에서 갈라져 나와 자신만의 호적(분리신고) 작성이 가능한가요?
Q : 호적이나 주민표의 증명서는 무료이거나 수수료 감면이 되나요?
Q : 삭제된 호적의 부표 사본은 몇 년 전까지의 것을 교부받을 수 있나요?
Q : 혼인신고는 어디에 신고하나요? 그리고 지참할 것은 무엇인가요?
Q : 시청의 휴무일과 접수 시간 외에도 혼인신고에 관한 신고가 가능한가요?

퇴고 후

Q : 부산광역시 인감등록 발급받는 절차를 알려주세요.
Q : 부산광역시 인감등록 발급받는 절차를 알려주세요. (대리)
Q : 부산광역시 호적을 현재 호적에서 나누는 절차를 알려주세요. (분리신고)
Q : 부산광역시 호적증명서 발급 수수료를 감면할 수 있는 조건을 알려주세요.
Q : 부산광역시 호적이 삭제된 경우 부표 사본의 교부 가능 기한을 알려주세요.
Q : 부산광역시 혼인 신고처 알려주세요.
Q : 부산광역시 혼인 신고 시 지참할 것을 알려주세요.
Q : 부산광역시 혼인을 신고할 수 있는 요일 및 시간대를 알려주세요.

시인성의 요소

시인성에는 몇 가지 요소가 있으므로 차례로 설명하겠다.

말의 통일

이는 제2장에서도 이야기한 FAQ의 기본인데, 여기서 다시 한번 강조한다.

그림 3-5 사용자는 효율적인 시선 이동 방식으로 FAQ를 찾을 수 있다

퇴고 전

Q : 인감등복층증명서를 발급받고 싶어요.
Q : 본인을 대신해서 대리로 인감등록을 하고 싶어요.
Q : 현재의 호적에서 갈라져 나와 자신만의 호적(분리신고) 작성이 가능한가요?
Q : 호적이나 주민표의 증명서는 무료이거나 수수료 감면이 되나요?
Q : 삭제된 호적의 부표 사본은 몇 년 전까지의 것을 교부받을 수 있나요?
Q : 혼인신고는 어디에 신고하나요? 그리고 지참할 것은 무엇인가요?
Q : 시청의 휴무일과 접수 시간 외에도 혼인신고에 관한 신고가 가능한가요?

사용자는 한 문장 한 문장 꼼꼼하게 읽어야 한다

퇴고 후

❶ Q : 부산광역시   인감등록 발급받는 절차를 알려주세요.
　 Q : 부산광역시   인감등록 발급받는 절차를 알려주세요. (대리)
　 Q : 부산광역시 ❷ 호적을 현재 호적에서 나누는 절차를 알려주세요. (분리신고)
　 Q : 부산광역시   호적증명서 발급 수수료를 감면할 수 있는 조건을 알려주세요.
　 Q : 부산광역시   ❸ 호적이 삭제된 경우 부표 사본의 교부 가능 기한을 알려주세요.
　 Q : 부산광역시   혼인 신고처 알려주세요.
　 Q : 부산광역시   혼인 신고 시 지참할 것을 알려주세요.
▼ Q : 부산광역시   혼인을 신고할 수 있는 요일 및 시간대를 알려주세요.

사용자는 효율적인 시선 이동 방식으로 FAQ를 찾을 수 있다

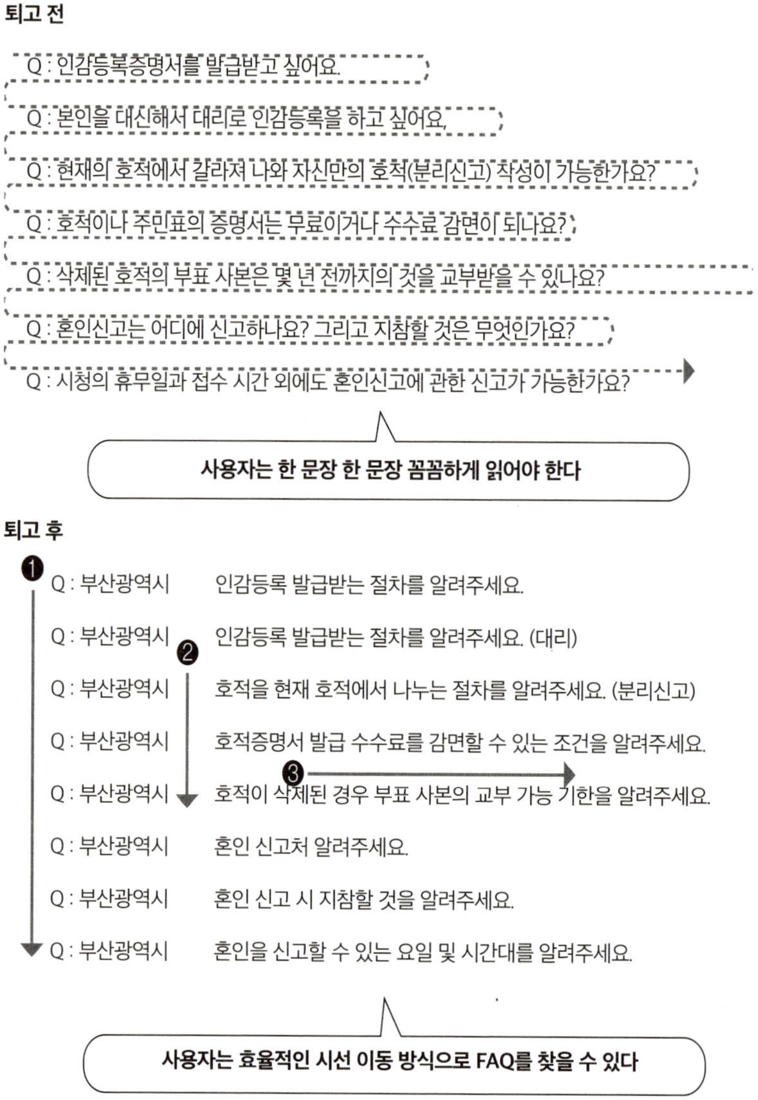

말의 통일이란, 같은 의미의 단어는 FAQ 전체에 걸쳐 반드시 동일하게 해 두는 것으로, 이는 시인성을 높이기 위해서다. 따라서 한글, 알파벳, 숫자 등 예외 없이 단어를 통일한다. 예를 들어 '신청'으로 통일한다면, 같은 의미라도 '지원', '접수', '어플라이', ''과 같이 혼용하지 않는다.

통일하는 말의 규칙에 대해서는 제5장에서 설명할 가이드라인에서 제정한다.

패턴화

패턴화란 FAQ 목록의 위아래로 구문이나 말의 순서를 통일하는 것이다. FAQ는 한 문장 한 문장이 다르므로 색연필처럼 되지는 않지만, 가능한 한 문장을 패턴화(정형화)할 수는 있다. 최소한 '문제 + 해결 방안'을 답습하여 다음과 같은 구문으로 통일하기는 쉽다.

> Q : ○○○○이므로 ○○○○를 알려주세요.

문장의 끝을 '○○○○를 알려주세요.'로 동일한 표현으로 통일만 해도 목록 전체가 패턴화되어 시인성이 현격히 좋아진다. 사용자의 시선은 ○○○○부분을 쫓기만 해도 해결 방안을 찾을 수 있기 때문이다. 다음은 그에 관한 예시이다.

> Q1 : 비밀번호를 잊어버렸으니 재설정 방법을 알려주세요.
> Q2 : 카드를 분실했으니 사용 정지 방법을 알려주세요.
> Q3 : 포인트를 사용하고 싶으니 사용 가능한 가게를 알려주세요.

색인화

실제 FAQ에서는 Q에 상황이나 조건을 넣을수록 사용자가 선택 시 판단해야 할 정보가 늘어난다. 이때 각 Q에서 공통되는 주제, 사용자가 더욱 판단하기 쉬운 말을 글머리 가까이에 둔다.

> **Before**
> Q1 : 로그인용 카드의 비밀번호를 잊어버렸으니 재설정 방법을 알려주세요.
> Q2 : 신용 기능이 있는 카드를 분실했으니 사용 정지 방법을 알려주세요.
> Q3 : 쌓인 포인트를 사용하고 싶으니 카드를 사용 가능한 가게를 알려주세요.

위는 모두 '카드'가 공통 주제이므로, 카드가 첫머리가 되도록 쓰면 색인화할 수 있을 것이다.

> **After**
> Q1 : 카드의 로그인 비밀번호를 잊어버려서 재설정하는 방법을 알려주세요.
> Q2 : 카드(신용 기능 포함)를 분실했으니 사용 정지 방법을 알려주세요.
> Q3 : 카드에 쌓인 포인트를 사용하고 싶으니 사용 가능한 가게를 알려주세요.

전체의 의미를 바꾸지 않고 '카드'를 첫머리로 가져와 Q를 고쳐 썼다. 이로써 FAQ의 패턴화와 더불어 색인화도 이루어졌다. 이렇게 퇴고하면 FAQ 목록으로서 시인성이 좋아진다.

이형화

이형화란 사용자가 잘못 보는 일을 줄이기 위한 소소한 배려다.

시인성을 좋게 하면 사용자는 FAQ 목록을 쓱 읽을 수도 있는 반면 부주의로 실수하는 일도 있다.

흔한 예를 들어보자면 엘리베이터를 타고 있을 때 뛰어 들어오는 사람이 있어서 순간적으로 (◀▶) 버튼을 누른다는 생각으로 (▶◀) 버튼을 꾹 누르는 식의 일이다.

버튼의 표시를 일부러 '열림'과 '▶◀'처럼 이형화, 즉 글자의 겉보기에 두드러지는 차이를 두면 잘못 눌러서 분위기가 어색해지는 실수는 줄어든다.

FAQ에서 예를 들어보자.

> **Before**
> **Q1** : 재발급 불가능……
> **Q2** : 발행은 가능……

이와 같은 표현이 나열되어 있으면 의미가 올바르게 적혀 있어도 사용자는 순간 시선이 멈추고 신중해지거나 잘못 읽을 가능성이 있다.

이때 다음과 같이 바꾸면 잘못 읽는 일이 줄어든다.

> **After**
> **Q1** : 다시 발행할 수 없는……
> **Q2** : 발행 가능……

이러한 경우에도 FAQ 전체적으로 표현을 통일해야 하므로 다른 Q와 A에도 '불가능'이 아닌 '할 수 없다'라고 쓰도록 한다.

Before, After

다음은 각각 품질을 개선하기 전과 후의 FAQ다. [Before]와 [After]의 품질을 비교해 보자.

Before

Q1 : 사용할 때 인터넷 전화의 신청 및 문의처를 알려주세요.

Q2 : 인터넷 전화가 연결되지 않는데 어디에 물어봐야 하나요?

Q3 : 인터넷 전화의 사용을 멈추는 방법에 대해서.

Q4 : 정지 신청 시에 필요한 서류를 보내주세요.

Q5 : 이전할 경우 어떤 절차가 필요한가요?

Q6 : 전화의 인터넷 요금, 사용 상황에 대해 확인은 어떻게 할 수 있나요?

Q7 : 스팸 전화에 관한 인터넷 전화의 대책 서비스에는 어떤 종류가 있나요?

After

Q1 : 인터넷 전화의 신청 및 문의처를 알려주세요.

Q2 : 인터넷 전화 연결이 되지 않을 때의 문의처를 알려주세요.

Q3 : 인터넷 전화의 사용 정지 의뢰 시의 절차를 알려주세요.

Q4 : 인터넷 전화 사용 정지 신청 시 필요한 서류를 알려주세요.

Q5 : 인터넷 전화 사용자가 이사할 경우의 절차를 알려주세요.

Q6 : 인터넷 전화의 사용 상황과 요금을 확인하는 절차를 알려주세요.

Q7 : 인터넷 전화에 관한 스팸 대책 서비스의 종류를 알려주세요.

Before

Q1 : 배송비가 필요한가요?

Q2 : 부탁한 물품이 도착하는 것은 언제?

Q3 : 물건의 수령일 변경이 가능한지 알려주세요.

Q4 : 급히 물품이 필요한 경우 배송 날짜를 단축할 수 있나요?

Q5 : 냉동식품 패키지와 함께 배송해 주세요.

Q6 : 회원 등록한 주소가 아닌 곳으로 배송 가능하나요?

Q7 : 영수증 수신처에 대해서.

> **After**
>
> **Q1** : 물품의 배송비를 알려주세요.
>
> **Q2** : 물품 수령은 의뢰로부터 며칠 후인지 알려주세요.
>
> **Q3** : 물품 수령일 변경 방법을 알려주세요.
>
> **Q4** : 물품 수령을 서두르고 싶으니 배송일을 단축하는 절차를 알려주세요.
>
> **Q5** : 물품 수령을 냉동식품 패키지와 같은 날로 하는 절차를 알려주세요.
>
> **Q6** : 물품의 수령처를 회원 등록한 주소 이외로 지정하는 절차를 알려주세요.
>
> **Q7** : 물품 수령 시 영수증의 수신처를 알려주세요.

[Before]는 한마디로 말하자면 사용자가 아주 읽기 힘든 FAQ 목록이다. '문제 + 해결 방안'의 기본 문체도 아니고, 문장은 끝맺는 방식도 제각각이다. 각 Q 문장에서 같은 의미의 단어도 통일되지 않았다. 6W1H를 의식하지 않아 사용자가 오해할 소지가 있다. 여러 사람이 각각 다른 규칙에 따라 쓴 듯한 문장들이 한데 모인 듯하다.

[After]는 '문제 + 해결 방안' 문체로 바꾸고, 문장 끝은 모두 '~를 알려주세요.'로 통일했다. 또 같은 의미의 단어는 전부 통일했다.

- 정지, 스톱 → 정지
- 문의, 질의, 질문 → 문의
- 방법, 절차 → 절차

목록으로 봤을 때 위아래의 Q 문장이 최대한 통일되어 보이도록 첫 번째 예시에서는 Q 문장의 첫머리에 '인터넷 전화……'가 오도록 했다.

요약

FAQ는 목록 형태로 열람한다는 것을 고려하여 전체를 한눈에 봤을 때 시인성이 좋도록 작성한다. 즉 문장을 '읽기'보다 전체를 '보도록' 고려함으로써 사용자가 더욱 신속하게, 또 잘못 보는 일도 적게 원하는 FAQ를 찾도록 할 수 있다.

시인성에는 말의 통일, 패턴화, 색인화, 이형화 등 다양한 방법이 있다.

개선해 보기

개선 전

다음의 Q 문장을 퇴고하여 전체적인 시인성을 좋게 해 보자. 이 FAQ는 스마트폰의 계약과 이용에 관한 내용이라고 생각하며 써 보라.

Before

Q1 : 교환은 가능한가요?

Q2 : 반품은 가능한가요?

Q3 : 불량품이 도착했는데, 어떻게 하면 좋나요?

Q4 : 월 납부금 청구서를 분실했는데 어떻게 해야 하나요?

Q5 : 계약을 변경하거나 취소할 수 있나요?

Q6 : 회원 멤버 등록에 대해서.

Q7 : 제대로 주문이 되었는지 확인하고 싶어요.

Q8 : 언제 도착하나요?

Q9 : 일시 변경이 가능한가요?

Q10 : 여러 주문을 하나로 모을 수 있나요?

Q11 : 포장이 찌그러져 있었는데요.

Q12 : 색상 변경 신청 방법은?

Q13 : 영수증을 받을 수 있나요?

Q14 : 반품을 취소하고 싶은데요.

Q15 : 회원 혜택에 대해서 알고 싶어요.

Q16 : 이미 발송되었나요.

개선 후

설문에 모호한 표현이 있고, Yes/No 질문도 있는 등 다양하다. 먼저 모든 Q를 기본 문체인 '문제 + 해결 방안'으로 바꿔 쓴다. 또 문장 끝은 모두 '~를 알려주세요.'로 통일한다. 다음으로 각각의 Q를 6W1H에 따라 고쳐 씀과 동시에 공통으로 등장하는 스마트폰, 회원 ID, 컴퓨터 등의 주제는 문장 앞머리에 오도록 바꿔 쓴다.

After

Q1 : 스마트폰 기기 변경에 필요한 서류를 알려주세요.

Q2 : 스마트폰의 초기 불량으로 반품하는 경우 접수 창구의 URL을 알려주세요.

Q3 : 스마트폰이 도착했는데 불량품이므로 수리 창구의 URL을 알려주세요.

Q4 : 스마트폰의 월 이용료 청구서를 분실했으니 재발급 메뉴를 알려주세요.

Q5 : 스마트폰의 계약된 코스를 변경하는 메뉴를 알려주세요.

Q6 : 회원 ID의 회원 등록 사이트의 URL을 알려주세요.

Q7 : 회원 ID로 새로운 기기의 주문이 되었는지 확인하는 사이트 메뉴를 알려주세요.

Q8 : 회원 ID 등록 후 확인 서류를 받을 수 있는 것은 며칠 후인지 알려주세요.

Q9 : 컴퓨터 수령 시간의 변경 신청 사이트의 URL을 알려주세요.

Q10 : 컴퓨터를 여러 대 신청하는 경우 청구처를 하나로 하는 절차를 알려주세요.

> Q11 : 컴퓨터 포장이 손상되었으므로 새 상자를 주문하는 URL을 알려주세요.
>
> Q12 : 컴퓨터를 수령했는데 색을 변경하고 싶은 경우 신청 URL을 알려주세요.
>
> Q13 : 온라인으로 요금을 냈을 경우의 영수증 발행 신청 URL을 알려주세요.
>
> Q14 : 온라인에서 반품 신청한 것을 취소하는 경우의 기한을 알려주세요.
>
> Q15 : 온라인 주문 시 회원 혜택 소개 사이트 알려주세요.
>
> Q16 : 온라인으로 주문한 물품의 발송 상황을 확인하는 사이트를 알려주세요.

전체적으로 같은 의미를 나타내는 것은 같은 말을 사용하도록 한다. 앞서 설명한 내용을 추구하면 FAQ의 전체적인 시인성이 좋아진다.

3.7 Q 목록에서 입도를 일정하게 만든다

좋지 않은 FAQ의 예시

최정욱 씨는 등산 초보자인데, 베테랑인 친구에게 배우면서 거의 매주 산에 오르며 조금씩 도구를 갖추고 있다.

슬슬 겨울로 접어들던 가을의 어느 날, 친구에게 만일의 사태에 대비해 좋은 침낭(슬리핑백)을 준비해 두도록 권유받았다. 그래서 최정욱 씨는 등산용품 전문점의 웹 사이트에서 침낭에 관해서 조금 공부하기로 했다. 전문점의 사이트에 다음과 같은 기사가 있다.

> **Before**
> - 등산용 침낭(일제)의 라인업과 성능비
> - 침낭 종류와 보온성능(FP)의 관계
> - 따뜻한 침낭
> - 설산 등산용 침낭과 그 관련 용품의 라인업
> - FP900 침낭의 성능
> - 사각형 침낭
> - 침낭 커버에 대하여
> - 설산에서 침낭의 유의점 및 더 효과적인 사용법
> - 높은 산에 오를 때
> - 겨울용 침낭의 관리와 보관 방법(FP750 이상)

최정욱 씨는 중간까지 사이트를 열람하다가 어쩐지 불안해졌다. 다시 한 번 목록을 읽어보았는데, 더욱 불안해졌다. 게재된 내용 하나하나가 어쩐지 엉터리라는 인상을 받았기 때문이다. 최정욱 씨는 다른 가게에서 침낭을 사기로 했다.

이 경우의 문제점

최정욱 씨가 사이트에 대해 엉터리라고 느낀 가장 큰 이유는 정보의 입도와 심도가 다른 글이 나란히 있었기 때문이다. 예를 들면, 다음과 같이 큰 주제와 한정적인 주제의 제목이 나열되어 있다.

- 높은 산에 오를 때
- 겨울용 침낭의 관리와 보관 방법(FP750 이상)

이처럼 게재되어 있으면, 기업 측의 정보 게재 규칙은 물론이고, 정보 정리조차 되지 않은 것처럼 느껴진다. 그러면 최정욱 씨처럼 사이트 전체나 기업의 자세에 대해 의문을 품는 사람은 적지 않다. 요컨대 기업의 자세와 제품, 서비스는 웹 사이트의 정보 게재 방식에서도 나타나며, 이는 사용자의 구매와 신뢰의 판단 재료가 된다.

게다가 특히 추운 산에서의 침낭은 만일의 사태에 목숨을 보호하는 것이다. 최정욱 씨가 본 가게의 사이트 정보 게재 방식은 아쉬웠다.

물론 같은 일이 FAQ 사이트에서도 일어날 수 있다.

개선점

'정보의 입도와 심도'는 '정보의 농도와 상세함'이라고도 표현할 수 있다. 어떤 정보의 목록에서도 목록 내에서는 정보의 입도와 심도를 일정하게 해야 사용자의 신뢰를 얻을 수 있다.

이 경우 가게 사이트의 기사를 균일한 입도와 심도가 되도록 고쳐 쓰면 다음과 같다.

> **After**
> - 침낭의 라인업 성능비 목록
> - 침낭의 보온성능(FP)과 보온의 관계
> - 침낭(가을용) 라인업
> - 침낭(겨울용) 라인업
> - 침낭(설산용) 라인업
> - 침낭(설산등산용)과 그 관련 상품의 라인업
> - 침낭(FP900)의 적정한 사용과 한계
> - 침낭(FP800)의 적정한 사용과 한계
> - 침낭(FP700)의 적정한 사용과 한계
> - 침낭의 사각형과 머미형의 차이
> - 침낭 커버가 필요한 경우란
> - 설산에서 숙박 시의 유의점과 침낭의 보다 효과적인 사용법
> - 1000m 이상인 산에 등반 시의 최저 장비
> - 2000m 이상인 산에 등반 시의 최저 장비
> - 3000m 이상인 산에 등반 시의 최저 장비
> - 침낭의 관리와 보관 방법

이렇게 하면 전체적인 정보에 편차가 없고 잘 정리된 인상을 준다.

FAQ로 말하자면, Q의 입도가 크고 심도가 낮을수록 표현의 범위가 넓어져 A의 정보가 많아진다. Q의 입도가 작고 심도가 깊은 글일수록 구체적이고 정밀하므로 일문일답이 되기 쉽고 심플한 A를 작성하게 된다.

> **Before**
>
> [입도(크다)×심도(얕다)]
>
> **Q** : 큰 댐은?
>
> [설명이 길어진다]
>
> **A** : 소양강댐은 높이 123m, 길이 530m, 총저수량 29억t으로 크기 면에서 한국 최대 규모의 댐이다. 하지만 국내 최대의 '콘크리트' 댐은 충주댐이며, 충주댐은 41만 2,000kW에 이르는 발전시설 용량을 갖춘 한국 최대의 수력발전소다.

> **After**
>
> [입도(작다)×심도(깊다)]
>
> **Q** : 한국에서 가장 저수량이 많은 댐은?
>
> [심플하다]
>
> **A** : 소양감댐이다.

FAQ는 Q 문장의 입도와 심도가 일치하면, 안내하는 A의 정보의 상세한 정도와 양도 비슷해진다.

사실은 이번 장에서 지금까지 설명한 것을 실천하기만 해도 자연스럽게 전체적인 입도와 심도가 일정한 FAQ가 완성된다. 특히 Q의 기본 문체 '문제 + 해결 방안'을 지키거나, Q와 A를 일문일답으로 만든다는 의식이 FAQ의 입도와 심도를 일정하게 만들어 준다.

또 Q를 쓰거나 퇴고할 때 다른 Q 문장(고품질인 것이 조건)을 모방하는 것도 입도와 심도를 일정하게 만드는 방법이다. 간단한 예시를 들어 설명하겠다.

> **Before**
>
> **Q1** : CD를 읽지 못해요.
>
> **Q2** : CD는 읽을 수 있지만 DVD는 안 되는 원인과 대처 방법을 알려주세요.
>
> **Q3** : CD 드라이브 기록면의 관리 방법에 대해

모든 FAQ가 서두에 'CD'나 'DVD'라는 말을 사용할 수 있다. 문장 끝은 모두 '~를 알려주세요.'로 통일하겠다.

다음으로 문장을 보면 Q1 '읽을 수 없다', Q2 '읽을 수 있지만'이란 표현은 주어가 사용자가 아닌 기계다. 한편, Q3의 관리 방법은 주어가 사용자다. 관점을 사용자 관점으로 맞춘다. 즉 Q 문장을 사용자에게 보이는 상황으로 고쳐 쓴다.

Q2에서는 여러 가지를 묻고 있으므로, 그대로 두면 A 글이 길어질 수 있다. 따라서 FAQ를 분할한다.

Q3 관리 방법에 대하여는 '~를 알려주세요'를 적용하면 '관리 방법을 알려주세요.'라고 쓸 수 있다. '문제 + 해결 방안'의 '문제'에 해당하는 부분은 적혀 있지 않지만, 이러한 경우에는 원래 문장에 기재된 내용을 이용하면서 보충한다. 예를 들어 '센서 부분의 관리' → '센서 부분이 더러워졌다' + '관리'과 같이 바꾼다. 이로써 '문제 + 해결 방안' 형식을 갖추게 된다.

이처럼 한 단계씩 Q 문장을 퇴고하면 다음과 같이 쓸 수 있다.

After

Q1 : CD를 재생할 수 없는 경우의 원인을 알려주세요.

Q2 : CD를 재생할 수 없는 경우의 대처 방법을 알려주세요.

Q3 : DVD를 재생할 수 없는 경우의 원인을 알려주세요.

Q4 : DVD를 재생할 수 없는 경우의 대처 방법을 알려주세요.

Q5 : CD 디스크 기록면이 더러워졌을 경우의 관리 방법을 알려주세요.

Before, After

다음은 각각 품질을 개선하기 전과 후의 FAQ다. [Before]와 [After]의 품질을 비교해 보자. 순서를 바꾼 FAQ가 있는데, 대응하는 [Before]과 비교하기 쉽도록 [After]의 번호를 [Before]에 맞췄다.

Before

Q1 : HDD에 녹화한 타이틀을 삭제하는 조작 방법을 알고 싶어요

Q2 : 컴퓨터를 녹화할 수 있나요?

Q3 : 케이블 TV 프로그램을 녹화하는 법

Q4 : 디스크의 뚜껑이 닫히지 않아요

Q5 : 하드 디스크에서 블루레이 디스크/DVD로 복사하는 조작 순서를 알고 싶어요

Q6 : 블루레이 디스크나 DVD에 복사할 수 없어요

Q7 : 블루레이 디스크 레코더의 센서 관리 방법에 대해서

Q8 : 마킹이란

Q9 : USB 외부 하드 디스크의 녹화 타이틀을 하드 디스크에 복사할 수 있나요?

> **After**
>
> **Q1** : HDD에 녹화한 타이틀을 삭제하는 조작 순서를 알려주세요.
>
> **Q2** : PC에 접속해 동영상을 녹화하는 조작 순서를 알려주세요.
>
> **Q3** : 케이블 TV 프로그램을 녹화하는 조작 순서를 알려주세요.
>
> **Q5** : 하드 디스크에서 블루레이 디스크/DVD로 복사하는 조작 순서를 알려주세요.
>
> **Q8** : 하드 디스크를 마킹하는 조작 순서를 알려주세요.
>
> **Q7** : 블루레이 디스크 레코더의 센서 관리 방법을 알려주세요.
>
> **Q4** : 디스크 뚜껑이 닫기 버튼으로 닫히지 않는 원인과 대처 방법을 알려주세요.
>
> **Q9** : USB 외부 하드 디스크의 녹화 데이터를 하드 디스크에 복사하는 조작 순서를 알려주세요.

[Before]와 [After]에서는 Q 문장의 요소는 내용만 보면 똑같다. [After]에서는 전체적으로 Q 문장을 읽기 쉬우면서도 입도와 심도를 일치시켰다. 그에 따라 안내되는 A도 글의 구성에 통일감이 있게끔 쓸 수 있다. Q6는 Q5와 중복되어 삭제했다.

또 [After]에서는 Q 문장 끝은 '○○를 알려주세요'로 통일했다. FAQ 목록의 위아래의 Q와 맞추기 위해 ○○ 부분을 전체적으로 한눈에 보면, 조작 순서, 원인과 대처 방법, 권장 제품…… 이와 같이 종류가 일정하다. 이 '○○를 알려주세요' 부분의 표현 자체도 FAQ 전체의 입도에 통일감을 준다.

요약

작성법의 입도를 일정하게 하면 사용자 입장에서 신뢰성이 높은 FAQ를 만들 수 있다. 이번 장에서 설명한 점을 충실히 지키면 저절로 작성법의 입도가 맞추어진다. 이미 작성한 다른 글을 바탕으로 고쳐 쓰면 전체적으로 시인성이 좋고 입도도 일정한 FAQ를 작성할 수 있다.

> **개선해 보기**

개선 전

다음의 FAQ를 입도가 일정한 Q로 만들어 보자.

Before

Q1 : 보증이 되나요?

Q2 : 스피드배송으로 의뢰한 경우 받는 데 걸리는 날짜는?

Q3 : 냉동으로 보내고 싶어요

Q4 : 도서지방으로 냉동식품 보낼 수 있나요?

Q5 : 배송비에 대해서

Q6 : 접시를 주문해서 받았는데 한 장이 파손되어 왔으니 교환해 주세요.

Q7 : 정기 배송으로 받는 물을 이번 주만 멈추고 싶어요.

Q8 : 래피드멤버 회원의 유효 기간을 알려주세요.

Q9 : 신용카드를 사용할 수 있나요?

개선 후

설문은 대체로 입도가 고르지 않고 거친 것이다. 입도가 거친 것은 분할하여 전체적으로 입도가 세세한 쪽으로 맞춘다. 단 Q5의 '배송비에 대해서'와 같이 FAQ보다는 '카테고리'로 하는 편이 나을 정도로 범위가 넓은 것은 일단 FAQ에서 생략하고 내용을 분할하여 세세하게 만드는 편이 좋다.

> **After**
>
> **Q1** : 물품의 품질 보증에 드는 배송비를 알려주세요.
> **Q1** : 물품의 품질 보증을 받는 조건을 알려주세요.
>
> **Q2** : 스피드배송으로 의뢰한 경우 받는 데 걸리는 일수를 알려주세요.
> **Q2** : 스피드배송을 의뢰했을 경우의 배송비를 알려주세요.
>
> **Q3** : 냉동 배송을 의뢰하는 절차를 알려주세요.
> **Q3** : 냉동 배송을 의뢰했을 경우의 배송비를 알려주세요.
>
> **Q4** : 냉동 배송을 도서지방으로 보낼 경우 받는 데 걸리는 일수를 알려주세요.
> **Q4** : 냉동 배송을 도서지방으로 보낼 경우의 배송비를 알려주세요.
>
> **Q6** : 주문한 물품을 받았는데 파손된 경우의 교환 절차를 알려주세요.
>
> **Q7** : 정기 배송으로 받고 있는 물품을 일시 정지하는 절차를 알려주세요.
>
> **Q8** : 래피드멤버 회원의 유효 기간을 알려주세요.
>
> **Q9** : 주문 요금 결제 시 사용 가능한 신용카드를 알려주세요.

퇴고해서 FAQ의 입도가 일정해지면 전체적으로 글자 수도 일정해진다.

3.8 Q 문장에 관한 다양한 아이디어

지금까지 이야기한 내용을 통해 고품질 Q를 작성하는 방법을 망라했다. 여기서부터 소개하는 아이디어는 '만약 이런 경우에는?' 하고 의문이 들 때 참고가 되기를 바란다.

전문 용어 및 기술 용어를 사용하는 경우에 쓸 수 있는 아이디어

제2장에서 전문 용어 및 기술 용어를 사용한 FAQ를 게재하는 경우 해당 FAQ에 문의가 두드러지게 많은 경우에 한한다고 설명했다. 전문 용어 및 기술 용어가 눈에 띄는 FAQ 사이트는 전체적으로 이해하기 어려운 분위기가 나서 사용자가 FAQ 찾기를 포기할 가능성이 있기 때문이다.

그럼 많은 문의를 받는 전문 용어 및 기술 용어를 사용하는 FAQ는 어떻게 작성하면 좋을까?

다음과 같은 FAQ가 있다고 하자.

> **Before**
> Q : ABC 계정으로 거래할 때 원타임 패스워드가 인증 오류가 난다.

이 Q 문장에서 사용된 'ABC 계정', '거래', '원타임 패스워드', '인증 오류'는 많은 사용자가 이해할 수 없거나 생소하게 보이는 말이다.

'ABC 계정'과 같은 서비스에서 유래한 고유명 등은 기업이 공지해도 사용자에 따라 확실히 기억하고 있기도 하고 그렇지 않기도 하다.

'원타임 패스워드'는 패스워드나 비밀번호에 비해 새로운 말이다. 아직 일반적이지 않을 수 있다. 이 말도 기업은 공지했겠지만, 사용자는 기억 못 할지도 모른다.

'거래', '인증 오류'는 기업의 관점에서 사용하는 말인 것 같다.

예를 들어 다음과 같은 아이디어를 활용하여 퇴고해 보았다.

> **After**
>
> **Q1** : ABC 계정(초록색 카드)을 온라인에서 사용하려고 하면 오류가 나므로 해결 방법을 알려주세요.
> 메시지 '원타임 패스워드 인증 오류'
>
> **Q2** : 초록색 ABC카드로 이체하려고 하면 '원타임 패스워드가 틀렸습니다'라고 표시되므로 해결 방법을 알려주세요.

이처럼 '초록색 카드'나, 표시되는 메시지 등 사용자가 눈앞에서 보고 있는 상황을 말로 표현하여 Q 문장으로 만들면 사용자가 이해하기 쉬워진다.

사용자의 질책 등을 줄이기 위한 아이디어

제2장에서 사용자의 질책 등을 그대로 FAQ로 만들어서는 안 된다고 설명했는데, FAQ를 신경 써서 만들면 사용자의 질책을 줄일 수 있다.

고객이 '전화 연결이 안 돼!'라는 말을 했다고 하자

이를 그대로 공개용 FAQ로 만들지 않고 다음과 같은 FAQ를 준비한다.

> **Q** : 콜센터에 전화가 연결되기 쉬운 시간대를 알려주세요.
> **A** : 전화가 연결되기 어려워 불편을 끼쳐 드리고 있습니다. 평일 x시~x시에는 비교적 원활하게 연결됩니다.

이런 내용은 직접 FAQ를 통해 해결하려고 하는 것이 아니라, 위의 대안과 같이 FAQ를 게재함으로써 일부 고객이라도 문제를 해결할 수 있도록 하기 위함이다.

또 '책임자와 이야기하고 싶어요'라는 고객의 강력한 불만에 대응하는 FAQ를 만들 수 있을까? 물론 완벽하지는 않지만, 다음과 같은 FAQ가 있으면 고객의 불만 의견을 진지하게 받아들이고 대응하고 있음이 전해진다.

> **Q** : 고객의 의견에 대한 개선 상황과 실적을 알려주세요.
> **A** : 서비스 향상을 위해 고객님의 의견을 항상 반영하여 개선에 임하고 있습니다. 이전에는 다음과 같은 의견을 받아 이처럼 대응했습니다. (생략)

'서비스를 이해하기 어려워!'라는 고객의 의견에 대응하여 FAQ에서 활용할 수 있는 아이디어다. 예를 들어 다음과 같은 FAQ는 어떨까? FAQ에서 자연스럽게 문의 양식으로 연결할 수 있다.

> **Q1** : 서비스에 대해 이해하기 어려운 점을 문의하는 방법을 알려주세요.
> **A1** : 죄송합니다. 아래 양식을 통해 알려주시면 빠른 시일 내에 답변을 드리겠습니다.
> 서비스명
> <선택식>
> 고객님이 하고 싶은 일

> <선택식>　기타 (　　　　　　)
>
> 궁금한 점 <선택식>
>
> <선택식>　기타 (　　　　　　)
>
> **Q2** : 서비스나 웹 페이지에 모르는 용어가 많으니 알려주세요.
>
> **A2** : 용어집을 안내해 드립니다.
>
> **용어집**

 이와 같이 사용자의 질책에 직접적으로 대응하는 것이 아니라 조금이라도 불만을 줄일 의도로 FAQ를 준비하면 좋지 않을까.

 FAQ의 목적 자체가 사용자의 자기 해결을 촉진하여 서비스 만족도를 높이는 것이다. 그리고 FAQ의 품질을 높이면 자연스럽게 사용자의 불만은 점차 줄어든다.

길어진 Q 문장을 수정할 아이디어

 여기까지 쓴 Q의 기본 문체와 6W1H를 고려하면 글 자체가 길어지는 경향이 있다. 글은 짧게 써서 나쁠 것이 없다. 길어진 Q 문장을 품질은 그대로 유지하면서 짧게 만드는 몇 가지 아이디어를 소개하겠다.

단어와 구문에서의 단축

다음의 Q 문장을 퇴고하겠다.

> **Before**
>
> **Q** : 인터넷 뱅킹을 이용하여 타행 계좌로 이체한 경우 상대방의 계좌에 돈이 입금되는 것은 이체로부터 며칠 후인지 알려주세요.

> **After**
> Q : 온라인으로 타행 계좌로 이체하면 상대방에게 입금되는 것은 며칠 후인지 알려주세요.

말의 사용법에 따라 의미와 사용자의 독해 용이성 모두 그대로 유지한 채 억지스럽지 않게 단축되었다.

채택한 아이디어는 약칭을 활용하는 것이다. 또 문장 내에서 말을 도치(뒤바꿈)함으로써 독해 용이성을 해치지 않고 억지스럽지 않게 Q 문장을 짧게 만들었다. 약칭으로 쓴 말은 FAQ 사이트 어디에서나 같은 방식으로 표기한다.

기호 및 부호 활용을 이용한 단축

또한 기호나 부호를 이용하면 글자 수를 줄일 수 있다.

> **Before**
> Q : 온라인으로 타행 계좌로 이체하면 상대방에게 입금되는 것은 며칠 후인지 알려주세요.

> **After**
> Q :【입금 소요일수】온라인 이체　당행→타행

하나의 Q 문장만 보면 이 방법이 어색할 수도 있다. 그러나 여러 Q 문장이 모이면 시인성이 훨씬 좋아진다. 그리고 원하는 FAQ를 찾기 쉬워진다.

> **After**
>
> **Q1** :【입금 소요일수】온라인 이체 당행→타행
>
> **Q2** :【입금 소요일수】온라인 이체 타행→당행
>
> **Q3** :【입금 소요일수】창구 이체 당행→타행
>
> **Q4** :【입금 소요일수】창구 이체 타행→당행
>
> **Q5** :【입금 한도액】온라인 이체 당행→타행
>
> **Q6** :【입금 한도액】창구 이체 당행→타행

짧은 문장을 만들기 위해 약칭을 쓰면 사용자가 다소 이해하기 어렵지 않을까 염려될 수도 있다. 예를 들어 '당행', '타행'이라는 은행 업무 특유의 약칭은 일반 사용자의 이해도를 고려하여 사용 여부를 가이드라인(제5장에서 설명)에서 정해 두자.

품질을 높이면서 문장을 짧게 만든다

다음은 실제로 있을 법한 FAQ의 품질을 높이면서 문장을 살짝 더 짧게 만드는 몇 가지 예시다.

> **Before**
>
> **Q1** : 스마트폰의 OS를 업그레이드하려면 어떻게 해야 하나요?
>
> **Q2** : 스마트폰의 기기를 변경하려면 어떻게 해야 하나요?
>
> **Q3** : 스마트폰 계약을 해지해도 무선 인터넷 등에서는 사용할 수 있게 되나요?

> **After**
> Q1 : 휴대폰 OS의 업그레이드 절차는?
> Q2 : 휴대폰 기기 변경 신청 절차는?
> Q3 : 휴대폰을 해지한 후에도 Wi-Fi로 인터넷을 이용하는 절차는?

위의 예에서는 먼저 줄임말을 활용하여 스마트폰의 표기를 '휴대폰'으로, '기기를 변경'을 '기기 변경' 등으로 단축했다. 그리고 지금까지 설명한 것처럼 모호한 표현을 구체적인 표현으로 개선하여 짧은 문장으로 바꾸었다.

> **Before**
> Q : 회사의 인사 이동으로 이사했는데, 등록된 주소 등 회원 정보는 어떻게 해야 하나요, 어디서 변경하면 되나요?

> **After**
> Q1 : 회원 등록된 회사 주소를 온라인에서 변경하는 절차를 알려주세요.
> Q2 : 회원 등록된 자택 주소를 온라인에서 변경하는 절차를 알려주세요.
> Q3 : 회원 등록된 자택과 회사 주소를 온라인에서 변경하는 절차를 알려주세요.

회사의 인사 이동으로 이사해서…… 이는 사용자의 사적인 특수 사정이므로 A와 무관하다면 배제한다. 이 Q 문장에서의 요점은 '등록 정보의 변경 방법'이므로, 이에 초점을 맞추어 모호한 표현도 개선하였다.

또한, 이 Q 문장의 경우 자택 주소와 회사 주소 모두의 변경 방법을 안내하고 있지만, 그에 해당하지 않는 사용자는 FAQ를 클릭하지 않을 수도 있다. 따라서 자택 주소와 회사 주소의 변경은 별도의 Q 문장을 만들고, 양쪽의 변경 방법도 별도로 마련했다.

> **Before**
> **Q** : 어딘가에서 카드를 잃어버렸는데 악용될까 걱정됩니다. 사용할 수 없게 이용 정지를 하려면 어떻게 해야 하나요?

> **After**
> **Q1** : 카드를 사용할 수 없도록 이용 정지하는 절차를 알려주세요.
> **Q2** : 카드를 분실했을 경우 우선 해야 할 절차를 알려주세요.

여기서도 요점은 '악용 방지를 위해 카드를 정지한다'는 것이므로, 사용자 개개인의 사정은 의도적으로 배제했다. 그리고 카드를 정지시키는 절차뿐만이 아니라 카드 분실 시 최우선 절차를 묻는 Q 문장도 준비했다.

> **Before**
> **Q** : 컴퓨터를 새 기기로 바꾸어서 소프트웨어를 그쪽으로 옮기고 싶어요. 소프트웨어 라이선스를 그대로 사용할 수 있나요? 그리고 옮기는 절차를 알려주세요.

> **After**
> **Q1** : 소프트웨어를 새 컴퓨터로 옮기는 절차를 알려주세요.
> **Q2** : 소프트웨어를 새로운 컴퓨터로 옮기는 경우의 라이선스 절차를 알려주세요.

요점은 '소프트웨어를 새 컴퓨터로 옮긴다'는 것이므로 그 절차에 초점을 두고 퇴고했다. 라이선스를 사용할 수 있나요? 이는 Yes/No 질문이므로,

'라이선스 절차'를 묻는 Q 문장으로 바꾸었다. 이 경우 A가 라이선스 절차는 불필요하다는 내용이 되어도, 필요하다는 내용이 되어도 모두 대응할 수 있다.

제 **4** 장

A 작성법

이번 장에서는 FAQ의 답변인 A 글 작성법을 구체적으로 설명하겠다. 사용자가 고민되거나 궁금한 점(문제)을 자기 해결하기 위해서는 우선 Q를 찾고 그에 해당하는 A에 도달해야 한다. 그리고 A 글은 사용자가 읽을 수 있고, 이해할 수 있고, 해결할 수 있도록 작성해 두어야 한다. 이번 장에서도 항목별로 좋지 않은 FAQ 탓에 문제를 해결하지 못한 사용자의 경험을 소개하고, 개선에 관해 설명하는 순서로 해설하겠다. 또 A 글에서 역산하여 Q 문장을 재검토하는 방법도 다루겠다.

4.1 A 글에서 상황 구분을 하지 않는다

좋지 않은 FAQ의 예시

이승준 씨는 신용카드 옵션으로 포인트 카드를 신청했다. 카드가 수중에 도착해서 바로 포인트를 충전하려고 했는데 그 방법을 모르겠다. 그래서 FAQ 사이트에서 알아봤다.

Before
Q : 포인트 카드에 충전하는 방법에 대해서.

위의 Q를 클릭하면 다양한 종류의 포인트 충전 방법이 적혀 있다.

Before
A : 포인트 충전 방법
- 은행 ATM에서 현금으로 충전하는 경우
  (생략)
- 은행 ATM에서 계좌이체로 충전하는 경우
  (생략)
- 편의점 계산대에서 현금으로 충전하는 경우
  (생략)
- 카드로 구매 시 포인트를 충전하는 경우
  (생략)

이승준 씨는 스마트폰의 화면을 몇 번이나 스크롤하면서 A를 봤지만, 갑자기 귀찮아져서 제대로 읽지도 않고 콜센터에 전화하기로 했다.

이 경우의 문제점

이승준 씨는 이 FAQ가 최적이라고 생각해서 클릭했다. 그런데 그 A의 설명에는 여러 가지 경우와 각각의 순서가 자세하게 적혀 있어 방대한 양의 글자가 눈에 들어왔다. 이승준 씨는 수많은 글자에 질려 이탈하고 말았다.

사용자는 고민되거나 궁금한 일이 있을 때, 이를 해결하는 데 너무 많은 시간을 들이고 싶지 않은 법이다. 긴 글을 읽어야 하면 누구나 질린다.

이 FAQ는 A의 내용에 여러 가지로 상황을 구분해 두었기 때문에 글자 수가 많아졌을뿐더러 이승준 씨와는 관계없는 불필요한 정보(조건)도 읽어야 했다. 사용자가 문제를 해결하는 데는 어느 하나만 있으면 충분할 터이다. A에 여러 가지로 상황 구분이 돼 있으면 사용자에게 불필요한 수고와 시간을 들이게 한다.

개선점

기존의 A에 쓰여 있던 경우(조건)별로 FAQ를 분할하여 다음과 같이 각각 Q와 A를 준비한다.

> **After**
>
> **Q1** : 은행 ATM에서 현금으로 포인트 충전하는 방법
>
> **A1** : 은행 ATM에서 현금으로 포인트 충전하는 방법은 다음과 같습니다.
> (생략)

> **Q2** : 은행 ATM에서 계좌이체로 포인트 충전하는 방법
>
> **A2** : 은행 ATM에서 계좌이체로 포인트 충전하는 방법은 다음과 같습니다.
> (생략)
>
> **Q3** : 편의점 계산대에서 현금으로 포인트 충전하는 방법
>
> **A3** : 편의점 계산대에서 현금으로 포인트 충전하는 방법은 다음과 같습니다.
> (생략)
>
> **Q4** : 포인트 카드로 구매 시 포인트 충전하는 방법
>
> **A4** : 포인트 카드로 구매 시 포인트 충전하는 방법은 다음과 같습니다. (생략)

이렇게 하면 FAQ를 일문일답으로 만들 수 있다. A는 직관적이고 간결해지며 글자 수로 보면 4분의 1로 줄어든다. 사용자는 A의 내용을 구분하는 수고가 필요 없어지고, 읽는 시간도 대폭 단축된다.

위와 같이 Q에 어느 정도 조건을 명시해 두면, 사용자는 Q를 선택하는 단계에서 우선 자신의 상황에 해당하는 것을 확실히 알 수 있기에 FAQ를 신뢰할 수 있다. 즉 A를 열어보기 전에 적절히 취사선택할 수 있다. 이 경우 Q를 찾는 단계에서 포인트 충전 방법이 다양하다는 것을 알 수 있다.

당연히 모든 FAQ의 Q와 A 글은 한 쌍을 이룬다. 이처럼 글의 품질은 A와 Q가 서로 높여준다.

Before, After

다음은 각각 품질을 개선하기 전과 후의 FAQ다. [Before]와 [After]의 품질을 비교해 보자.

Before

Q : 티켓 예약 방법을 알려주세요.

A : 문의 주셔서 감사합니다. 티켓 예약 및 구매에는 몇 가지 방법이 있습니다. 아래 내용을 읽어보시고 고객님께서 편리한 방법으로 예약 및 구매를 부탁드립니다.

1. 본점 창구에 오시는 경우

본점 창구는 ○○역, ○○역 및 ○○역에 있습니다. (생략)

2. 전화로 예약하시는 경우

전화로 티켓 예약하는 전화번호는 다음과 같습니다.

02-XXX-XXXX

접수 시간은 매일 아침 8시부터 저녁 18시까지입니다. (생략)

3. 온라인으로 예약하시는 경우

온라인으로 티켓 예약을 할 경우는 여기 사이트(https://tichketxxxx.example.com/)로 접속해 주세요. 또는 '티켓○○'로 검색해주세요. (생략)

4. 우편으로 예약하시는 경우

저희 매장에 있는 신청 엽서에 필요 사항을 기입하여 (생략)

또한 티켓 예약 후에는 예약 번호를 발급해 드립니다. 예약번호 발급 시에는 (생략) 티켓 예약 후에 결제하시는 분은 반드시 예약번호를 첨부하여 입금해 주세요. (생략)

> **After**
>
> **Q1** : 티켓의 본점 예약 창구가 있는 역 이름을 알려주세요.
> **A1** : 티켓의 본점 예약 창구는 ○○역, ○○역 및 ○○역에 있습니다. (생략)
>
> **Q2** : 티켓을 전화로 예약하는 방법을 알려주세요.
> **A2** : 티켓을 전화로 예약하는 전화번호는 다음과 같습니다. (생략)
>
> **Q3** : 티켓을 온라인으로 예약하는 방법을 알려주세요.
> **A3** : 티켓을 온라인으로 예약하는 방법은 다음과 같습니다. (생략)
>
> **Q4** : 티켓을 우편으로 예약하는 방법을 알려주세요.
> **A4** : 티켓을 우편으로 예약하는 방법은 먼저 당사 매장에 비치된 신청 엽서에 필요 사항을 기입합니다. (생략)

[Before]에서는 Q가 너무 넓은 범위를 담아 A의 내용에서 여러 가지 상황 구분을 한다.

[After]에서는 조건별로 FAQ를 분할해서 A 글에 쓸데없는 내용이 들어가지 않아 깔끔하고 명백해진다. 동시에 조건별로 Q 문장을 정비한 덕분에 [Before]의 A 글에 쓰여 있던 서론도 불필요해져 읽는 글자 수를 줄일 수 있었다.

> **Before**
>
> **Q** : 매장 영업 시간과 가는 방법을 알려주세요.
> **A** : 영업 시간은, (생략)
> 오시는 방법은,
> 전철로 오시는 경우 (생략)
> 버스로 오시는 경우 (생략)

> **After**
>
> **Q1** : 매장 영업 시간을 알려주세요.
>
> **A1** : 매장 영업 시간은 다음과 같습니다. (생략)
>
>
> **Q2** : 매장에 가는 방법을 알려주세요. (전철)
>
> **A2** : 매장에 오시는 방법(전철)은 다음과 같습니다. (생략)
>
>
> **Q3** : 매장에 가는 방법을 알려주세요. (버스)
>
> **A3** : 매장에 오시는 방법(버스)은 다음과 같습니다. (생략)
>
>
> **Q4** : 매장에 가는 방법을 알려주세요. (자동차)
>
> **A4** : 매장에 오시는 방법(자동차)은 다음과 같습니다. (생략)

> **Before**
>
> **Q** : 카드를 도난당했어요. 신고와 재발급 절차를 알려주세요.
>
> **A** : 카드를 분실하신 경우에는 고객님의 상황에 따라 대응 절차가 달라집니다. 아래 내용을 잘 읽어보시고 신속히 대응해 주시기 바랍니다.
>
> 아직 경찰에 신고하지 않은 경우에는 (생략)
>
> 카드 재발급에 대해서는 다음과 같습니다.
>
> 1. 고객님의 신용카드 기능의 유효 기간이 2개월 이상 있는 경우
>
>   유효 기간이 2개월 이상인 경우에는 바로 다음 절차가…… (생략)
>
> 2. 고객님의 신용카드 기능의 유효 기간이 이번 달로 종료되는 경우

고객님의 신용카드의 유효 기간이 이번 달인 경우에는 간단하게 카드를 정지시키는 절차가 있습니다. (생략)

3. 카드 이용 상황을 확인하고 싶은 경우
   카드 분실 후 시간이 지났으므로 현재 고객님의 이용 상태를 확인하고 싶으신 경우에는 (생략)

After

Q1 : 카드를 도난당했을 때 신고하는 방법을 알려주세요.
A1 : 신속히 경찰에 신고해 주세요. (생략)

Q2 : 카드 도난 후의 재발급 절차를 알려주세요. (유효 기간 2개월 이상)
A2 : 재발급 절차는 다음과 같습니다. (생략)

Q3 : 카드 도난 후의 재발급 절차를 알려주세요. (유효 기간 2개월 미만)
A3 : 재발급 절차는 다음과 같습니다. (생략)

Q4 : 카드의 현재 이용에 대해 바로 알림을 온라인으로 확인하는 방법을 알려주세요.
A4 : 카드 이용 바로 알림을 온라인으로 확인하는 방법은 다음과 같습니다. (생략)

[Before]에서는 하나의 Q로 여러 개의 질문을 하고 있다. 그래서 A에는 여러 답변에 더해 추가로 다른 정보도 쓰여 있다. 이러면 A의 글이 전체적으로 길어진다.

[After]에서는 기존의 FAQ의 A에서 제시한 내용의 요소별로 각각 Q와 A를 준비했다. 이로써 사용자는 첫 단계에서 자기 자신의 조건에 따라 필요한 Q를 선택하여 직관적인 A를 얻을 수 있다.

요약

조건에 따른 상황 구분이 사용자에게 알리고 싶은 정보에 존재할 때는 조건별로 먼저 직관적인 A를 따로 작성한다. 그리고 그 A가 되는 조건을 명시한 Q를 작성한다. 그러면 A 글에서는 상황 구분이 필요 없어지고, 따라서 조건에 관한 서론도 필요 없어진다.

FAQ를 분할하면 FAQ의 개수는 늘어난다. 늘어난 FAQ를 줄이는 방법은 제7장 유지 관리에서 설명하겠다.

개선해 보기

개선 전

다음의 FAQ를 고쳐 써 보자.

Before

Q : 'ABC클럽 ID' 확인 방법을 알려주세요

A : ABC클럽 ID의 확인 방법은 다음과 같습니다.

1. 계약 후 10일 이내의 고객님 (ABC클럽넷)

   계약 시에 송부한 다음 서면으로 ABC클럽 ID / 비밀번호 / 초기값을 확인하실 수 있습니다.

• 계약 내용 안내

※ 고객님의 신청 시기에 따라 ABC클럽 ID를 안내하는 서류가 다릅니다.

※ ABC클럽 ID 이용 시에는 ID 및 비밀번호가 필요합니다.

2. 2018년 4월 이후에 서비스를 계약하신 고객님

계약 시에 송부한 다음 서면 중 하나로 ABC클럽 ID / 비밀번호 / 초기값을 확인하실 수 있습니다.

• 계약 내용 안내
• 이용 시작 안내
• ABC클럽 ID 및 관련 서비스에 관한 중요한 알림
• ABC클럽 ID / ABC클럽 간편결제 서비스에 관한 중요한 알림

※ 고객님의 신청 시기에 따라 ABC클럽 ID를 안내하는 서류가 다릅니다.

※ ABC클럽 ID 이용 시에는 ID 및 비밀번호가 필요합니다.

3. 2018년 4월 이전에 서비스를 계약하신 법인 광 회선 고객님

다음의 메일 주소로 내용 없이 메일을 보내시기만 하면 ABC클럽 ID를 자동으로 회신 드립니다.

abcclubid@example.co.kr

아직 '고정 통신 서비스'의 ABC클럽 ID에 메일 주소를 등록하지 않으신 경우에는 번거로우시더라도 회신 메일의 안내 내용에 따라 메일 주소 등록을 부탁드립니다.

※ ABC클럽 ID 이용 시에는 ID 및 비밀번호가 필요합니다.

4. 2018년 4월 이전에 서비스를 계약하신 법인 케이블 회선 고객님

다음의 메일 주소로 내용 없이 메일을 보내시기만 하면 ABC클럽 ID를 자동으로 회신 드립니다.

abcclubid@example.co.kr

아직 '고정 통신 서비스'의 ABC클럽 ID에 메일 주소를 등록하지 않으신 경우에는 번거로우시더라도 회신 메일의 안내 내용에 따라 메일 주소 등록을 부탁드립니다.

※ ABC클럽 ID 이용 시에는 ID 및 비밀번호가 필요합니다.

5. 2018년 4월 이전에 서비스를 계약으로 개인 계약 고객님

　고객 센터로 문의하여 상담해 주시기 바랍니다.

　⇒ 클럽ABC 고객 지원 센터

　⇒ 유선 전화에서 : xxx-xxx-xxx (무료)

　상담원 응대 시간 : 8:00~22:00

　그 외의 시간대일 경우 : 0120-xx-xxxx (무료)

　※ ABC클럽 ID 이용 시에는 ID 및 비밀번호가 필요합니다.

개선 후

설문의 FAQ에서는 A 본문에서 몇 가지로 상황이 구분되어 있어 매우 장문이다. 개선 후의 예에서는 A 내에서 상황 구분이 돼 있는 내용별로 FAQ를 작성하여 조건에 해당하는 내용은 Q 문장에 포함시켰다.

After

Q1 : 'ABC클럽 ID'의 확인 방법을 알려주세요. (계약 후 10일 이내)

A1 : 'ABC클럽 ID'의 확인 방법은 계약 시에 송부한 다음 서면으로 ABC클럽 ID / 비밀번호 / 초기값을 확인하실 수 있습니다.

- 계약 내용 안내

Q2 : 'ABC클럽 ID'의 확인 방법을 알려주세요. (2018년 4월 이후에 계약)

A2 : 'ABC클럽 ID'의 확인 방법은 계약 시에 송부한 다음 서면 중 하나로 ABC 클럽 ID / 비밀번호 / 초기값을 확인하실 수 있습니다.

- 계약 내용 안내
- 이용 시작 안내
- ABC클럽 ID 및 관련 서비스에 관한 중요한 알림
- ABC클럽 ID / ABC클럽 간편결제 서비스에 관한 중요한 알림

Q3 : 'ABC클럽 ID'의 확인 방법을 알려주세요. (2018년 4월 이전에 서비스를 계약하신 법인 광 회선 고객님)

A3 : 'ABC클럽 ID'의 확인 방법은 다음의 메일 주소로 내용 없이 메일을 보내시기만 하면 ABC클럽 ID를 자동으로 회신 드립니다.

abcclubid@example.co.kr

아직 '고정 통신 서비스'의 ABC클럽 ID에 메일 주소를 등록하지 않으신 경우에는 번거로우시더라도 회신 메일의 안내 내용에 따라 메일 주소 등록을 부탁드립니다.

Q4 : 'ABC클럽 ID'의 확인 방법을 알려주세요. (2018년 4월 이전에 서비스를 계약하신 법인 케이블 회선 고객님)

A4 : 'ABC클럽 ID'의 확인 방법은 다음의 메일 주소로 내용 없이 메일을 보내시기만 하면 ABC클럽 ID를 자동으로 회신 드립니다.

abcclubid@example.co.kr

아직 '고정 통신 서비스'의 ABC클럽 ID에 메일 주소를 등록하지 않으신 경우에는 번거로우시더라도 회신 메일의 안내 내용에 따라 메일 주소 등록을 부탁드립니다.

> **Q5** : 'ABC클럽 ID'의 확인 방법을 알려주세요. (2018년 4월 이전에 개인 계약)
>
> **A5** : 고객 센터로 문의하여 상담해 주시기 바랍니다.
>
> 클럽ABC 고객 지원 센터
>
> 유선 전화에서 : xxx-xxx-xxx (무료)
>
> 상담원 응대 시간 : 8:00~22:00
>
> 그 외의 시간대일 경우 : 0120-xx-xxxx (무료)

위와 같이 함으로써 Q가 구체적이고 정확해지며, A는 간결하게 만들 수 있다.

4.2 A에 너무 많은 정보를 담지 않는다

좋지 않은 FAQ의 예시

김지윤 씨는 모 메이커의 TV와 비디오를 세트로 구매했다.

바로 매뉴얼에 따라 TV와 비디오 선을 연결하고 오늘 밤 방송을 녹화 예약하려고 했다. 매뉴얼에는 TV의 리모컨과 비디오의 리모컨 양쪽의 사용법이 각각 기재되어 있기 때문에 읽는 중에 혼란스러워졌다.

그래서 매뉴얼에 안내된 웹 사이트에 스마트폰으로 접속해 보니 '녹화 예약 방법'이라는 간결한 FAQ가 있었다. 그 외에는 적당한 것이 없어 보여서 클릭했다.

FAQ의 A에는 우선 TV에서 녹화 예약을 하는 경우와 비디오에서 녹화 예약하는 경우로 나누어져 있었다. 일단 비디오에서 녹화하는 방법을 읽어 내려가자 비디오의 전원을 켜는 조작부터 시작하여, 녹화 가능 시간 확인, 방송 편성표를 보는 조작, 그리고 녹화 예약의 조작으로 세세하고 친절하게 이어졌다. 녹화 예약의 종류도 1회만, 매일, 매주 등 많은 설정 방법이 기재되어 있다.

정보 제공은 충분하지만, 김지윤 씨는 점점 읽기 귀찮아져서 녹화 예약은 내일 공부하자고 생각했다.

이 경우의 문제점

이 FAQ에는 김지윤 씨의 모르는 것에 대한 정보가 너무 자세하고 친절하게 쓰여 있었다. 읽어야 할 정보가 너무 많아 김지윤 씨는 머릿속에서 '정보 처리'하는 데 피곤해져서 단념한 모양이다.

보통 사용자 입장에서 보면, 고민되거나 궁금한 점에 대한 해결 방법은 하나만 있으면 될 것이다. 한 번에 이것저것 정보는 필요 없다.

A의 내용에서 조건 분기의 기재가 많은 경우와 마찬가지로 이미 알고 있는 정보, 지금 필요한 정보, 일단은 뒤로 미루어도 되는 정보, 아마도 불필요한 정보…… 식으로 사용자가 정보를 분류하도록 강요할 가능성이 있다. 혹은 글자 수가 많은 것을 보는 것만으로도 사용자는 읽지도 않고 이탈할 가능성도 있다.

애초에 '녹화 예약 방법'이라는 대략적인 표현으로는 A를 읽기 전에 정보량의 과부족을 파악할 수 없다. 김지윤 씨는 '이 FAQ라고 확신할 수는 없지만 궁금한 점에 가깝다'라는 감각으로 클릭해 보지 않았을까.

개선점

조건별 상황 구분이 없어도 설명이 길어지는 정보를 FAQ로 만들 때는 주제별로 구분한다. 예를 들어, 사용자가 쉽게 이해할 수 있는 내용의 단계로 적절히 나눈다. 쉽게 이해할 수 있으면 TV나 비디오도 조작할 수 있게 된다.

위의 경우에서는 비디오의 전원을 켜는 방법, 비디오 녹화 가능 시간을 확인하는 방법, 방송 편성표를 보는 방법, 녹화 예약 방법 등 비디오 녹화 예약을 하기 전 단계의 조작에 대해서도 전부 꼼꼼하게 적혀 있었다.

이것들은 다른 FAQ로 만들고 버린다.

> **Q1** : 비디오 전원을 켜는 방법.
> **Q2** : 비디오 녹화 가능 시간을 확인하는 방법.
> **Q3** : 비디오로 TV 방송 편성표를 보는 방법.
> **Q4** : 비디오로 녹화 예약을 설정하는 방법.

녹화 예약을 하고 싶은 사용자가 전원을 켜는 방법이나 녹화 가능 시간을 확인하는 방법은 알고 있지만 방송 편성표를 보는 방법을 모른다면, Q1이나 Q2는 무시하고 Q3와 Q4만 보면 된다.

이처럼 적절히 주제별로 FAQ를 준비하는 편이 오히려 사용자의 지식이나 문제에 따라 세세하게 대응할 수 있게 된다. A에 정보를 잔뜩 집어넣는 것이 아니라 FAQ 자체를 세세하게 구분하여 사용자 자신이 필요한 것을 고를 수 있도록 한다. 사용자는 Q를 열람하면 A의 내용을 구체적으로 확신하고 클릭할 수 있게 된다.

간단한 예를 하나 더 들어보겠다. '해외 여행을 간다'와 같은 준비에 관하여 설명하려면 대략 다음과 같은 내용이 필요하다.

가고 싶은 도시 정하기, 일정 정하기, 현지 호텔 찾기, 호텔 예약하기, 비자 취득하기, 국제운전면허증 취득하기, 항공권 예약하기, 렌터카 예약하기, 휴대용 약 준비하기, 충전기 제품 준비하기, 여행용 가방 준비하기, 짐 싸기……

그런데 다음과 같이 FAQ를 만들면 비디오 녹화 때와 마찬가지로 A의 정보량이 방대해지고 만다.

> **Before**
> Q : 해외 여행 시 준비할 것을 알려주세요.

여기서도 개별 FAQ로 작성한다.

> **After**
> Q1 : 현지 호텔을 찾는 방법
> Q2 : 호텔을 예약하는 방법
> Q3 : 비자를 취득하는 방법
> Q4 : 국제운전면허증을 취득하는 방법
> Q5 : 항공권을 사는 방법
> Q6 : 렌터카를 예약하는 방법
> Q7 : 필요한 전원 관련 제품을 준비하는 방법

원래 하나의 A에 전부 모으려던 정보를 위와 같이 소분한다. 이렇게 하면 사용자별로 각자의 상황이나 지식에 따라 궁금한 것만 고를 수 있다. 즉, 취사선택이 가능하다.

Before, After

다음은 각각 품질을 개선하기 전과 후의 FAQ다. [Before]와 [After]의 품질을 비교해 보자.

> **Before**
> Q : 맛있는 토마토 키우는 법을 알려주세요.
> A :

- 화분에서 키우는 경우

    화분은 40L 이상의 것을 (생략)

    흙은 원예용품점에서 토마토 전용 흙을 사서 (생략)

    흙이 이미 있는 경우에는 연작 피해를 피하기 위해 (생략)

    화분에 흙을 90% 정도 넣고 (생략)

    비료를 충분히 섞습니다. (생략)

    물주기는 흙의 표면이 말랐을 때 (생략)

    수확은 열매가 충분히 빨갛게 익은 것을 이른 아침에 (생략)

- 농원에서 키우는 경우 (생략)

After

Q1 : 토마토 키우기에 적합한 화분 사이즈를 알려주세요.

A1 : 토마토 키우기에 적합한 화분 사이즈는 정해져 있지 않지만 40L 이상을 추천합니다. (생략)

Q2 : 토마토 키우기에 적합한 용토를 알려주세요.

A2 : 토마토 키우기에 적합한 용토로 초보자에게 추천하는 상품은 원예용품점에서 판매하는 토마토 전용 흙입니다. (생략)

Q3 : 토마토를 키울 때 연작 피해를 막는 방법을 알려주세요.

A3 : 토마토를 키울 때 연작 피해를 방지하는 전용 비료를 원예용품점에서 판매하고 있습니다. (생략)

> **Q4** : 토마토를 키울 때 모종을 심기 전에 흙을 어떻게 준비해야 하는지 알려 주세요.
>
> **A4** : 토마토를 키울 때 모종을 심을 때는 먼저 흙을 반 정도 넣고 비료를 충분히 섞습니다. (생략)
>
> **Q5** : 토마토 키우기에 적합한 비료를 알려주세요.
>
> **A5** : 토마토 키우기에 적합한 비료는 초보자에게는 원예용품점에서 판매하는 토마토용 배합비료가 좋습니다. (생략)
>
> **Q6** : 토마토를 키울 때 물주기 시 주의 사항을 알려주세요.
>
> **A6** : 토마토를 키울 때 물주기는 열매가 맺히기 전까지는 매일 충분히 줍니다. (생략)
>
> **Q7** : 토마토를 키울 때 추가로 비료를 주는 방법을 알려주세요.
>
> **A7** : 토마토를 키울 때 추가로 주는 비료는 토마토의 열매가 차례차례로 맺히기 시작하면 줍니다. (생략)

[Before]에서는 A의 설명에 조건 구분과 더불어 정성스럽게 토마토를 심기부터 수확까지 적혀 있다. 다만 이 내용들이 모두 필요한 사람은 별로 없다고 생각한다. 이대로는 모든 사용자는 필요한 정보를 구분해야 한다. 무엇보다 이미 글자 수가 많아 환영받지 못한다.

[After]에서는 토마토 키우기의 단계별로 별도의 FAQ를 만들었다. 사용자는 자신의 지식이나 모르는 점에 따라 취사선택할 수 있으며 Q 문장에서 구체적으로 A의 기재 내용을 나타내고 있다. 또 이 FAQ에서는 화분에서 키울 경우, 농원에서 키울 경우의 구별 없이 사용할 수 있는 FAQ가 여럿 있다. 보다 정보를 공유할 수 있다고 할 수 있다.

요약

A를 쓸 때 글에 기재해야 할 정보가 많아지고, 또 그것이 몇 가지 단계와 주제를 포함하는 경우에는 그 단계나 주제별로 나눈 FAQ를 준비한다.

A의 정보는 FAQ에 따라 다양하므로, 나누는 방법에 정해진 바는 없다. A 내에 정보가 여러 가지가 되지 않고, Q와 A가 일문일답이 되도록 의식한다.

FAQ 자체의 수가 많아질 우려는 있지만, FAQ 단독으로 봤을 때 더욱 많은 사용자가 이용하는지 아닌지에 따라 사이트에 게재하는 방법을 정한다. 이에 대해서는 제7장에서 설명하겠다.

개선해 보기

개선 전

다음의 FAQ는 A가 장문으로 되어 있다. 적당한 FAQ로 나누어 보자.

Before

Q : 임대주택 절차에 대해 알려주세요.

A : 주거 이전에는 많은 준비와 절차가 필요합니다. 실패하지 않기 위해서라도 자세히 설명하겠습니다.

- 집의 조건을 정한다. (생략)
- 살고 싶은 동네를 정한다. (생략)
- 생활을 이미지화한다. (생략)
- 방의 배치와 원하는 설비를 정한다. (생략)
- 임대료 예산을 정한다. (생략)
- 임대 조건을 정한다. (생략)
- 부동산 중개업소에 집 목록과 견학을 문의한다. (생략)
- 부동산 중개업소와 계약 조건 등을 확인한다. (생략)

개선 후

설문의 A에 기재된 각 항목을 개선 후의 예에서는 여러 개의 FAQ로 나누었다. 해결하고 싶은 점을 구체적으로 Q에 담아 A를 심플하게 쓰도록 했다.

> **After**
>
> **Q1** : 임대하고 싶은 집을 정하는 조건으로 고려해야 할 사항을 알려주세요.
> **A1** : 집을 정하는 조건으로 최소한 월세 예산을 고려합니다. (생략)
>
> **Q2** : 임대하고 싶은 집의 방 배치를 정할 때 고려해야 할 사항을 알려주세요.
> **A2** : 방 배치를 정할 때는 거주 인원과 자신의 가구 등 짐의 양을 고려합니다. (생략)
>
> **Q3** : 임대하고 싶은 집의 설비에서 고려해 두어야 할 것을 알려주세요.
> **A3** : 집의 설비에서는 최소한 필요한 설비(화장실, 욕실, 주방) 등의 조건을 고려해 둡니다. (생략)
>
> **Q4** : 임대하고 싶은 집 내부를 견학할 수 없는 경우를 알려주세요.
> **A4** : 임대 전 계약 전에 집 내부를 견학할 수 없는 경우로는 빌려주는 사람이 집을 고치는 등 준비 중인 경우를 들 수 있습니다. (생략)
>
> **Q5** : 임대 시 입주 심사에는 무엇이 있는지 알려주세요.
> **A5** : 임대 입주 심사에는 주민표 등 신분 증명과 집세를 제대로 낼 수 있음을 증명하는 심사 등이 있습니다. (생략)

개개인의 생각에 따라 다른 '생활 이미지' 등을 일반인에게 공개하는 FAQ에 적합하지 않다고 생각하여 배제했다.

4.3 A와 Q를 일치시킨다

좋지 않은 FAQ의 예시

이창현 씨의 다음 주 출장 예정은 2박 3일이었지만, 현지 회의가 늘어나서 체류 일수를 1일 연장하기로 했다.

호텔의 숙박 예약은 호텔의 웹 사이트에서 이루어졌기 때문에, 이창현 씨는 체류 연장도 마찬가지로 할 수 있으리라고 생각했다. 그러나 사이트의 어디를 찾아도 숙박 연장 절차 페이지를 찾을 수 없다. FAQ도 살펴보았지만, 역시 그럴싸한 것은 없었다.

이창현 씨는 어쩔 수 없이 호텔에 전화해서 체류 연장 절차를 밟았다. 그러는 김에 FAQ에는 없었다고 말하자 친절한 상담원이 안내해 준 것은 다음의 FAQ였다.

> **Before**
>
> **Q** : 숙박에 관한 온라인 수속
>
> **A** : 숙박 예약 일정 변경은 온라인으로도 가능합니다.
>
> 숙박 일정 예약은 여기 사이트에 예약해 주세요.
>
> 이미 예약이 되어있는 경우에는 여기에서 확인 및 변경 가능합니다. (생략)
>
> ※ 또한, 숙박의 변경, 연장은 저희 호텔의 숙박 예약 상황에 따라 불가능할 수 있습니다.

확실히 이 FAQ의 A를 읽으면 숙박의 연장 수속도 가능할 것 같았다. 다만 처음에 이창현 씨가 FAQ 목록을 봤을 때는 그렇게 생각되지 않아 이 FAQ를 무시했다.

이 경우의 문제점

이창현 씨가 이 FAQ를 선택하지 않은 것도 당연하다.

> **Before**
> Q : 숙박에 관한 온라인 수속

 실제로 이미 예약 수속을 온라인으로 마친 이창현 씨는 '숙박 연장'이라는 구체적인 이미지를 가지면서 FAQ를 찾았다. 이런 Q의 작성법으로는 당연히 무시했을 것이다.

 A에서는 이창현 씨가 모르는 것을 해결할 수 있는데도 Q가 그것을 보여주지 않았기에 A에 도달할 수 없다. Q와 A가 일치하지 않아 안타깝게도 사용자에게 도움이 되지 않는 상황이 되었다.

개선점

 당연한 말이지만 Q와 A는 일치된 내용이어야 한다. Q가 A의 내용을 나타내는 정확한 문장(제목)으로 되어 있다. 그리고 A가 Q의 질문에 확실하게 대답해야 한다. 호텔의 FAQ 사이트에서도 다음과 같이 Q와 A가 쓰여 있었으면, 이창현 씨는 FAQ를 놓치지 않고 바로 문제를 해결했을 것이다.

> **After**
>
> **Q** : 숙박 연장 온라인 수속 방법을 알려주세요.
>
> **A** : 숙박 연장 온라인 수속은 여기에서(숙박 예약 연장 페이지) 필요 사항을 기입해 주세요.
>
> ※ 또한, 숙박 예약 상황에 따라 연장할 수 없는 경우가 있습니다.

이 정도면 Q와 A가 완전히 일치한다. 또 A의 서두는 Q의 서두와 똑같이 작성함으로써 Q와 A가 일치하는 형태로 만들 수 있다. 제3장에서 설명한 '복창'의 효과도 있어 사용자가 안심한다.

A에서는 인터넷에서의 숙박 연장 절차에 대해서만 심플하게 작성하여 일문일답으로 만든다. Q에 제시된 것 이상의 정보를 A에는 쓰지 않는 편이 좋다. 예를 들어, 다음과 같은 FAQ는 좋지 않은 예시다.

> **Before**
>
> **Q** : 캠페인 신청 마감일을 알려주세요.
>
> **A** : 캠페인 신청 마감일은 202X년 3월 31일입니다. 신청 시에는 반드시 회원 아이디를 준비하신 후 여기서 신청해 주세요.

Q에서는 '마감일'만을 질문했는데, A에서는 신청 사이트와 준비할 것에 대해 덧붙여 썼다. 기업 입장에서는 노파심에 추가한 정보라도 마감일만 알고 싶은 사용자에게는 필요 없다.

또, 만약 기업 측이 위의 FAQ를 가지고 신청 사이트도 안내할 생각이었다면 그것은 실패다. Q 문장에서 그에 관해 언급하지 않았기 때문에 실제로 신청 사이트를 알고 싶은 사용자에게는 도달하지 못하는 FAQ가 될 가능성이 크다.

예를 들어 다음과 같이 FAQ를 개별로 준비한다.

> **After**
> Q : 캠페인 신청 사이트에서의 수속 방법을 알려주세요.
> A : 캠페인 신청 사이트는 여기입니다. 신청 시에는 회원 아이디로 로그인해서 신청하시면 됩니다.

꼭 Q에서 질문한 이상의 정보를 A에 쓰고 싶다면 Q 문장을 고쳐 쓴다.

> **Before**
> Q : 캠페인 신청 마감일을 알려주세요.
> A : 캠페인 신청 마감일은 202x년 3월 31일입니다. 21:00가 접수 마감 시각이므로 주의해 주시기 바랍니다.

여기 A에서 쓴 '마감 시각'을 사용자에게 제대로 전하고 싶다면, Q를 아주 조금만 고쳐 쓰면 좋아진다.

> **After**
> Q : 캠페인 신청 마감 일시를 알려주세요.
> A : 캠페인 신청 마감일은 202x년 3월 31일입니다. 21:00가 접수 마감 시각이므로 주의 주시기 바랍니다.

Q에서 '마감일을'이라고 했던 것을 '마감 일시를'로만 바꾸면 '마감 시각'이 A에 쓰여 있음을 사용자가 깨닫도록 할 수 있다.

Before, After

다음은 각각 품질을 개선하기 전과 후의 FAQ다. [Before]와 [After]의 품질을 비교해 보자.

4장 A 작성법 179

> **Before**
> Q : 이사를 하는데 등록한 주소를 변경할 수 있나요?
> A : 등록하신 주소의 변경 방법은 다음과 같습니다. (생략)

> **After**
> Q : 이사를 하는데 등록한 주소의 변경 방법을 알려주세요.
> A : 등록하신 주소의 변경 방법은 다음과 같습니다. (생략)

[Before]에서 Q가 '~ 할 수 있나요?'라는 Yes/No 질문인 데 반해 A 글에서는 '변경 방법'을 안내하고 있다. 사용자가 상상이라도 하지 않는 한 A에 쓰여 있는 정보를 기대하기는 어렵다. 그냥 클릭해서 A를 보기 전까지는 기대하던 바인지 사용자는 불안할 것이다.

[After]처럼 Q에 제대로 '해결 방안'도 씀으로써 사용자는 상상하거나 불안해지는 일 없이 자신감을 가지고 클릭할 수 있다. A에도 Q에 일치하는 내용이 쓰여 있어서 사용자에게 신뢰를 받는다.

> **Before**
> Q : 빨리 보내주실 수 있나요?
> A : 특급 배송 절차는 다음과 같습니다. (생략)

> **After**
> Q1 : 짐을 빨리 배송하는 특급 배송 절차를 알려주세요.
> A1 : 특급 배송 절차는 다음과 같습니다. (생략)

> **Q2** : 특급 배송으로 짐을 부쳤는데 배송 상황을 알려주세요.
>
> **A2** : 수화물 배송 상황은 여기에서 확인하실 수 있습니다. (생략)

[Before]는 Q와 A 글이 서로 맞지 않는 인상을 준다. 이 A는 (짐을) 빨리 보내주길 바라는 사용자는 앞으로 배송을 의뢰하는 사용자라고 단정하고 있다. 그러나 이 Q 문장을 선택하는 것은 '특급 배송을 의뢰했는데도 아직 짐이 도착하지 않았다'라는 사용자일 가능성도 있다.

[After]처럼 Q와 A가 완전히 일치하도록 한다. 다양한 사용자의 상황을 상상하면 이처럼 패턴별로 여러 개의 FAQ를 쓸 수 있다. 또 Q에서 사용하는 말을 A의 문장의 첫머리에 인용함으로써 사용자에게 올바른 Q를 선택했다는 안심을 준다.

> **Before**
>
> **Q** : 송장을 200부 의뢰했는데 수령일을 알려주세요.
>
> **A** : 송장은 신청일로부터 영업일 기준 2일 이내에 보내드립니다. (생략)

> **After**
>
> **Q** : 송장을 200부 의뢰했는데 수령일을 알려주세요.
>
> **A** : 송장은 신청일로부터 영업일 기준 2일 이내에 받으실 수 있습니다. (생략)

[Before]가 어색한 것은 Q와 A의 말투에 부족한 점이 있기 때문이다. Q 문장에서는 '수령일'이라고 사용자의 입장에서 쓰고 있는 데에 비해, A 글에서는 '보내드린다'라고 기업의 입장에서 말하는 말투다. 이런 글에서는 사용

자는 '내가 받을 수 있는 것은 언제야?'라고 불안하게 느낄지도 모른다.

[After]처럼 Q 문장과 A의 문장에서 가능한 한 같은 말을 쓰면 Q와 A가 한 쌍인 느낌이 난다. 그러면 인해 사용자도 불안하지 않고 쉽게 이해할 수 있다.

요약

Q와 A는 일문일답이 대전제이다. A 글 내에서 조건 분기나 여러 가지 정보가 없도록 한다. 그러면 글의 유지 관리도 수월해진다. A는 장문이 되기 쉬우므로 관리상 유지 관리 비용도 든다. 짧게 하면 장점이 크다.

A에서 짧고 심플한 문장이 되도록 Q는 반드시 '문제 + 해결 방안'의 기본 문체로 만든다. 가장 친절한 A 작성법은 Q 문장을 따라 하는 것이다.

> **Q** : 숙박 연장을 온라인에서 하는 순서를 알려주세요.
>
> **A** : 숙박 연장을 온라인에서 하는 순서는 다음과 같습니다. (생략)

위와 같이 Q 문장을 살리면서 A의 문장의 첫머리를 쓴다. 이렇게 하면 사용자도 올바른 Q를 선택하여 A에 이르렀다고 안심한다.

Q에서 묻는 것 이상의 내용을 A 글에 쓰면 글자 수를 늘리는 원인이 되고, 사용자에게도 불필요한 정보를 주게 된다. 만약 추가하고 싶은 정보가 중요한 것이라면 별개의 FAQ로 작성한다.

개선 전

다음의 FAQ(Q 문장과 A 글)를 고쳐 써 보자. FAQ를 분할해도 상관없다.

> **Before**
>
> Q : 계약한 파일 서버의 용량 증가를 할 수 있나요?
>
> A : 고객님이 골드 멤버이실 경우
>
> 용량은 500기가까지 증가할 수 있습니다. 용량 증가 수수료는 필요 없으며, 월 이용료는 19,800원입니다. 용량 추가 절차는 멤버 사이트에서 하시면 됩니다. 멤버 사이트에 로그인하여 '설정' 메뉴에서 용량 관리 버튼을 클릭하여 수순에 따라서 수속해 주시고, 월 이용료는 신청한 달의 다음 달 말부터 현재 계좌에서 새로운 청구액으로 자동 인출됩니다.
>
> **고객님이 실버 멤버이실 경우**
>
> 용량은 200기가까지 증가할 수 있습니다. 용량 증가 수수료는 필요 없으며, 월 이용료는 16,800원입니다. 용량 추가 절차는 멤버 사이트에서 하시면 됩니다. 멤버 사이트에 로그인하여 '설정' 메뉴에서 용량 관리 버튼을 클릭하여 수순에 따라서 수속해 주시고, 월 이용료는 신청한 달의 다음 달 말부터 현재 계좌에서 새로운 청구액으로 자동 인출됩니다.
>
> **고객님이 무료 멤버이실 경우**
>
> 용량 증가는 불가능합니다. 현재 유료 멤버 가입 캠페인 중이므로, 초기 비용 없이 가입하실 수 있습니다. 신청은 여기에서.

개선 후

설문의 FAQ에서는 Q가 Yes/No 질문으로 되어 있는 반면, A에는 Q에 직접 대답하지 않고 조건 분기가 여러 개 존재하는 절차가 적혀 있다.

개선 후의 예에서는 조건 분기별로 FAQ를 분할하고, Q는 Yes/No 질문이 아닌 '~ 절차를 알려주세요.'라는 문장으로 작성했다.

> **After**
>
> **Q1** : 파일 서버의 용량 증가 신청 절차를 알려주세요. (골드 멤버)
>
> **A1** : 용량 추가 절차는 멤버 사이트에서 하실 수 있습니다. 멤버 사이트에 로그인하여 '설정' 메뉴에서 용량 관리 버튼을 클릭하여 안내에 따라 진행해 주세요. 용량은 500기가까지 증가할 수 있습니다.
>
> **Q2** : 파일 서버의 용량 증가 신청 절차를 알려주세요. (실버 멤버)
>
> **A2** : 용량 추가 절차는 멤버 사이트에서 하실 수 있습니다. 멤버 사이트에 로그인하여 '설정' 메뉴에서 용량 관리 버튼을 클릭하여 안내에 따라 진행해 주세요. 용량은 200기가까지 증가할 수 있습니다.
>
> **Q3** : 파일 서버의 용량 증가 신청 절차를 알려주세요. (무료 멤버)
>
> **A3** : 유료 멤버 절차를 신청해 주세요. 무료 멤버인 상태에서는 용량을 증가할 수 없습니다.
>
> **Q4** : 파일 서버 용량 증가 시 요금을 알려주세요.
>
> **A4** : 용량 추가 수수료는 무료입니다.
>
> 500기가 증량 시 월 이용료는 19,800원입니다.
>
> 200기가 증량 시 월 이용료는 16,800원입니다.

이와 같이 하면 각각 일문일답이 된다. 마지막 요금에 관해서만 간단하므로 A에 두 가지 패턴의 정보를 게재했다.

4.4 A에는 결론을 앞에 쓴다

좋지 않은 FAQ의 예시

김영주 씨는 건강 지원 앱을 사용하고 있다. 이 앱에서 새로운 기능을 사용하면, 병원 정기 검진 결과와 정보 연동되는 서비스를 받을 수 있다. 그러기 위해서는 주민등록번호를 앱에 등록해야 한다. 주민등록번호는 인터넷을 경유해서 앱의 서버 측에 등록된다고 하는데, 김영주 씨는 등록 조작 방법을 잘 모른다. 게다가 개인 정보를 입력해야 해서 불안하기도 하다.

김영주 씨는 신중을 기하여 건강 지원 앱의 FAQ 사이트도 읽었다. 그러자 다음과 같은 FAQ를 발견했다.

> **Before**
>
> **Q** : 앱에서 주민등록번호를 등록하는 방법을 알려주세요.
>
> **A** : 이번에 많은 서비스 중에서 저희 건강 지원 앱을 선택해 주셔서 감사합니다. 앞으로 고객님의 건강을 위해 도움이 될 수 있도록 지원하겠습니다.
>
> 앱 설치는 문제 없이 잘 되셨나요. 사용 전 준비에 관해 설명해 드리겠습니다.
>
> 앱 조작에는 주민등록번호 등록이 필요합니다. 고객님의 개인 정보를 취급하게 되는데, 당사는 인터넷 서비스의 보안에 만전의 기능을 갖춘 아이언월 사와 업무 제휴를 맺어 만전의 보안을 건강 지원 사이트에서 확보하고 있으므로 안심하셔도 됩니다.

> 그리고 회원님의 주민등록번호 등 개인정보 취급에 매우 강력한 보안을 갖춘 아이언WALL이라는 시스템을 이용하고 있습니다. (아이언WALL에 관한 자세한 내용은 여기 아이언WALL 사양을 참조해 주세요.) 주민등록번호 등록 전에 아이언WALL에 등록을 부탁드립니다. 아이언WALL 등록 후 주민등록번호 등록은 여기에서 부탁드립니다.
>
> 또한 인터넷 통신 장애나 천재지변 등 예기치 못한 사태로 인한 서버 장애로 앱 이용이 불가능해지는 경우가 있는데, 당사에서는 책임을 질 수 없으므로 양해 부탁드립니다.
>
> 김영주 씨는 FAQ를 차분히 읽으려고 했지만, 주민등록번호 등록 조작을 위해서 지식과 사전 조작이 필요한 모양이다. 이런 일에 익숙하지 않은 김영주 씨에게는 더욱더 알 수 없는 일이라는 불안감이 증가하여 앱을 언인스톨하기로 했다.

이 경우의 문제점

이 FAQ는 김영주 씨가 알고 싶은 것을 알아내는 데까지 서론이 너무 길다. A에게 인사문이나 선전 같은 글이 먼저 있고, 알고 싶은 점에 좀처럼 도달할 수 없다.

김영주 씨처럼 불안한 사용자는 처음부터 꼼꼼히 읽으려고 할 것이다. 낯선 서비스명이 나오거나, 어디서부터 어디까지가 중요한지 판단하기 어려우면 중간에 읽기 지쳐 버린다. 최악의 상황에는 이탈할 가능성도 있다.

예를 들어 첫머리에 '이번에 많은 서비스 중에서 ~준비에 관해 설명해 드리겠습니다.'는 사용자의 문제 해결에 필요하지 않다. 기업의 자세를 나타내고 싶은 마음은 이해하지만 이렇게 진부한 감사말이나 인사문이 기재되어 있어도 사용자에게 좋게 평가받지 못한다. 마지막에 '인터넷 통신 장애나 ~양해 부탁드립니다.'도 FAQ로서는 불필요하다. 사용자를 더 불안하게 만들 뿐이다.

'앱 조작에는 주민등록번호 등록~ 여기 아이언WALL 사양을 참조해 주세요.'도 서론으로 필요하지 않다. 거지반 홍보처럼 보이기도 하고, 사용자가 이 보안 시스템에 대해서 이미 잘 아는 사람이라면 글자 수의 낭비다. 또 특별히 알아두어야 할 정보로도 보이지 않는다. 꼭 써 두고 싶다면 문장 끝에 덧붙이기를 추천한다.

결론을 빨리 알고 싶은 것이 인지상정이다. '잔말하지 말고 먼저 결론부터 말해.'는 회사 상사가 부하에게 하는 상투적인 말이다.

개선점

김영주 씨가 본 A를 다음과 같이 고쳐 써 보겠다. 전체적으로 내용의 앞뒤를 바꾸었다. 서론에 있던 감사나 인사문은 전부 생략하고, 중간쯤의 설명 중에서 참고 정보를 뒤로 옮겼다. 사용자의 문제 해결을 위해 가장 중요한 부분은 조목별로 써서 읽었을 때 이해하기 쉽도록 했다[1].

> **After**
>
> **Q** : 인터넷 경유로 주민등록번호를 등록하는 방법을 알려주세요.
>
> **A** : 인터넷 경유로 주민등록번호 등록 시 다음의 순서로 진행해 주세요.
>
> ① 아이언WALL에 등록
>
> ② 주민등록번호 등록

---

[1] 조목별로 쓰기에 대해서는 뒤에 'A는 조목별로 쓴다'에서 설명하겠다.

> **참고**
>
> 고객님의 개인정보를 취급하게 되는데 당사는 인터넷 서비스의 보안에 만전의 기능을 갖춘 아이언월사와 업무 제휴를 맺고 있으므로 안심해 주세요.
>
> 회원님의 주민등록번호 등 개인정보 취급 시 매우 강력한 보안을 갖춘 아이언WALL이라는 소프트를 채택하고 있습니다.
>
> 아이언WALL에 대해 자세히 알고 싶으신 분은 여기 사이트를 참조해 주시기 바랍니다.

서론은 해결 전에 알아두어야 할 점이 있을 경우에는 쓰는데 이 FAQ에서는 불필요하다.

사용자에 대한 해결책을 A의 첫머리에 쓰고, 나중에 보충 설명을 한다. 사용자는 먼저 결론을 얻을 수 있으므로 빠르게 모르는 일이 해결되어 안심한다.

이처럼 사용자가 먼저 해결책을 읽도록 한다. 마음이 진정되면 다른 정보도 읽을 마음의 여유가 생기므로 보충 설명은 '참고'로서 제일 마지막에 쓴다. 이러한 순서로 작성하면 사용자의 불안감을 없애는 데 효과적이다.

인사나 사과 같은 내용이 전부 없어졌는데, 그로 인해 부정적인 인상을 주지 않는다. 오히려 글이 심플하게 되어 있는 덕분에 사용자가 수속을 시작하는 것이 빨라진다. 메일이나 채팅처럼 '대화' 형식일 경우에는 상대가 분명하므로 인사나 사과의 글이 있어도 괜찮다고 생각한다. 한편 FAQ는 불특정 다수를 대상으로 한 '공고'다. 인사문이나 사과는 사용지에게 꾸민 것 같은 인상을 준다.

또 이 앱의 FAQ 사이트에는 다음과 같은 FAQ도 따로 준비해 두는 것도 괜찮지 않을까.

Q : 주민등록번호 등 개인정보 취급 시의 보안 시스템에 대해 알려주세요.

A : 주민등록번호 등 개인정보 취급 시에 당사는 인터넷 서비스의 보안에 만전의 기능을 갖춘 아이언월사와 업무 제휴를 맺어 안전한 보안을 건강 지원 사이트에서 확보하고 있습니다.

회원님의 주민등록번호 등의 취급에는 아이언WALL이라는 시스템을 채택하고 있습니다. 자세히 알고 싶으신 분은 이 사이트를 참조해 주세요.

Before, After

다음은 각각 품질을 개선하기 전과 후의 FAQ다. [Before]와 [After]의 품질을 비교해 보자.

Before

Q : 헬로포인트의 신용카드 신청 방법

A : 항상 헬로포인트 카드를 이용해 주셔서 감사합니다. 저희 카드의 신용카드 신청 방법을 다음과 같이 안내해 드립니다. 또한 18세 미만인 분, 연 소득이 2,000만 원 미만인 분은 원칙적으로 신청이 불가한 점 양해 부탁드립니다. 다만 연 소득이 2,000만 원 미만인 분이라도 헬로특약 조건에 해당하는 분은 신청하실 수 있습니다. 불편을 끼쳐 드려 죄송하지만, 아래의 내용을 양해하시어 신청해 주시기 바랍니다.

신청 절차는 (생략)

> **After**
>
> **Q** : 헬로포인트의 신용카드 신청 조건을 알려주세요.
>
> **A** : 헬로포인트의 신용카드는 다음 중 어느 조건에 해당하면 신청 가능합니다.
>
> - 18세 이상이신 분
> - 연 소득이 2,000만 원 이상이신 분
> - 헬로특약 조건에 해당하시는 분

[Before]에 있는 인사말이나 뒤에 나오는 사과문은 [After]에서는 생략했다. 또한 '신청 조건'은 조목별로 써서 읽기 쉽게 작성했다. 또 Q 문장도 약간 고쳐 썼다.

> **Before**
>
> **Q** : 상품을 반품하는 절차를 알려주세요.
>
> **A** : 상품이 마음에 들지 않고, 주문과 다른 등 반품으로 인해 매우 불편함을 끼쳐 드려 진심으로 사과드립니다.
>
> 반품은 언제든지 가능합니다. 또 앞으로도 많은 관심 부탁드립니다.
>
> 반품은 **이 양식**을 이용하여 신청해 주세요.
>
> 고객 변심으로 인한 반품 시 배송비에 대해서는 대단히 죄송하지만 고객님께서 부담하셔야 하는 점 양해 바랍니다. 앞으로도 좋은 상품을 제공하도록 유의하겠사오니 많은 관심 부탁드립니다.
>
> **이 양식**을 이용하여 신청해 주세요.

> **After**
>
> **Q1** : 상품이 불량이므로 반품하는 절차를 알려주세요.
>
> **A1** : 상품 불량 시 반품 절차
>
> **이 양식**을 이용하여 신청해 주세요.
>
>
> **Q2** : 상품을 개인 사정으로 반품하는 절차를 알려주세요.
>
> **A2** : 상품을 고객님의 사정에 의하여 반품하는 절차
>
> **이 양식**을 이용하여 신청해 주세요.
>
> ※ 배송비는 고객님께서 부담해 주셔야 합니다.

　[Before]의 A 글에는 조건 분기가 있어 사용자에게 쓸데없는 정보(글자 수)가 많아진다. 사과나 사양하는 글도 A가 길어지는 원인이다.

　[After]에서는 FAQ를 분할하고 사과와 같은 글을 모두 생략했다. 그럼으로써 A 글이 2~3줄로 줄어들고, 글자 수도 적어 심플하고 읽기 쉬운 글이 되었다. 또한 고객의 사정으로 반품하는 경우에는 '배송비는 고객 부담'을 대뜸 첫머리에 기재하지 않고, 두 번째 줄에 ※를 붙여 보충하는 형태로 함으로써 표현을 다소 부드럽게 했다.

> **Before**
>
> **Q** : 전화가 연결되지 않아요!
>
> **A** : 불편을 끼쳐 드려 진심으로 죄송합니다. 현재 당사는 고객님을 위한 지원 개선에 전력을 다하고 있습니다. 부지 많은 이해와 양해를 부탁드립니다.
>
> 또한 비교적 콜센터에 원활하게 연결되는 시간대는 8:00~9:00, 15:00~16:00입니다. 괜찮으시다면 활용해 주시기 바랍니다.
>
> 계속해서 ○○○○ 서비스를 잘 부탁드립니다.

After

Q : 전화 연결이 쉬운 시간대를 알려주세요.

A : 전화 연결이 쉬운 시간대에 대하여 지금 시기에는 아래 시간대를 고객님에서 안내드리고 있습니다.

8:00~9:00 또는 15:00~16:00
현재 당사는 고객님을 위한 지원 개선에 전력을 다하고 있습니다.

[Before]의 이러한 고객의 질책 대응 FAQ에 대해서는 기본적으로 FAQ 사이트에 게재하지 않는 편이 좋다고 제2장 칼럼 '이런 FAQ는 게재하지 않아도 된다'에서 설명했다. 이런 식으로 작성한 FAQ는 기업에도 사용자에게도 도움이 되지 않는다.

[After]처럼 '전화가 연결되기 쉬운 시간대'를 안내하듯이 사용자에게도 도움이 되도록 작성하면 좋다고 생각한다. 기업 측의 대처에 관해서도 요점만 쓰면 사용자에게 충분히 전달된다.

인사나 사과로 글자 수를 늘릴 정도라면 FAQ에서 사용자에게 제안을 제시하는 편이 긍정적이고 건설적이다.

Before

Q : 새로운 엑설런트 메일러에서의 스팸 메일을 수신하지 않도록 하는 설정 방법을 알고 싶다.

A : 엑설런트 메일러를 도입해 주셔서 감사합니다. 최신 엑설런트 메일러에서는 보안 기능이 더 강력해졌습니다. 광고 메일 필터링은 물론 모든 수신 메일의 필터링도 서버 측에서 하므로 당신의 컴퓨터 퍼포먼스 속도는 빠른 채입니다.

스팸 메일 필터링은 광고 메일과 같은 구조입니다. 서버 측에서 학습형 광고 메일 사전에 따라 자동으로 파기되는 구조입니다. 이에 더하여 당신이 지정한 특징의 메일을 서버 측에 설정하면, 마찬가지로 필터링하여 파기됩니다. 스팸 메일의 메일 주소, 메일 제목 내의 문자열, 메일 본문 내의 문자열 등으로 특정할 수 있으므로, 절차에 따라서 서버에 등록합니다.

스팸 메일을 지정하는 방법은 홈 메뉴에서 [필터링]을 선택하여 클릭합니다. 화면에 스팸 메일 설정 대화상자가 표시됩니다. 대화상자의 입력창에 필터링하고 싶은 메일의 특징을 입력해 주세요. 메일 주소, 제목에 포함되는 말, 본문에 포함되는 말 중에서 최소한 한 종류를 입력하고 마지막에 [OK] 버튼을 클릭해 주세요. (생략)

After

Q : 새로운 엑설런트 메일러에서 스팸 메일을 수신하지 않도록 설정하는 방법을 알고 싶어요.

A : 스팸 메일은 광고 메일과 마찬가지로 서버 측에서 학습형 광고 메일 사전에 의해 자동으로 파기됩니다.

또한 당신이 독자적으로 지정한 특징의 메일을 수신하지 않도록 하려면 서버 측에서 설정할 수 있습니다.

스팸 메일 설정 수순은 아래와 같습니다.

① 홈 메뉴에서 [필터링]을 클릭
② 화면에 스팸 메일 설정 대화상자가 표시됩니다.
③ 다음 입력창에 필터링하고 싶은 메일의 특징을 입력합니다.
- 메일 주소

> - 제목에 포함되는 말
> - 본문에 포함되는 말
>
> ④ 위에서 안내한 특징(최소 한 가지)을 입력했으면 마지막에 [OK] 버튼을 클릭합니다.
>
> 서버 측의 광고 메일 사전에 더하여 당신이 지정한 특징의 메일은 이후 자동으로 필터링되어 파기됩니다. (생략)

이 Q를 선택한 사용자에게는 [Before]와 같은 서두의 글은 필요 없다. '졸음을 깨려고 커피를 마시고 싶다'고 말하는 사람에게 '졸음을 깰 때는 커피가 좋아요'라고 말하는 것과 마찬가지다.

[After]에서는 A 글의 전반부에서 해결과 관련된 내용을 먼저 안내했다. 또 '엑설런트 메일러를 도입해 주셔서 감사합니다. ~당신의 컴퓨터 퍼포먼스 속도는 빠른 채입니다.' 내용도 전부 생략했다. 해결과는 직접적인 관계도 없고, 쓸데없이 글자 수를 늘리고 있기 때문이다.

Before

> Q : 온라인으로 이용 명세를 확인하는 방법을 알려주세요.
>
> A : 이용 명세는 온라인에서 언제든지 확인할 수 있습니다. 먼저 고객님이 인터넷에 접속되어 있는지 확인해 주시기 바랍니다. 스마트폰의 경우 (생략). 인터넷에 연결되어 있는지 확인했다면 회원 사이트에 접속해 주시기 바랍니다. 우측 상단에서 로그인 ID, 비밀번호를 입력하고 로그인합니다. 만약 우측 상단에서 로그인 ID, 비밀번호를 잊어버린 경우에는 FAQ 로그인 ID나 비밀번호를 잊어버린 경우를 참조해 주세요. 로그인되었다면 다음으로 (생략)

> **After**
>
> **Q** : 온라인으로 이용 명세를 확인하는 방법을 알려주세요.
>
> **A** : 온라인으로 이용 명세를 확인하는 방법은 다음과 같습니다.
>
> ① 회원 사이트에 접속하여 로그인 ID, 비밀번호를 입력하여 로그인합니다.
> ② 로그인되면 다음으로 (생략)
> ※ 이용 명세를 온라인으로 확인하기 전에 인터넷에 접속되어 있는지를 확인해 주세요.
> ※ 로그인 ID, 비밀번호를 잊어버린 경우에는 FAQ 로그인 ID나 패스워드를 잊어버린 경우를 참조해 주세요.

[Before]에서 쓰여 있는 정보 중에서 해결을 위해 필요한 부분은 일부분이다. [After]에서는 그 부분을 추출해서 정리했다. '회원 사이트에 접속~', '로그인되었다면 다음으로~' 부분이다. 이를 그대로 첫머리에 가져오기만 해도 사용자는 해결에 가까워진 인상을 받는다.

요약

A는 필요 최소한의 정보만 게재해야 사용자가 해결하는 데 바로 효과를 볼 수 있다.

A 글에 반드시 기재해야 하는 정보를 먼저 열거한다. 열거한 것만을 요점으로 삼아 A를 작성한다. 인사문이나 사과문은 필요한 정보가 아니다. 사용자를 안심시키고자 꼭 선전, 인사문, 사과문을 기재하고 싶을 때는 글 끝에 짧게 적어준다.

마지막으로 고쳐 쓴 A는 조목별로 쓰게 되는 경우도 있다. 조목별로 씀으로써 사용자는 더욱 읽기 쉬워진다. 조목별로 쓰기에 대해서는 뒤에 'A는 조목별로 쓴다'에서 설명하겠다.

개선해 보기

개선 전 1

다음의 FAQ를 고쳐 써서 A가 군더더기 없이 단적이 되도록 해 보자.

> **Before**
>
> **Q** : 메일이 도착하지 않은 경우에 대해
>
> **A** : 문의 주셔서 감사합니다. 불편을 끼쳐 드려 죄송합니다. ○○액세스 서비스의 재알림 및 비밀번호 재설정 메일이 발송된 메일 주소에 도착하지 않은 분이나, 등록한 메일 주소 자체를 알 수 없는 회원은 아래에 있는 문의를 통해 ○○액세스 서비스 헬프 데스크에 연락해 주시기 바랍니다.
>
> 또한 고객님의 현재 비밀번호를 헬프 데스크에서 알려드릴 수는 없습니다. 불편을 끼쳐 드려 죄송하지만 양해 부탁드립니다.
>
> 문의

개선 후 1

설문의 A에 있는 '문의 주셔서 감사합니다. 불편을 끼쳐 드려 죄송합니다.', '불편을 끼쳐 드려 죄송하지만 양해 부탁드립니다.'는 사용자의 문제 해결과는 관계없으며, 글자 수만 늘릴 뿐이어서 삭제했다. 또 A에 조건 분기가 있으므로 다른 FAQ로 나누었다.

> **After**
>
> **Q1** : 알림 메일을 받지 못하는 경우의 대처 방법을 알려주세요.
>
> **A1** : 다음과 같은 알림 메일을 받을 수 없는 경우에는 문의를 통해 ○○액세스 서비스 헬프 데스크에 연락해 주세요.

- ○○액세스 서비스의 재알림
- 비밀번호 재설정 메일

Q2 : 등록한 자신의 메일 주소를 모르는 경우의 대처 방법을 알려주세요.

A2 : 등록한 자신의 메일 주소를 모르는 경우에는 문의를 통해 ○○액세스 서비스 헬프 데스크로 연락해 주세요. 또한 고객님의 현재 비밀번호를 헬프 데스크에서 알려드릴 수는 없습니다.

각각의 Q 문장도 기본 문체로 하고, '해결 방안' 부분은 고쳐 쓴 A의 내용에 맞췄다. 참고로 이 설문의 A는 헬프 데스크(콜센터)에 대한 유도로 되어 있어 FAQ로서는 자기 해결을 할 수 없기 때문에 본래는 권장하지 않는 방법이다.

개선 전 2

다음의 FAQ를 고쳐 써서 A가 군더더기 없이 심플하게 해 보자.

Before

Q : 구역 내에서 휴대전화(스마트폰)를 사용할 수 있나요? 또 셀카를 찍어도 되나요?

A : 휴대전화(스마트폰)는 반입할 수 있지만, 통화나 조작은 소정 구역에서 하도록 부탁드리고 있으므로 양해 바랍니다. 트레이닝 구역에서는 음악 시청이 가능한지만, 게임은 금지하고 있으므로 이해해 주시기 바랍니다. 구역 내 모든 장소에서 사진 촬영은 금지하고 있습니다. 모두가 기분 좋게 이용할 수 있도록 하기 위함이니 부디 이해와 양해를 부탁드립니다. 앞으로도 스포츠클럽 ○○○를 잘 부탁드립니다.

개선 후 2

이 설문의 끝말의 인사문이 불필요한 것은 알 텐데, 글의 곳곳에 있는 '양해 부탁드립니다.', '이해를 부탁드립니다.'도 사용자의 해결을 위해서 필요 없다.

> **After**
>
> **Q1** : 구역 내에서 휴대전화(스마트폰)로 통화해도 되는 장소를 알려주세요.
> **A1** : 구역 내에서 휴대전화(스마트폰)로 통화해도 되는 장소는 구역 내에 간판이 있는 소정의 장소뿐입니다. 휴대전화(스마트폰)는 가지고 들어갈 수 있습니다.
>
> **Q2** : 구역 내에서 셀카를 찍어도 되는 장소를 알려주세요.
> **A2** : 구역 내 모든 장소에서 사진 촬영은 금지되어 있습니다.

또 이 FAQ에는 두 가지 질문과 그 답변이 포함되어 있으므로 별도의 FAQ로 나누었다.

개선 전 3

FAQ의 A 글에서 결론이 앞으로 오도록 고쳐 써 보자.

> **Before**
>
> **Q** : 설날 전에 수퍼 냉동편으로 배송을 의뢰했을 경우, 배송은 언제?
> **A** : 저희는 '신선한 것을 맛있을 때'를 신념으로 고객님에게 배송하고 있습니다. 신선한 어패류, 고기, 채소는 주문 즉시 포장하여 냉동편으로 익일(오전에 주문한 경우), 다음다음 날(오후에 주문한 경우)에 보내드립니다. 또한 연초는 성수기여서 배송이 늦어질 수 있습니다. 연초 주문은 1월 3일까지 배송됩니다.

개선 후 3

설문의 A로부터 Q에서 알고 싶은 내용의 필요 최소한을 꺼내면, 다음과 같이 조목별로 쓸 수 있다. 첫머리의 '저희는~ 냉동편으로'부분은 모두 삭제해도 사용자의 해결에 지장이 없다. 다만 서두에서 기업으로서 강조하고 싶은 내용과 설문의 글 끝의 예외 사항은 A 글 끝에 써서 남겼다. 또 Q에는 모호한 표현이 있어서 고쳐 썼다.

After

Q : 연말에 수퍼 냉동편으로 배송을 의뢰한 경우, 물품 수령 일수는?

A : • 오전에 주문한 경우 : 다음날에는 받을 수 있습니다.
　　• 오후에 주문한 경우 : 다음다음 날에 받을 수 있습니다.

※ 신선한 어패류, 고기, 채소는 주문 후 바로 포장하여 냉동편으로 보내드립니다

※ 또한, 1월 1일~1월 3일 주문 건은 배송이 늦어질 수 있습니다.

4.5 A에서 사용하는 모든 말에 배려를 담는다

좋지 않은 FAQ의 예시

김소정 씨는 어느 회원제 투자 펀드에 관심이 있어 그 펀드의 FAQ 사이트를 읽으면서 구조에 대해서 알아보고 있었다. 그 사이트에는 다음과 같은 FAQ가 있었다.

Before

Q : 회원 신청 절차를 알고 싶어요.

A : 신청하고 회원카드 발급까지 약 일주일이 소요됩니다. 먼저, 가지고 계신 회원 신청 DM에 필요 사항을 기입하신 후 발송해 주세요. 빠른 시일 내에 회원카드를 발급해 드리겠습니다. 카드가 도착하면 초기 등록을 진행해 주세요. 초기 등록에 대한 자세한 내용은 카드와 동봉된 설명서를 읽어 주세요. 등록이 완료되면 통지되므로 그날부터 이용이 가능합니다. 또, 카드의 이용 명세는 매월 여기 사이트에서 확인할 수 있습니다.

김소정 씨는 이 FAQ를 읽다가 몇 가지 의문이 떠올랐고 동시에 불안해졌다. 그러나 그것에 대해 김소정 씨는 더 이상 알아봐야겠다는 생각이 들지 않았다. 이 투자 펀드 사이트를 알아봐고 또 비슷한 의문이 들 것만 같았기 때문이다.

김소정 씨는 이러한 글을 사이트에 기재하는 펀드의 회원이 되기를 그만두기로 했다.

이 경우의 문제점

이 경우에서 김소정 씨가 읽은 FAQ 같은 글은 사실 우리 일상에서도 말이야 흔히 볼 수 있다. 이 글의 안 좋은 점을 지금까지 이야기해 온 내용을 바탕으로 아래에 정리해 두었다.

- Q에서 '절차를 알고 싶다'라고 질문했는데, A의 첫머리에서 갑자기 '발행되기까지 일주일이 소요된다'라고 되어 있어 어긋남을 느낀다
- '필요 사항을 기입하신 후 ~발송'이라고 되어 있으나 설명이 지나치게 간단하다
- A에서 '회원 카드의 발급~'이라고 표현했으나 '발행'이 카드가 생기는 것인지, 사용자에게 발송되는 무엇인가인지 불분명하다
- A의 '등록을 완료한다'는 것은 누가 등록을 완료하는가(사용자 또는 기업 측의 사무처리상인가)가 불분명하다
- A의 '통지된다'란 무엇이 누구로부터 누구에게 통지되는 것인지 불분명하다

위의 불분명한 점은 김소정 씨의 경험이나 기대에 따라 해석할 수는 있지만, 여러 가지로 해석할 수 있다. 만약 그것이 기업 측의 의도와 어긋나면 해결이 되지 않는 데 그치지 않고 잘못된 안내를 하고 있다고 받아들인다. 물론 기업의 평판이 떨어지는 원인이 된다.

이처럼 적절한 말이 빠져 있거나 말투에 일관성이 없는 FAQ는 읽는 사람의 입장에 배려하지 않은 것의 필두로 꼽을 수 있다.

FAQ뿐만 아니라 읽는 입장에서 이해하기 쉽게 글을 쓰는 것은 새삼스럽게 이유를 설명할 필요도 없다.

개선점

기존의 FAQ는 다음과 같이 고쳐 쓸 수 있다.

After

Q : 회원 신청 절차의 흐름을 알고 싶어요.

A : 회원 신청 절차의 흐름은 다음과 같습니다.

① 가지고 계신 DM 신청란에 성함, 주소, 전화번호, 메일 주소를 정확하게 기입해 주세요.
② DM을 그대로 가까운 우편함에 넣어주세요.
③ DM을 발송한 후 1주일 전후로 '회원 카드'가 든 우편물이 자택에 도착합니다.
④ 우편물에 동봉된 회원카드와 설명서에 따라 고객님께서 직접 초기 등록을 진행해 주세요.
여기 [초기 등록 사이트]에서 등록할 수 있습니다.
※ 초기 등록 시 불분명한 점은 동봉된 설명서도 참조해 주세요.

⑤ 당사에서 초기 등록을 확인 완료한 후 '회원 등록 확인'을 고객님의 메일 주소로 통지합니다.
⑥ 고객님께서 '회원 가입 확인' 메일을 수신한 시점부터 서비스를 이용하실 수 있습니다.

기존의 A 글의 문제 중 하나는 6W1H를 무시한 작문이었다. 그래서 '누가', '누구에게', '언제' 등 빠져 있던 부분을 채웠다. 그렇게 함으로써 사용자는 글의 의미를 스스로 해석할 필요가 사라져 오해할 가능성도 없어진다.

또한 기존의 A 글은 절차의 흐름이 지나치게 간단해서 불친절한 작성법이었다. 정보가 적어서 사용자를 불안하게 만든다. 그래서 절차의 흐름을 알 수 있도록 단계별로 번호를 매겨 설명했다. 이로써 사용자는 하나하나의 절차와 자기 자신이 해야 할 일을 확인하기 쉬워진다.

6W1H 문장 만들기 전후의 시뮬레이션

이해하기 쉽게 작성된 글은 읽는 사람에게 '누가?', '언제?', '무엇을?'과 같은 의구심을 느끼게 하지 않는다. 읽는 사람이 '~라고 생각하지만'이라고 멋대로 해석하는 일도 없다.

따라서 6W1H 문체를 의식해야 한다. 글을 쓰는 연습의 초기 단계에서는 언제, 누가, 어디서, 왜, 무엇을(무엇이), 누구에게, 어떻게를 망라하여 쓰기는 그다지 어렵지 않다. 초기 단계이므로 글이 어색해져도 일단은 괜찮다. 다음과 같이 단계적으로 시뮬레이션해 보자.

스마트폰은 비싸다.
(무엇이)
▼
스마트폰은 인기가 많다.
(무엇이, 어떻게)
▼
올해 스마트폰은 인기가 많다.
(언제, 무엇이, 어떻게)
▼

> 올해 한국에서는 스마트폰이 인기가 많다.
> (언제, 어디서, 무엇이, 어떻게)
>
>
>
> 올해 한국에서는 가격 인하로 스마트폰이 인기가 많다.
> (언제, 어디서, 왜, 무엇이, 어떻게)
>
>
>
> 올해 한국에서는 가격 인하로 스마트폰은 시니어층의 인기가 많다.
> (언제, 어디서, 왜, 무엇이, 누구에게, 어떻게)

'스마트폰은 비싸다'에서 이처럼 주의 깊게 6W1H에 맞춰 문장을 만들다 보면 점점 표현하고 싶은 상황이 명확해진다. 또 말을 더할 때마다 처음으로 해석한 것과 의미가 점점 달라지는 것을 알 수 있다. 즉, 첫 문장에서는 읽는 사람은 오해하고 있었다는 말이다. 말이 부족한 문장이 얼마나 죄가 많은지 알 수 있다.

이와 같이 6W1H 문체를 답습함으로써 읽는 사람의 오해의 소지를 없애고 누구나 똑같이 이해할 수 있는 내용으로 만들 수 있다. 읽는 사람의 감각으로 해석하게 하는 것은 위험하다.

지금까지도 몇 차례 설명했듯이 6W1H로 쓰면 어색하게 느껴지는 낯선 문장이 될 수도 있으므로 반드시 모두 갖출 필요는 없다. FAQ의 경우에는 Q에 비추어 불필요한 품사(말)는 제거해도 괜찮다.

먼저 기존의 글에서 6W1H를 답습한 문장으로 바꿔 작성해 보겠다.

> **Before**
> 벚꽃을 볼 수 있습니다.

> **After**
> 공원은 무료이므로 걸으면서 다양한 사람을 위해 심어진 벚꽃을 봄에 남천동 해변 공원에서 누구나 볼 수 있습니다.

6W1H가 갖추어져 있지만, 조금 어색하게 느껴지는 문장이다. 따라서 Q 문장에 맞도록 필요 없는 말을 생략하겠다.

> **After**
> **Q1** : 벚꽃을 무료로 볼 수 있는 부산의 대표적인 장소를 알려주세요.
> **A1** : 벚꽃은 봄에 남천동 해변 공원에서 누구나 볼 수 있습니다.
>
> **Q2** : 벚꽃을 볼 수 있는 시기를 알려주세요.
> **A2** : 벚꽃은 봄에 볼 수 있습니다.

이처럼 글은 반드시 6W1H에 맞춰 쓰지 않고 Q와 A의 관계성을 보면서 불필요한 말은 생략할 수 있다. 물론 필요한 설명을 해치지 않도록 주의하면서 고쳐 써야 한다.

자주 묻는 FAQ의 예시도 들어 두겠다.

> **Before**
> **Q** : 카드 신청 시 제출해야 g는 서류를 알려주세요.
> **A** : 카드 신청은 현재 고객님 본인의 성함을 풀네임으로 신청 서류의 이름란에 기입하여 신청 서류를 제출해야 합니다.

> **After**
> A : 카드 신청 시에는 고객님의 풀네임을 기입한 서류를 제출해야 합니다.

[Before]의 A 글은 6W1H를 정확하게 고려하여 설명에 누락이 없지만 조금 어색하고 읽기 불편하다. [After]에서는 사용자가 이미 잘 아는 내용 등은 생략한 문장으로 고쳐 써서 읽기 쉬운 데다가 필요한 내용이 빠지지 않도록 했다.

이처럼 6W1H를 의식하면서도 동시에 어색함이나 오해를 불러일으키지 않는 문장으로 고쳐 쓸 수 있다. A는 문장이 많아지므로 글의 맥락을 생각하면 더 생략할 수 있는 표현도 있을 것이다.

이와 같이 한 문장 단위로 고품질 문장을 쓰고, 다음으로 A 글 전체의 흐름을 의식하여 고쳐 쓰는 순서로 작업하면, 이해하기 쉬운 FAQ에 점점 가까워진다.

Before, After

다음은 각각 품질을 개선하기 전과 후의 FAQ다. [Before]와 [After]의 품질을 비교해 보자.

> **Before**
> Q : 블루투스로 연결하여 음악 재생 중에 스피커로 재생, 일시 정지 버튼 등이 작동하지 않는, 조작 불가한 상태입니다. 해결 방법을 알려주세요.
> A : 사양에 따라 블루투스로 음악 재생하고 있는 연결한 스마트폰이나 이용 중인 애플리케이션에 따라서는 스피커의 버튼 조작을 할 수 없는 경우가 있습니다. 스피커의 버튼 조작을 할 수 없는 경우에는 연결한 쪽에서 조작해 주세요.

> **After**
> Q : 블루투스로 연결하여 음악 재생 중에 스피커 본체의 재생, 일시 정지 버튼 등이 작동하지 않는, 조작 불가한 상태입니다. 해결 방법을 알려주세요.
> A : 블루투스 연결로 음악을 재생하는 경우, 스피커에 블루투스로 연결한 스마트폰이나 애플리케이션의 사양에 따라 스피커 쪽에서 버튼 조작을 할 수 없는 경우가 있습니다. 이 경우에는 스마트폰이나 애플리케이션 쪽에서 재생, 일시 정지를 조작해 주세요.

[Before]는 A의 '사양에 따라'는 스피커 쪽인지 기기나 애플리케이션 쪽을 가리키는지 헷갈린다. 또한 '조작', '연결'도 마찬가지로 어느 쪽의 조작인지 등이 불분명한 글이다.

[After]처럼 문장마다 말을 보충하기만 해도 오해 없이 읽을 수 있게 된다. 예를 들어, '사양'에 대한 보충 설명을 하거나, '조작', '연결'에 관한 말을 보충하여 문장 속에 나타나는 기기의 관계성을 분명하게 한다.

> **Before**
> Q : 주문 내용의 변경 및 주문 취소 방법은?
> A : 온라인으로 할 수 있습니다. 또한 주문 다음 날 이후에는 변경 및 취소가 불가능합니다. 주문 당일이라면 사이트에서 고객님께서 직접 주문을 변경 및 취소할 수 있습니다. 단, 상품 내용은 변경할 수 없습니다. 고객님께서 직접 주문을 변경하거나 취소할 수 없는 경우에는 전화로 접수해 드립니다.

> **After**
> Q : 주문 내용의 변경 및 주문 취소 방법은?
> A : 주문 내용의 변경 및 주문 취소에 관해서는 아래와 같습니다.

1. 주문 당일

온라인에서 고객님께서 직접 가능합니다. 또한 변경 시 수량과 수령 주소, 배송 방법 등을 변경할 수 있습니다. 상품 내용은 변경할 수 없습니다.

2. 주문 다음 날 이후

주문 내용의 변경 및 주문 취소는 전화로 접수해 드립니다.

    [Before]는 6W1H로 되어 있지 않을뿐더러 문장의 순서가 뒤섞여 정확하게 의미를 이해할 수 없다. 그 때문에 주문 다음 날 이후에는 온라인으로 할 수 없는 것인지, 변경과 취소 자체가 안 되는지 확실하지 않다.

    [After]에서는 먼저 주문 당일, 주문 다음 날 이후로 글을 분명하게 나누어 각 글을 6W1H에 따라 고쳐 썼다. 이로써 전체 내용이 명쾌해진다.

    게다가 다음과 같이 FAQ를 분할하면 각 FAQ가 더욱 깔끔하고 분명해진다.

After

Q1 : 주문 내용의 변경 및 주문 취소 방법은? (주문 당일)

A1 : 주문 당일의 주문 내용 변경 및 주문 취소는 온라인에서 고객님께서 직접 가능합니다.

또한 변경 시 수량과 수령 주소, 배송 방법 등을 변경할 수 있습니다.

상품 내용은 변경할 수 없습니다.

Q2 : 주문 내용의 변경 및 주문 취소 방법은? (주문 다음 날 이후)

A2 : 주문 다음 날 이후의 주문 내용 변경 및 주문 취소는 전화로 접수해 드립니다.

요약

FAQ의 A는 Q의 '해답'이 되는 것은 당연하지만, 동시에 글로서도 읽고 의문을 느끼거나, 틀리게 해석될 여지가 없도록 한다. 먼저 A에서 사용하는 말은 Q에서 사용하는 말에 맞춘다. A에서 사용하는 같은 의미의 말은 모두 통일하는 기본을 항상 의식한다.

Q와 A를 깔끔하고 분명한 일문일답으로 만드는 것이 가장 좋지만, A의 정보나 문장이 많아지면, 그만큼 사용자에게 '독해'를 요구하게 된다. 가능한 한 사용자가 힘들이지 않고 읽고, 어느 사용자가 읽어도 똑같이 해석할 수 있도록 해야 한다.

이를 위해 6W1H를 답습한 글을 의식하는 것은 기본이다. 다만 6W1H를 고집할 필요는 없다. 오해받지 않는 범위나 글의 맥락을 이용하여 생략할 수 있는 말은 생략한다.

개선해 보기

개선 전

다음의 FAQ의 A의 문장을, 6W1H(언제, 누가, 어디서, 왜, 무엇을(무엇이), 누구에게, 어떻게)를 답습하면서 최종적으로 말을 배려한 이해하기 쉬운 것으로 고쳐 보라. 보완할 내용은 자유롭게 생각하자.

Q 문장도 써서 FAQ 형태로 만들어 보라.

> **Before**
>
> **A1** : 신청은 백화점 카운터로 와 주세요.
>
> **A2** : 카드 도난 시에는 경찰에 연락해 주세요.
>
> **A3** : 부재 시에는 부재 알림을 남겨 둡니다.
>
> **A4** : 이체 수수료는 고객 부담입니다.
>
> **A5** : 확인을 위해 메일 주소를 알려주세요.

개선 후

설문의 각 A를 읽으면 설명이 부족한 느낌이 들지 않을까. 여기에 6W1H를 보충해 가면 이해하기 쉬운 글이 된다. 6W1H를 전부 넣을 필요는 없지만, 오해의 소지가 없는 글이 되도록 말을 보충한다.

> **After**
>
> **Q1** : AAA멤버 신청하고 선물을 받을 수 있는 캠페인 장소를 알려주세요.
>
> **A1** : AAA멤버 신청은 AAA백화점 1F 고객 카운터로 와 주세요. 신청에 필요한 것은 신청서뿐입니다. 그 자리에서 선물을 증정해 드립니다. 저희 영업시간 내라면 언제든지 신청을 받습니다.
>
> **Q2** : AAA카드를 외출했다가 도난당한 경우의 연락처를 알려주세요.
>
> **A2** : AAA카드를 외출했다가 도난당한 경우에는 먼저 가까운 경찰서에 도난 신고를 해 주세요. 그런 다음에 AAA카드 사무국에 전화로 연락해 주세요.
>
> **Q3** : 부재중에 주문한 물품이 배송되었을 경우의 대처 방법을 알려주세요.
>
> **A3** : 물품 배송 시 부재중인 경우에는 '부재 알림'을 현관 우편함에 남겨 둡니다. 부재 알림에 기재된 '재배송 의뢰 절차'에 따라 고객님께서 재배송을 의뢰해 주세요.
>
> **Q4** : 개인 사정으로 상품을 반품한 경우의 환불 금액을 알려주세요.
>
> **A4** : 고객님의 사정으로 상품을 반품하신 경우에는 환불 금액은 상품 대금에서 이체 수수료를 공제한 금액이 됩니다. 고객님께서 지정하신 계좌로 환불 금액을 이체해 드립니다.
>
> **Q5** : 자신의 회원 ID를 확인하고 싶은 경우, 신청 시 전달해야 하는 점을 알려주세요.
>
> **A5** : 자신의 회원 ID를 확인하고 싶은 경우에는 고객님의 본인 확인을 위하여 고객님의 메일 주소를 당사에 알려주세요.

예를 들어, A의 '신청은 백화점 카운터로 와 주세요.'라고 하면, '무슨 신청?', '백화점 어디?', '필요한 것은?', '몇 시에?'…… 이런 의문이 들 것이다. A에 불분명한 점이 있으면 사용자는 이해할 수 없어 행동으로 옮길 수 없다. 그것들에 대답하는 말을 글에 망라해서 A를 완성에 가깝게 만든다.

4.6 A는 조목별로 쓴다

좋지 않은 FAQ의 예시

김민수 씨는 회사원으로 일하면서 올해부터 본가의 가게를 돕고 있어 확정신고를 해야 한다. 그래서 납세 준비를 하고 있는데 확정신고를 하면 회사원으로서 받은 급여에서 원천징수된 세금이 김민수 씨에게 환급될 가능성이 있다고 지인이 알려주었다.

그래서 인터넷에서 세금 관련 상담 사이트를 알아보았는데, 다음과 같은 상담 FAQ가 있었다.

> **Before**
>
> **Q**: 세금의 환급에 관하여
>
> **A**: 매년 3월 15일까지의 납세액 신고(확정신고)를 할 것인지 아닌지에 관계없이, 현재 일하고 있는 기업이나 조직, 단체로부터 지급된 급료나 상여금 등에서 이미 원천징수된(차감된) 소득세의 합계와 당신 자신이 예정납세(미리 세금을 내는 것)한 세액의 합계가 당신 자신의 계산상의 총소득금액에 대하여 세법에 따라 계산한 소득세액보다 많은 경우에는 '확정신고서'를 세무서에 제출함으로써 많이 낸 만큼의 세금이 환급되는 경우가 있다.

확정신고는커녕 세금 신고에 익숙하지 않은 김민수 씨는 몇 번이고 다시 읽어도 제대로 이해할 수 없는 내용이었다. 그 밖에도 여러 가지로 알고 싶은 점은 많은데, FAQ 사이트를 봐서는 알아낼 수 없겠다는 생각이 들었다.

역시 세무사와 상담하기로 했다.

이 경우의 문제점

김민수 씨가 이 FAQ를 이해하기 어려웠던 원인은 단순하다. A의 한 문장(글의 머리부터 마침표까지)가 길기 때문이다. 글이 너무 길어서 주어와 서술어, 목적어 등 6W1H의 요소가 머릿속에서 정리되지 않았기 때문이었을 것이다.

김민수 씨가 읽은 A는 제대로 된 정보를 전하고 있다만, 그냥 한 문장으로 쓰여 있다. 글은 세금의 환급을 받는 조건에 대한 설명이지만, 적혀 있는 내용의 어디부터 어디까지가 그 조건인지를 구분해야 한다. 조건을 나타내는 부분이 여러 군데이며, 각각 주어와 서술어가 있어서 읽는 사람은 정보 정리에 시간이 걸린다.

김민수 씨가 직면한 듯한 장문의 문장은 FAQ뿐만이 아니라 다양한 사이트에서도 찾아볼 수 있다. 정보는 제대로 담겨 있는데, 사용자의 자기 해결할 기회를 날리는 안타까운 글이다.

개선점

이 FAQ처럼 정보량이 있다고 해도 만약 한 문장 한 문장이 짧으면 사용자는 읽기 쉬워진다. 한 가지 방법은 조목별로 쓰는 것이다. 조목별로 쓰면 글의 구성이 깔끔해지며 글자 수도 적어진다. 그 결과 정보가 정리되어 사용자가 읽기 쉽고, 이해하기도 쉬워진다.

김민수 씨가 본 A의 문장을 다음과 같이 다시 쓰면 훨씬 읽기 쉬워진다. 기존의 글에 적혀 있던 요소를 꺼내 주요 정보로 정리하고 조목별로 쓴다.

> **After**
>
> **A** : 확정신고를 함으로써 세금이 환급(환불)되는 조건은 다음과 같습니다.
>
> - 확정신고 전에 이미 세금을 냈다
> - 이미 납부한 세액이 연간 총수입에 대한 정식 소득세액보다 더 크다
>
> 이미 낸 세액 = 급여나 상여의 원천징수액 + 예정납세액
>
> 정식 소득세액 = 급여 + 기타수입의 합계에 대하여 산출한 세액

위에서 알 수 있듯이 조목별로 쓰면 긴 한 문장으로 모든 정보를 나타낼 때보다 압도적으로 읽기 쉽고 이해하기 쉽다.

또 읽는 사람이 어느 정도 이상의 지식을 이미 가지고 있으면 세세한 설명도 필요 없어지므로, 다음과 같이 글자 수를 더 적게 줄일 수 있다. 예를 들면 회사의 경리나 총무 직원 등 어느 정도 지식이 있는 사람이 대상인 FAQ라면, 다음과 같이 설명해도 괜찮다.

> ① 급여나 상여금의 원천징수액 + 예정납세액
>
> ② 급여 + 기타수입의 합계에 대하여 산출한 세액
>
> ①>②일 경우 확정신고를 하면 세금이 합급(환불)된다.

Before, After

다음은 각각 품질을 개선하기 전과 후의 FAQ다. [Before]와 [After]의 품질을 비교해 보자.

Before

Q : 고향의 아름다운 광엽수림지원팀 모집에 대하여

A : 삼림은 우리 시의 약 70%를 차지하며 수원 확보, 생물 다양성 및 야생 동식물의 보전, 환경의 쾌적함 형성, 보양 및 유원, 문화의 유지와 계승, 지구온난화 대책, 그리고 목재 생산 등 아주 다방면으로 의의가 있습니다. 그러나 요즘에는 시민들과 삼림의 관계 의식이 줄어들어 현 내의 귀중한 삼림환경과 그를 둘러싼 우리의 삶과 밀접한 산의 환경을 시민 모두가 지켜 나가기 위해 현민 분들이 삼림에 대한 관심을 가지는 계기로서 우리 시는 대학과 시립 자연환경연구소와 연계하여 '고향의 아름다운 광연수림지원팀' 모집을 계획하였습니다. 모집 요강은 다음과 같으므로 널리 여러분의 응모를 기다리고 있겠습니다.

After

Q : 고향의 아름다운 광엽수림지원팀의 모집 요강을 알려주세요.

A : '고향의 아름다운 광엽수림지원팀'의 모집 요강은 여기서 다운로드할 수 있습니다. [모집요강]

해설 : 지원팀의 활동

삼림은 우리 시의 면적의 약 70%를 차지하며 아주 다방면으로 의의가 있습니다.

- 수원 확보, 생물 다양성 및 야생 동식물의 보전
- 환경의 쾌적함 형성, 보양 및 유원, 문화의 유지와 계승
- 지구온난화 대책, 목재 생산

우리 시 내의 귀중한 삼림환경과 그를 둘러싼 우리의 삶과 밀접한 산의 환경을 현민 모두가 지켜 나갔으면 합니다. '고향의 아름다운 광연수림지원팀'은 우리 시와 대학, 시립 자연환경연구소와 연계한 활동입니다.

[Before]에서는 한 문장 한 문장이 길고, 또 단락도 없고, 결론이 마지막

단에 있는 등 여러 군데에 개선의 여지가 있다.

[After]에서는 Q에 대한 A는 글의 첫머리에 썼다. 삼림의 역할은 조목별로 썼다. 분할 가능할 듯한 긴 문장을 분할해서 단문으로 만들었다. 또, '해설'에 관한 내용을 부분적으로 배제하였다. 이 FAQ를 선택한 사람은 이 활동의 의의를 이미 알고 있을 가능성이 크기 때문이다.

조목별로 쓰는 기술

A 글을 긴 한 문장에서 조목별로 고쳐 쓰려면 먼저 짧은 문장으로 나눈다. 의미를 해치지 않는다면, 단문으로 나누는 방법에는 규칙이 없다. 다음 예문과 함께 설명하겠다

> 가나의 아버지가 아직 가나만큼 어렸을 때 근처에 살던 매우 잔소리가 심한 할머니가 매일 아침 가나의 아버지가 학교에 가는 길가에 서서 아이들이 제대로 인사를 하는지 감시하고 있어서 아이들은 할머니의 집 앞을 지나갈 때는 높은 하늘에 울려 퍼지는 큰 소리로 앞다투어 안녕하세요를 외쳤다. 그래서 지금도 가나의 아버지는 인사 소리가 여전히 크다.

다음이 단문으로 나누는 한 가지 예시다.

> 가나의 아버지가 아직 가나만큼 어렸을 때였다.
> 근처에 아주 잔소리가 심한 할머니가 살고 있었다.
> 할머니는 매일 아침 가나의 아버지가 학교에 가는 길가에 서서 아이들이 제대로 인사를 하는지 지켜보고 있었다.
> 아이들은 할머니의 집 앞을 지날 때는 높은 하늘에 울려 퍼지는 큰 소리로 앞다투어 안녕하세요를 외쳤다.
> 어른이 된 지금도 가나의 아버지는 인사 소리가 여전히 크다.

조목별로 쓰기 위해 짧아진 각 문장의 요점을 뽑아낸다.

> 가나의 아버지가 어릴 적.
> 근처에 잔소리가 심한 할머니가 있었다.
> 할머니는 등굣길에서 아이들의 인사를 지켜보고 있었다.
> 아이들은 큰 소리로 앞다투어 안녕하세요를 외쳤다.
> 가나의 아버지는 지금도 큰 소리로 인사한다.

필요한 부분만 남겨 조목별로 쓴다.

> - 잔소리가 심한 할머니가 아이들이 큰 소리로 인사하는지 지켜보고 있었다.
> - 아이였던 아버지가 어른이 되어서도 인사는 큰 소리로 한다.

이처럼 단계적으로 글에서 요소를 빼내고, 조목별로 써도 원래 글의 요지는 잃지 않는다. 그러나 이야기의 정서적인 분위기는 잃는다. FAQ 같은 경우는 원래 글이 비즈니스 글이므로 정서적이거나 감정적인 것은 별로 필요하지 않다. 그보다 이해할 수 있는지가 중요하므로 조목별로 씀으로써 깔끔하고 읽기 쉽게 만든다.

위와 같은 요령으로 다음 글을 조목별로 써 보자. 사용자에게 전하는 정보로서 빼놓을 수 없는 것을 글 속에서 뽑아내는 것부터 시작한다. 글 속에 '동렬' 정보가 나열되어 있는 경우에는 조목별로 쓸 수 있다.

Before
> A : 우에노역에서 오사카역으로 가는 간단한 경로는 우선 우에노역에서 도쿄역까지 야마노테선이나 게이힌도호쿠선으로 가서 도쿄역부터는 신칸센으로 신오사카역, 거기서 고베선으로 갈아타고 오사카역으로 가는 방법이다.

이 글은 경로를 나타내는 설명이 '동렬'이다. 첫머리 부분을 우선 한 문장으로 만들고 경로를 나타내 설명을 조목별로 쓸 수 있을 것 같다. 동렬인 정보는 위에서처럼 ○○역에서 ○○역, 이와 같이 연속된 비슷한 설명이다. 제1단계로 다음과 같이 단문으로 만들었다.

> **After**
>
> **A** : 우에노역에서 오사카역으로 가는 간단한 경로는 다음과 같은 방법입니다.
>
> ① 우에노역에서 도쿄역까지 야마노테선이나 게이힌도호쿠선으로 간다
>
> ② 도쿄역에서 신오사카역까지 신칸센으로 간다
>
> ③ 신오사카역에서 오사카역까지 고베선으로 간다

이 경우, 글을 조목별로 쓰면서 내용이 경로를 나타내고 있으므로 각각이 순서대로 연결되어 보이도록 번호를 매긴다.

그리고 더욱 깔끔하면 분명해지도록 최소한으로 필요한 정보만 남긴다.

> **After**
>
> **A** : 우에노역에서 오사카역으로 가는 간단한 경로는 다음과 같은 방법입니다.
>
> ① 우에노역~도쿄역　야마노테선이나 게이힌도호쿠선
>
> ② 도쿄역~신오사카역　신칸센
>
> ③ 신오사카역~오사카역　고베선

이처럼 단계적으로 고쳐 나가면 쉽게 조목별로 쓸 수 있고, 의미를 전혀 해치지 않고 읽기 쉬워진다. 원래 글과 비교해 보면 잘 알 수 있을 것이다.

개선해 보기

개선 전

다음 글을 조목별로 써서 읽기 쉬운 글로 고쳐 써 보자. 또 이 글에 대해

서 Q 문장과 A 글 형태로 만들어 보라.

> **Before**
>
> 동립 초·중학교의 교육, 과외학습, 스포츠 활동과 관련하여 지역과 동 주민들이 자원봉사자로 지원하는 취지로 학급과 전문적인 학습 시간 내 지원, 방과 후 과제 지원, 스포츠클럽 활동 지원, 계절별 학교 행사, 음악 연주, 학교 식재 활동, 교내외 청소, 등하교 경비 등 다양한 참여 형태가 있는데, 전문 지식이나 전문 기술이 필요한 것도 있기 때문에 그런 점에서 지원할 수 있는 분에게 감사한 한편 전문 지식이나 전문 기술이 없어도 누구나 할 수 있는 활동도 많습니다. 적극적으로 참여해 주시기 바랍니다.

개선 후

설문의 글은 봉사활동인 점, 봉사활동의 내용, 참가할 수 있는 대상자 등이 적혀 있다. 먼저 이를 항목별로 골라서 단문을 만들 수 있다. 특히 봉사활동 내용은 열거되어 있을 뿐이므로 조목별로 쓸 수 있다.

> **After**
>
> **Q** : ○○동의 지역 어린이 지원 활동 내용을 알려주세요.
>
> **A** : ○○동의 지역 아동 지원은 동립 초·중학교에 다니는 아이들을 대상으로 하는 봉사활동입니다. 교육, 과외학습, 스포츠에서 지역과 동 주민들에게 지원받습니다. 활동 내용은 다음과 같습니다.
>
> - 학급과 전문적인 학습 시간 내 지원
> - 방과 후 과제 지원
> - 스포츠클럽 활동 지원
> - 계절별 학교 행사
> - 음악 연주
> - 학교 식재 활동
> - 교내외 청소
> - 등하교 경비

활동에는 전문 지식이나 전문 기술이 필요한 것도 있지만, 누구나 할 수 있는 활동도 많습니다. 적극 참여해 주세요.

또한 문장 끝에 '적극 참여해 주세요.'는 사용자의 해결과는 관계없으므로 생략해도 된다.

4.7 A에서는 장식 및 기호를 효과적으로 사용한다

좋지 않은 FAQ의 예시

이직 활동 중인 이지안 씨는 등록하려던 인재 회사 웹 페이지에 취업 지원 사이트가 있는 것을 발견했다. 바로 그 사이트에 접속했는데, 사용자 등록에는 여러 가지 절차가 필요한 모양이다. 그래서 등록에 필요한 준비사항을 알고자 FAQ를 살펴봤다.

다음과 같은 FAQ가 있었다.

Before

Q : 구인 등록 준비사항에 관하여

A : <<안내>> 당사의 취직 지원 사이트에 【사용자 등록】 시 '준비할 것'과 '절차'에 대해 안내해 드립니다.

◆ 먼저 등록에 필요한 정보는,

● 당사 등록 ID, ● 이름, ● 메일 주소, ● 연락처 전화번호, ● 긴급연락처 전화번호, ● 거주지 우편번호, ● 주소, ● 신분증 사본입니다.

등록 시 【주의 사항】은 다음과 같습니다.

【유의사항】

☆ 당사 등록 ID는 등록 시에 엽서로 알려드린 8자리 번호입니다. 만일 궁금한 점이 있는 경우에는 여기서 확인해 주세요.

> ☆ 메일 주소는 휴대전화용이 아닌 메일 주소로 부탁드립니다.
>
> ☆ 신분증 사본은 사진이 아닌 복사본으로 앞뒷면을 뜬 것을 이미지로 만들어 등록 사이트에 업로드해 주세요. 또한 등록 『2일 이내』에 부탁드립니다.
>
> ☆ 신분 등록 후의 정보는 당사의 서비스 통계 데이터로 이용합니다만. 취급에는 세심한 주의를 기울이고 있습니다.

이지안 씨는 등록 시에 여러 가지 준비사항과 주의 사항이 있다는 것은 이해했다. A 글에 주의 사항과 굵은 글씨, 밑줄이 많아서 집중이 되지 않아 읽어도 내용이 좀처럼 머리에 들어오지 않았다.

이지안 씨는 '이런 이해하기 어려운 사이트를 게재하고 있는 기업은 센스와 업무의 질이 낮을 것 같아.'라고 느껴 등록하기를 그만두었다.

이 경우의 문제점

FAQ에 적당한 장식(굵은 글씨, 밑줄, 기울인 글자)이나 기호 혹은 이모티콘을 사용하는 것은 글에 완급을 주어 사용자가 읽기 쉽게 하거나 이해를 돕는 데에는 좋다고 생각한다. 기호는 글자 수를 줄이는 데 도움이 되기도 한다.

다만 이지안 씨와 직면한 FAQ처럼 장식이나 기호가 과하게 사용된 글의 경우에는 역효과가 발생한다. 굵은 글씨나 밑줄, 기호가 글의 곳곳에 있어 주목할 점이 흩어져 있는 듯이 보인다. 읽는 쪽에서 보면 집중할 수 없어 이해에 방해가 되는 글이다. FAQ를 쓴 기업 측으로서는 사용자에게 가능한 한 알기 쉽게 쓰려는 의도였겠지만, 장식이 여기저기에 있어 이해하기 쉬워지지 않는다. 또한 장식이나 기호 등의 사용법이 세련되지 않다(아마추어 같다)는 인상도 받는다..

개선점

이지안 씨가 본 FAQ는 다음과 같이 수식을 줄여서 고쳐 쓰면 사용자는 집중해서 읽기 편해진다.

> **After**
>
> **Q** : 구인 등록 준비물을 알려주세요.
>
> **A** : 구인 등록 준비 사항은 다음과 같습니다.
>
> 등록 정보
>
> - 당사 등록 ID
> - 이름
> - 메일 주소
> - 연락처 전화번호
> - 긴급연락처 전화번호
> - 거주지 우편번호
> - 주소
> - 신분증 사본
>
> 주의 사항
>
> - 당사 등록 아이디는 등록 시에 엽서로 알려드린 8자리 번호입니다.
> - 휴대전화용이 아닌 메일 주소로 부탁드립니다.
> - 궁금한 점이 있을 때는 여기로
>
> 신분증 사본은 사진이 아닌 복사본으로 앞뒷면을 뜬 것을 이미지로 만들어 등록 사이트에 등록 2일 이내에 업로드해 주세요.
>
> ※ 신분 등록 후의 정보는 당사의 서비스 통계 데이터로 이용하는데, 취급에는 세심한 주의를 기울이고 있습니다.

여기서는 장식이나 기호는 대부분 사용하지 않았지만, 조목별로 써서 시인성도 좋아졌다. 굵은 글씨나 밑줄은 최소한으로 필요한 만큼만 사용해서 눈에 띄는 효과를 얻었다.

덧붙여 FAQ에서 사용하는 기호와 장식의 사용법은 반드시 가이드라인으로 규칙을 정해 두어야 한다. 가이드라인으로 정해진 이외의 기호나 장식의 사용법으로 사용하지 않는다. FAQ 하나하나의 글에서 기호나 장식의 사용법이 뒤섞인 사이트는 누가 봐도 치졸해 보인다.

Before, After

다음은 각각 품질을 개선하기 전과 후의 FAQ다. [Before]와 [After]의 품질을 비교해 보자.

Before

Q : 영어교실의 무료 체험 레슨 내용을 알고 싶어요.

A : 무료 체험 레슨은 [광화문점], [신촌점], [역삼점], [교대점]으로으로 와 주세요. 예약제인 '엔트리 클래스룸'으로 진행하고 있습니다. 예약은 언제든지 신청할 수 있으며 바로 체험에 들어갈 수 있습니다. 레슨 시간은 45분입니다. 레슨 커리큘럼은 정회원과 동일한 내용인데, 레슨 전에 원어민 강사가 5분 정도 『인터뷰』하고 커리큘럼의 레벨을 정합니다. 무료 체험 레슨 중에는 원어민 강사가 이야기를 이끌어 주지만 직접 화제를 제안하고 강사와 대화할 수도 있습니다. 또 45분 중 마지막 10분은 레슨받는 모습을 **동영상**으로 촬영하여 돌아가실 때 선물로 드립니다.

After

Q : 영어교실 무료 체험 레슨 내용을 알고 싶어요.

A : 영어교실 무료 체험 레슨은 다음과 같습니다.

■ 장소   광화문점, 신촌점, 역삼점, 교대점

■ 예약   수시   0120-XXX-XXX

- 강사　원어민 강사
- 수업시간　45분　사전 인터뷰　5분
- 커리큘럼　정회원과 동일

※ 원어민 강사가 이야기를 이끌어 주지만 직접 화제를 제안하고 강사와 대화할 수도 있습니다.

※ 10분간 레슨 받는 모습을 담은 동영상을 선물로 드립니다.

[Before]는 연속된 문장으로 되어 있어 글자 수가 많아 보인다. 또 곳곳에 다양한 장식을 해서 산만하여 읽기 불편하다. 전체적으로 꾸밈없는 밝은 분위기를 내려고 했는지도 모르겠지만, 읽는 사람은 내용을 이해하는 데 시간이 걸린다.

[After]는 조목별로 쓰고 장식은 확인 사항의 제목에만 달았다. '엔트리 클래스룸'과 같은 사용자에게 중요하지 않은 내용은 배제했다. 장식은 적지만, 왼쪽 끝을 통일해서 시인성을 좋게 만들어 읽기 쉽도록 했다.

요약

A 글은 일단은 장식을 전혀 달지 않고 쓴다. 장식은 기본적으로 필요 없다. 눈에 띄게 하고 싶은 내용이 있으면 조목별로 쓰거나, 단락을 나누거나, 줄 바꿈으로 행간을 늘려서 특정 내용을 눈에 띄게 할 수 있다. 꼭 장식을 하는 편이 좋은 경우라도 최소한으로 필요한 만큼만 사용한다.

기호나 장식을 사용할 때는 가이드라인으로 정해진 것을 정해진 사용법에 따라 사용한다. 가이드라인을 반드시 지키는 이유는 FAQ 전체적으로 기호의 사용법을 통일해 두지 않으면, 그것만으로도 사이트가 치졸해 보이기 때문이다.

> **개선해 보기**

개선 전

다음의 A 글을 고쳐 써 보자.

Before

Q : '민들레' 클리닉 신청서 작성 방법을 알려주세요.

A : 기입 방법과 송부처는 다음과 같습니다.

이번에 '민들레' 클리닉 회춘 상담에 문의해 주셔서 감사합니다. 클리닉 강사가 당신의 소원을 이루어 드립니다.

신청 전에 팸플릿을 꼼꼼히 읽어주세요. 궁금한 점이 있으면 언제든지 문의해 주세요.

신청은 팸플릿에 붙어 있는 신청서를 잘라 사용해 주세요.

【1】처음에 반드시 신청서에 원하시는 서비스 코스에 체크해 주세요. 그리고 【2】신청 양식에 따라 이름, 주소, 전화번호, 휴대전화(스마트폰) 번호, 메일 주소를 정확하게 기입해 주세요. 【3】날인은 반드시 두 군데에 부탁드립니다. 【4】신청서 송부처는 다음과 같습니다.

[123456] 서울 마포구 백범로 XX길 XX 앞으로 우편으로 보내주세요.

우편 발송 시에는 등기 우편으로 부탁드립니다. 그럼 저희 클리닉에 방문하시기를 기다리고 있겠습니다. 감사했습니다.

개선 후

설문의 A는 장식이 너무 많으므로 그것들을 재검토한다. 예를 들어, '날인'과 '등기 우편' 부분만 굵은 글씨로 쓴다. 다른 문장의 수식을 하지 않음으로써 그 두 군데가 사용자의 주의를 끈다. 번호는 깔끔한 기호로 하고, 수순을 조목별로 씀으로써 사용자가 해야 할 작업이 잘 보이도록 하여 실수나 누락을 방지하도록 했다.

After

Q : '민들레' 클리닉 신청서를 작성하는 법을 알려주세요.
A : 기입 방법과 송부처는 다음과 같습니다.

① 신청서에 원하시는 서비스 코스에 체크 표시합니다.
② 이름, 주소, 전화번호, 휴대전화 번호, 메일 주소를 기입합니다.
③ **날인**은 두 군데에 합니다.
④ 신청서를 아래 주소로 **등기 우편**으로 보냅니다.
[123456] 서울 마포구 백범로 XX길 XX 앞으로 우편으로 보내 주세요.
※ 신청 전에 팸플릿을 꼼꼼히 읽어 주세요.
※ 궁금하신 점이 있으면 언제든지 문의해 주세요.

이 FAQ를 선택한 사용자는 신청서를 이미 가지고 있다고 생각되므로 '팸플릿에서 신청서를 잘라서……'와 같은 내용은 생략했다. 인사문도 생략했다.

4.8 A에서는 링크를 효과적으로 사용한다

좋지 않은 FAQ의 예시

김민진 씨의 딸이 친구의 어머니에게 테마파크 특별우대권을 받아 왔다. 그 표를 이용하여 연간 가족 회원 우대 신청을 할 수 있다고 한다. 김민진 씨는 신청 방법을 몰라서 우선 스마트폰으로 테마파크의 웹 페이지에 접속해 보았다.

웹 페이지에는 다음의 FAQ가 있었다.

Before

Q : 연간 가족 회원 신청 방법

A : 연간 가족 회원을 신청하는 방법은 몇 가지가 있습니다.

다음 중에 선택해 주세요.
- 이전에 신청하셨던 분
- 신청 우대권을 가지고 계신 분
- 스페셜회원을 신청하신 분

김민진 씨가 '신청 우대권을 가지고 계신 분'을 탭하자 다음 페이지에는 다음과 같이 안내되어 있었다.

> 가족 회원 우대 조건에 대하여 (생략)
>
> **미리 준비해야 할 것 (생략)**
>
> **신청 시 주의 사항 (생략)**
>
> **신청은 여기서**

김민진 씨는 위의 모든 링크된 페이지를 참조하여 안내되어 있는 많은 정보를 읽고 나서 '신청은 여기서'를 탭했다. 링크된 페이지에 이처럼 안내되어 있다.

> 우대권에 쓰여 있는 18자리 번호를 입력해 주세요.
>
> **여기서 입력해 주세요.**
>
> 신청 양식에 필요 사항을 기입한 후 마지막에 '신청'을 눌러주세요.
>
> **신청 양식**
>
> 연간 가족 회원 카드를 받으신 분은 초기 설정을 해야 합니다. 여기에 있는 설명을 꼭 읽어 주세요.
>
> **초기 설정에 대하여**

김민진 씨는 '신청 양식'에 필요 사항을 기입했다 또 주의 사항도 꼼꼼히 읽었다. 이로써 김민진 씨는 가족 회원 카드를 만들기까지 결국 10회 이상 링크를 탭한 것 같았다. 사실 잘못 탭한 것을 합치면 그 이상이었다.

김민진 씨는 스마트폰으로 신청 절차를 진행했기에 도중에 미아가 되어 포기할 뻔했지만, 딸을 위해 열심히 휴일의 절반을 소비했다.

이 경우의 문제점

기업의 웹 사이트에서는 정보를 여러 웹 페이지에 분산해 두면 페이지별 내용을 간단하게 만들 수 있다. 또 페이지에서 다른 페이지로 이동하는 링크를 충분히 갖추어 둠으로써 정보를 상호 이용할 수 있으므로, 관리상으로도 편리한다.

사용자에게도 기존 페이지로 이동하는 링크는 FAQ 사이트에서도 점프할 수 있어서 편리하다. 위에서 김민진 씨의 경우로 보면 FAQ에서 신청 페이지로 링크함으로써 A 자체는 깔끔했다.

그러나 링크가 너무 많거나 링크된 페이지에도 다른 링크가 있으면 사용자에게 불친절한 안내가 된다(그림 4-1). 김민진 씨의 경우와 같이 절차의 전체적인 흐름을 파악하고 있지 않은 사용자에게는 절차가 앞으로 얼마나 있는지 파악할 수 없어 불안해진다. 링크를 따라 넘어갈 때마다 화면이 바뀌므로 진행 상황을 알 수 없게 될(미아가 될) 가능성이 있다.

스마트폰과 좁은 화면에서 김민진 씨처럼 참을성 있게 끝까지 조작할 수 있는 사람은 많지 않을 것이다.

개선점

FAQ에서 다른 페이지(사이트)로 넘어가는 링크 개수는 되도록이면 한정한다. 위에서 김민진 씨와 같은 경우에는 링크가 너무 많다. 그 탓에 김민진 씨는 조작을 마치기까지 시간이 걸려서 불안해지기도 했다.

그림 4-1 앤서로부터의 링크가 복잡한 예시

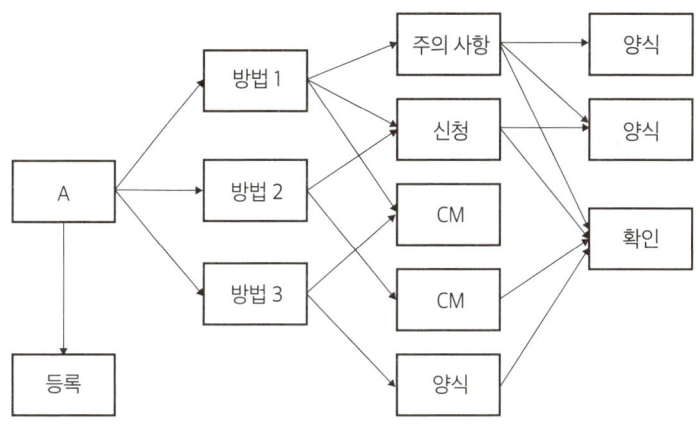

만약 어떻게든 이처럼 링크를 여러 개 준비해야 할 경우에는 A 글의 설명에 절차의 전체적인 순서와 단계 개수를 명기해 둔다.

A에서 다른 페이지로 넘어가는 링크를 한정하기 위해 하나의 FAQ에서 할 수 있는 일을 하나로 좁힌다. 김민진 씨가 본 A는 FAQ라기보다는 엄연한 신청 사이트 형태를 띠고 있었다.

다음과 같이 바꾸면 김민진 씨에게 간단하다는 인상을 준다.

After

Q : 신청 혜택을 가지고 계신 연간 가족 회원 카드 신청 방법

A : 신청 혜택을 가지고 계신 연간 가족 회원 카드 신청은 다음과 같습니다.

사전에
- 우대권
- 메일 주소
- 휴대전화 번호

를 준비하신 후에 **신청 양식**에서 진행해 주세요.

※ 절차는 STEP 1, STEP 2뿐입니다.

> STEP 1   우대권에 쓰여 있다 18자리 번호를 입력합니다.
>
> STEP 2   필요 사항을 기입합니다.
>
> 연간 가족 회원 카드를 보내드리는 동시에 메일도 보내드립니다. 메일에 안내된 초기 설정을 부탁드립니다.
>
> ※ 이 안내도 읽어 주세요. **신청 시의 주의 사항**

이렇게 하면 사용자의 조작은 신청 양식 외에는 거의 화면을 전환하지 않고 완료된다. STEP도 안내하고 있으므로, 사용자도 전체적인 흐름을 알 수 있다. 링크된 페이지에 또 다른 링크가 있어 사용자가 걱정하게 되는 일도 없다.

마지막에 '신청 시의 주의 사항'은 STEP에 포함되지 않으므로, 사용자는 신청 절차가 아닌 페이지임을 알 수 있다.

FAQ의 A에 링크를 사용하여 정보를 제공하는 방법은 재치 있다고 여겨지지만, 역시 사용자의 편의성을 고려하여 과다 사용은 피한다.

원래 A는 가능한 한 링크 없이 완결되는 것이 바람직하다. 특히 스마트폰을 사용하는 사용자 입장에서 보면 페이지를 전환하지 않고 한 화면에서 완결할 수 있는 것이 가장 좋다.

혹시 링크를 거는 경우에도 A의 주요 내용은 한 화면에 깔끔하게 담고, 링크는 필요에 따라 사용자가 사용할 수 있도록 하는 것이 좋다.

좋지 않은 링크의 예시로는 다음과 같은 것이 있다.

- 링크된 페이지에 또 링크가 있어서 포개는 그릇(마트료시카 인형 같은 상태)처럼 되어 있다. 사용자에게는 링크가 무한하게 계속될 것만 같은 불안한 기분이 든다.

- A의 문장 안에 여러 개의 링크가 있다. 사용자는 페이지 사이를 몇 번이고 왔다 갔다 해야 한다.
- 링크된 페이지에서 A로 돌아갈 수 없다. 링크된 페이지에서 설명이 종결되어 '뒤로' 버튼이 없는 등이다. 사용자 입장에서는 A의 끝인지 아닌지 알 수 없다.

더불어 A의 본문의 마지막 부분을 읽지 못할 가능성이 있다

그림으로 나타내면 그림 4-2와 같은 이미지다.

그림 4-2 사용자를 난처하게 하는 링크

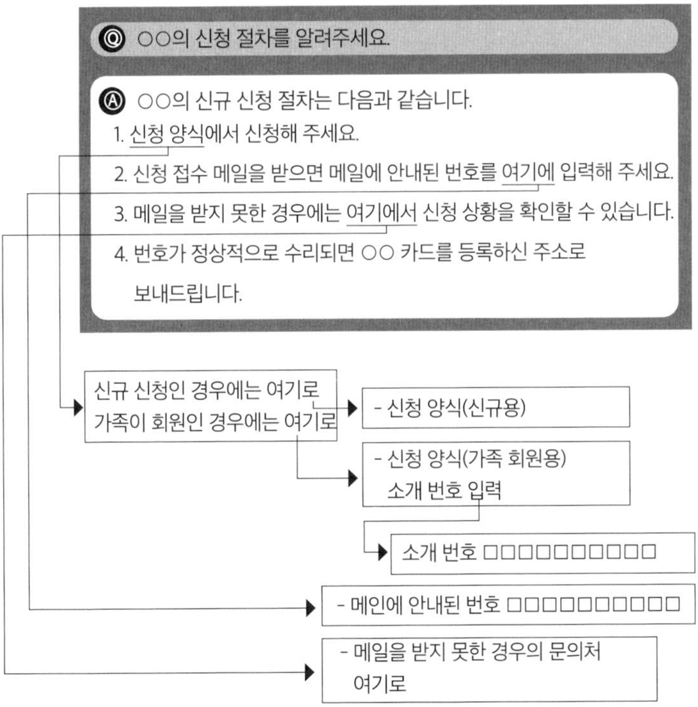

```
ⓠ ○○의 신청 절차를 알려주세요.

ⓐ ○○의 신규 신청 절차는 다음과 같습니다.
  1. 신청 양식에서 신청해 주세요.
  2. 신청 접수 메일을 받으면 메일에 안내된 번호를 여기에 입력해 주세요.
  3. 메일을 받지 못한 경우에는 여기에서 신청 상황을 확인할 수 있습니다.
  4. 번호가 정상적으로 수리되면 ○○ 카드를 등록하신 주소로
     보내드립니다.
```

- 신규 신청인 경우에는 여기로
- 가족이 회원인 경우에는 여기로
  - 신청 양식(신규용)
  - 신청 양식(가족 회원용) 소개 번호 입력
    - 소개 번호 □□□□□□□□□□
- 메인에 안내된 번호 □□□□□□□□□□
- 메일을 받지 못한 경우의 문의처 여기로

4장 A 작성법 233

유효한 링크의 예시로는 다음과 같은 것이 있다.

- 여러 FAQ의 A에서 완전히 같은 정보를 안내할 필요가 있을 경우
- A에서 사용되는 용어를 설명하는 경우
- 절차 양식 등 여러 정보를 한데 입력하도록 유도할 경우

이것도 그림으로 나타내면 그림 4-3과 같은 이미지다.

그림 4-3 보다 나은 링크 만드는 법

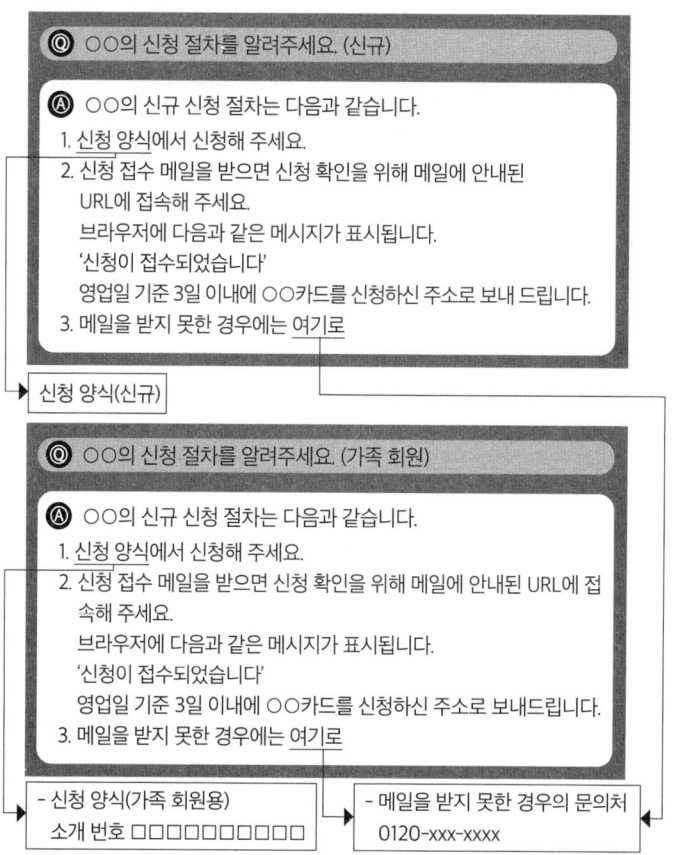

요약

A는 가능한 한 링크 없이 깔끔하게 완결되도록 작성한다. 링크를 달 때는 필요한 만큼만 최소한으로 달고, 사용자가 헤매거나 틀리지 않도록 한다.

절차나 용어의 설명 등으로 넘어가는 링크도 사용자가 필요에 따라 선택할 수 있도록 기재하는 방식이 좋다.

4.9 A에서는 시각적으로 사용자의 이해를 돕는다

좋지 않은 FAQ의 예시

김영철 씨는 스마트폰 사용법에 익숙하다고 자부한다. 스마트폰의 배터리가 점점 빨리 다는 듯하여 스마트폰을 살펴보자 그 원인을 알았다. 애용하는 건강 지원 앱의 통신 기능이 아무래도 대량으로 배터리를 소비하고 있는 모양이다.

이를 해결하고자 앱의 FAQ를 찾아보니 다음과 같은 것을 발견했다.

> **Before**
>
> Q : 배터리를 절약하는 방법
>
> A : 저희 건강 지원 앱에는 전력 절약 모드가 있습니다. 전력 절약 모드에서는 앱이 배터리를 효율적으로 소비합니다. 앱을 항상 사용해도 배터리가 천천히 소모되도록 할 수 있습니다. 전력 절약 모드의 설정 방법은 다음과 같습니다.
>
> ① 앱의 홈 버튼을 탭해서 홈 화면을 띄우면 오른쪽 상단에 톱니바퀴 모양의 설정 버튼이 있으니 이를 탭합니다.
>
> ② 다음으로 설정 버튼 아래에 나타나는 메뉴의 위에서 다섯 번째에 있는 '배터리 설정'을 탭하여 배터리 설정 화면으로 이동합니다.
>
> ③ 배터리 설정 화면에서 현재의 배터리 소비 상황을 한눈에 볼 수 있습니다. 화면의 위에서부터 배터리 소비 상황, 배터리 모드 설명, 그리고 가장 아래에 배터리 소비 모드가 표시됩니다.

④ 배터리 소비 모드에는 '일반 모드', 'Wi-Fi 모드', '오프라인 모드'가 있으며, '오프라인 모드'가 가장 배터리 소비가 적습니다. 'Wi-Fi 모드'는 무선을 사용하여 위치 정보를 취득하므로 가장 배터리를 많이 소비하기 쉽습니다.
(생략)

A의 설명문이 글자로만 쓰여 있어서 김영철 씨는 적혀 있는 틀리지 않도록 몇 번이고 확인하면서 설정했다. 설정하느라 시간이 걸리는 동안 스마트폰의 배터리가 다 돼서 화면이 깜깜해졌다.

이 경우의 문제점

김영철 씨가 본 FAQ처럼 스마트폰 화면의 조작 설명이 모두 글자로만 쓰여 있는 경우, 내용을 이해하는 데 시간이 걸리다. 글로만 표현된 것을 머릿속에서 이미지(그림)로 변환하여 실제 스마트폰 화면과 비교하면서 작업해야 하기 때문이다(그림 4-4). 그 과정에서 사용자의 머릿속 이미지가 실제 화면과 동떨어지면 FAQ의 설명을 이해 못할 가능성이 있다.

A에는 필요에 따라 일러스트나 사진이 있는 편이 사용자가 이해하는 데 도움이 된다.

개선점

일러스트나 사진을 A 글에 사용하면 그대로 실제 화면 등과 비교하여 시각적으로 인식할 수 있으므로 이해하기도 쉬워진다. 글자에서 이미지화할 필요도 없고 사용자가 오해하는 일도 막을 수 있다.

그림 4-4 일러스트가 없는 설명은 사용자를 고민하게 한다

앱의 홈 버튼을 탭해서 홈 화면을 띄우면,
우측 상단에 톱니바퀴 모양의 설정 버튼이 있으면
이것을 탭합니다.

김영철 씨의 경우의 FAQ에서는 A 글에 일러스트나 이미지를 사용할 수 있다.

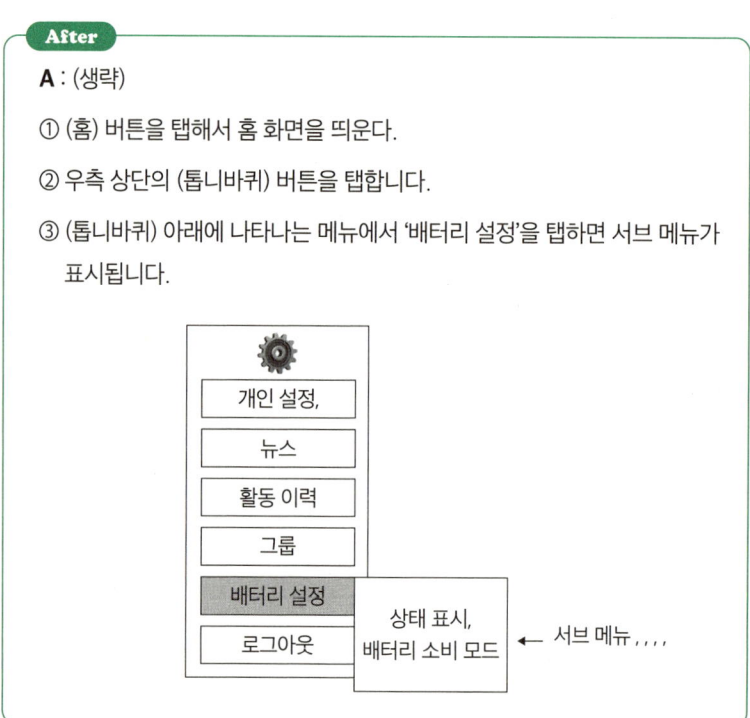

④ 배터리 설정 화면의 가장 아래에 있는 '배터리 소비 모드'에서 옵션 단추를 선택하여 적절하게 설정합니다.

배터리 소비 모드
◉ 일반 모드
○ Wi-Fi 모드
○ 오프라인 모드

설명
- '일반 모드'는 초기 상태의 모드입니다.
- 'Wi-Fi 모드'는 위치 정보를 취득하므로 배터리를 소비한다.
- '오프라인 모드'는 배터리를 적게 소비합니다.

처음에 김영철 씨가 본 순서가 적절하게 일러스트를 사용함으로써 이해하기 쉬워졌다. 스마트폰으로 설정 조작에 이르기까지의 버튼과 '배터리 설정' 화면의 설명이 명쾌하다. 또 일러스트가 있어서 글자 설명도 상당히 생략할 수 있으므로 전체적으로 깔끔해진 인상을 준다.

일러스트를 활용하는 테크닉

일러스트를 활용한 A 작성법에서도 우선은 평소대로 글자만으로 쓴다.

A : 저희 건강 지원 앱에는 전력 절약 모드가 있습니다. 전력 절약 모드에서는 앱이 배터리를 효율적으로 소비합니다. 앱을 항상 사용해도 배터리가 천천히 소모되도록 할 수 있습니다. 전력 절약 모드의 설정 방법은 다음과 같습니다.

① 홈 버튼을 탭해서 홈 화면을 띄우면 오른쪽 상단에 톱니바퀴 모양의 설정 버튼이 있으니 이를 탭합니다.
② 다음으로 설정 버튼 아래에 나타나는 메뉴의 위에서 다섯 번째에 있는 '배터리 설정'을 탭하여 배터리 설정 화면으로 이동합니다.
③ 배터리 설정 화면에서 현재의 배터리 소비 상황을 한눈에 볼 수 있습니다. 화면의 위에서부터 배터리 소비 상황, 배터리 모드 설명, 그리고 가장 아래에 배터리 소비 모드가 표시됩니다.
④ 배터리 소비 모드에는 '일반 모드', 'Wi-Fi 모드', '오프라인 모드'가 있으며, '오프라인 모드'가 가장 배터리 소비가 적습니다. 'Wi-Fi 모드'는 무선을 사용하여 위치 정보를 취득하므로 가장 배터리를 많이 소비하기 쉽습니다.

　다음으로 지금까지 설명한 A 작성법과 퇴고 방법에 따라 위의 글을 고쳐 쓴다.

A : 배터리를 절약하는 전력 절약 모드의 설정 방법은 다음과 같습니다.
① 홈 버튼을 탭해서 홈 화면을 띄우면 오른쪽 상단에 톱니바퀴 모양의 설정 버튼이 있으니 이를 탭합니다.
② 다음으로 설정 버튼 아래에 나타나는 메뉴의 위에서 다섯 번째에 있는 '배터리 설정'을 탭하여 배터리 설정 화면으로 이동합니다.
③ 배터리 소비 모드에서 '오프라인 모드'의 옵션 버튼을 탭하여 ON 상태로 만듭니다.

> 설명
> - '일반 모드'는 초기 상태의 모드입니다.
> - 'Wi-Fi 모드'는 위치 정보를 취득하므로 배터리를 소비한다.
> - '오프라인 모드'는 배터리를 적게 소비합니다.

마지막으로 글에 일러스트를 넣는다.

이 경우에 일러스트나 사진이 있으면 좋은 것은 스마트폰 화면상의 버튼, 나타나는 메뉴, 배터리 소비 모드의 '오프라인 모드'의 옵션 버튼 등이다. 사용자가 자신의 스마트폰에서 보는 것과 대조할 수 있기 때문이다.

일러스트는 말과 마찬가지로 같은 의미를 나타내는 것은 FAQ 전체를 통틀어 반드시 동일한 일러스트를 사용한다.

FAQ 사이트에 따라서는 동영상으로 안내하는 경우도 있다. 동영상은 효과적이지만 다음과 같은 점도 고려하여 A에 채택할지 말지를 검토한다.

- 소리가 나거나 시간적인 길이에 대한 우려가 있어 재생하지 않는 사용자가 많다
- 일러스트나 사진보다 더욱 전문적인 구성 능력이 필요하다
- 데이터가 커서 통신량에 대한 우려도 있다

그래도 역시 동영상을 게재하는 경우에는 재생 버튼의 위치에 재생 시간(짧을수록 좋다)이나 소리의 유무(없는 것이 바람직하다)를 기재하면 좋을지도 모른다.

덧붙여, 일러스트나 사진, 동영상은 글자만 있을 때보다 훨씬 데이터량이 많아지므로 화면상에 표시되는 시간이 다소 늦어지기도 한다. 사용자에 따라서는 스마트폰의 사용 데이터양을 신경 쓰는 사람이 있으므로 필요한 만

큼만 최소한으로 한다.

요약

　FAQ의 A 글에 일러스트나 사진을 사용하면 글자만 있는 글보다 시각적으로 이해하기 쉬워진다. 기기나 화면 설명 등에서는 필요에 따라 일러스트나 사진을 이용한다. 단, 일러스트 나 사진을 이용하는 방법에는 효과적인 것과 그렇지 않은 것이 있으므로 전문 디자이너와 상담하기를 추천한다.

　또, 일러스트나 사진을 FAQ에서 너무 많이 사용하면 오히려 보기 나빠지고, 데이터양도 늘어나는 점 등에 유의한다.

제 **5** 장

FAQ의
가이드라인 제작법

FAQ를 제작하고 운영하려면 가이드라인이 필요하다.
FAQ 작성법의 규칙을 제정하고, 시간 경과나 체제 변화에 영향을
받지 않고, 양질의 업무를 공유하고 지속할 수 있도록 하기
위해서다. 가이드라인 대신에 이 책을 휴대해도 좋지만,
기업과 목적별로 특화된 규칙을 정하는 것이 본래 필요하다.
그렇다고는 해도 가이드라인 자체의 내용이 아주 많아서
육법전서와 같은 것이 되면, 특별한 능력과 매우 엄격한 관리가
필요해져 FAQ 운영 자체에 지쳐 버릴지도 모른다.
FAQ 가이드라인은 관계자 전원이 가까이 두고
손쉽게 참조할 수 있도록 하는 것을 추천한다.

5.1 기본사항

가이드라인의 기본사항을 설명하겠다. 예를 들어, 엄마가 만든 것과 같은 맛의 카레를 몇 번이고 만들 수 있는 레시피 노트 같은 것이 가이드라인이다.

좋은 가이드라인만 있으면, 일상적인 FAQ의 작문과 편집을 누구나 할 수 있다. 또한 작업 시간 간격이 벌어진 경우에도 안정적인 정형적인 문체로 FAQ를 쓸 수 있다.

목적과 목표를 제시한다

가이드라인에서 가장 먼저 FAQ 사이트의 목적 및 목표를 명시한다.

- ✗ 고객에게 도움이 되기 위해서
- ○ 콜센터의 콜을 줄이기 위해서
- ○ 고객의 자기 해결을 촉구하기 위해서

FAQ 사이트의 목적은 위의 ○○와 같이 성과를 구체적으로 알 수 있는 것이 올바른 기재 방법이다. ✗와 같이, 예를 들면 '도움이 된다'가 무엇인지 분명하지 않은 기재는 목적이 되지 못한다.

목적에 대해 달성하고자 하는 값과 위치를 정하는 것이 목표다.

- ✗ 콜센터 비용을 절감한다
- ✗ 전화가 줄어든다
- ○ 고객의 자기 해결률을 70%로 만든다
- ○ 콜센터에 들어오는 자주 묻는 질문의 수를 30% 줄인다
- ○ 콜센터의 평균 통화 시간을 20% 단축한다

목표의 기재도 위의 ○와 같이 구체적이고 정량적으로 나타낸다. 동시에 현실에 맞는 목표값을 설정한다. 구체적으로 명시함으로써 가이드라인의 의의가 분명하게 드러난다. ✗와 같은 표현을 하면 천차만별로 해석되어 좋은 목표를 설정할 수 없다.

사용자 타깃과 이용 디바이스를 정한다

FAQ 사이트에 접속할 법한 사용자의 타깃을 상정한다.

FAQ 사이트 온라인상에 공개하니 모든 인터넷 이용자를 상정할 수 있지만, 타깃은 좁히는 편이 효율 좋은 FAQ 운영이 가능하다.

FAQ를 준비하다 대상 제품과 서비스를 이용하는 타깃을 상상하면 일단 괜찮지 않을까.

또 타깃 사용자가 더 많이 사용할 만한 인터넷 기기를 상정한다. 컴퓨터보다 스마트폰으로 접속하는 사용자가 압도적으로 많은 듯하다면 스마트폰 화면에서 FAQ를 열람할 때 보기 쉬운지를 고려한 규칙을 가이드라인에 반영한다.

규칙에 따르고 있는지를 체크한다

가이드라인은 액자에 넣어 장식해 두는 것이 아니다. 항상 FAQ와 대조하여 FAQ가 그 규칙에 따라 쓰여 있는지 체크해야 한다.

FAQ의 체크는 FAQ를 쓴 사람이 자율적으로 하는 것 이외에 고객 지원 책임자도 한다. 체크 방법 자체가 애매하거나 번거로우면 가이드라인이 선언한 목적과 목표를 추구할 수 없다.

따라서 가이드라인은 FAQ를 체크하기 쉬운 내용으로 해 둔다.

그 예시는 뒤에 설명하겠다.

또한 가이드라인은 FAQ 제작자가 어느 정도 자유롭게 FAQ를 쓸 수 있는 규칙을 세우는 것도 중요하다. 엄격한 규칙으로 작업자를 너무 얽매지 않도록 한다.

작문 규칙

이 책에서 설명하는 Q와 A의 작성법에 대해서는 가이드라인으로 규칙을 정한다. 규칙 자체를 모호하게 만들면 안 된다.

- ✗ 이해하기 쉬울 것
- ○ '~를 알려주세요.'를 반드시 어미로 하여 해결의 첫머리로 삼을 것

위의 ✗와 같은 표현이라면, '이해하기 쉽다'는 기준은 사람마다 다르다. 규칙으로 삼기에 적절하지 않다. ○와 같이 누구나 똑같은 FAQ를 쓸 수 있는 표현으로 한다.

FAQ는 기업의 공식 게재 정보다. 제품이나 서비스의 사용자뿐만 아니라 다른 기업의 사람도 본다. 그 관점에서 보면 FAQ 문장에는 통일감이 필요

하다. 따라서 작문 규칙의 예시도 기재한다.

- ✗ 모든 글은 같은 문체로 쓴다
- ✗ Q와 A에서 사용하는 말은 전문 용어를 사용하지 않는다
- ○ 문장은 존댓말로 통일한다
- ○ Q와 A에서 사용하는 말은 표준단어표를 인용한다
- ○ Q와 A에서 사용하는 전문 용어도 표준단어표를 인용한다

위의 '표준단어표'란 FAQ 전체에서 같은 의미의 말의 표기를 통일하여 혼재되지 않도록 하기 위해서 정해 두는 것이다. FAQ 시스템을 이용한 검색 용이성과 사용자의 발견 용이성에도 관계된다. 표준단어에 대해서는 제7장과 제8장에서도 자세히 다룬다.

✗와 같은 표현이라면, 판단은 쓰는 사람에게 좌지우지되어 FAQ에 통일감이 사라질 가능성이 있다. ○와 같이 하면 기본적인 작성법과 인용이 명확하므로 제작자는 통일감이 있는 FAQ를 작성할 수 있다. 또한 개인의 판단이 적어지므로 안심하고 편하게 쓸 수 있다.

FAQ 전체의 글에 통일감이 없으면 그것만으로도 기업의 매니지먼트 품질이 문제시될 수도 있다. 간단하고도 당연한 일이지만, 가이드라인에 정해 두기만 하면 FAQ 제작자는 되풀이해서 읽으며 조심할 수 있다.

FAQ는 오랜 기간에 걸쳐 제작 및 갱신되는 것이다. 가이드라인에 작성법 규칙을 정해 놓고 그것을 지킴으로써 시간의 경과와 관계없이 FAQ의 기재 내용이 일정하지 않거나 편차가 생기는 일이 없도록 항상 유지할 수 있다.

FAQ 보기

가이드라인에는 FAQ의 작성법과 사용하는 용어, 운용에 관한 다양한 규칙을 기재한다. 또, 사용자의 편이성, 답변 도달률, 문제 해결률을 어떻게 높일 것인가에 대해서 FAQ 제작자가 이해할 수 있도록 기재한다.

이 책에서 다루듯이 Q와 A의 보기를 반영해 두면 FAQ 제작자는 자기 자신이 쓴 FAQ와 비교하여 규칙에 따르고 있는지 아닌지를 확인할 수 있다.

5.2 FAQ(Q와 A) 작문 규칙

가이드라인에서 정한 규칙은 Q와 A에서 공통되는 내용이 많다. 아래 설명은 기본적으로 Q와 A 모두에서 공통된다고 생각하자. 공통이 아닌 규칙은 그때마다 설명하겠다.

최대 글자 수

FAQ를 읽고 이해해야 하는 사용자를 생각해서 Q도 A도 최대 글자 수를 정한다. 글은 사용자가 오해 없이 읽을 수 있는 범위로 짧을수록, 즉 글자 수가 적을수록 좋다. 특히 많은 사용자가 스마트폰 화면에서 FAQ를 열람한다는 점을 생각하면 글자 수에 대한 고려는 필요하다. 다만 최대 글자 수는 절대로 넘으면 안 된다는 것이 아니고, Q와 A를 쓸 때의 글자 수의 기준으로 삼는다.

사용자에게 올바르게 이해되는 범위에서 단문으로 만드는 데는 고도의 문장 능력이 필요하다. 최대 글자 수는 어디까지나 하나의 기준으로 삼아 무리하게 퇴고하지 않고 다소 길어져도 괜찮다는 점도 가이드라인에 기재해 둔다.

Q의 최대 글자 수

FAQ 사이트의 가로 폭을 고려하여 FAQ 목록에서 조정 가능한 한 한 줄,

길어도 2줄 이내로 완결할 수 있는 길이로 최대 글자 수 N을 정한다. 웹 사이트 제작자 및 시스템 담당자와도 상의하자.

많이 FAQ 시스템의 사양상 Q의 중간에 줄 바꿈은 넣지 않는 편이 좋겠다. 또 FAQ 시스템에 따라서는 Q 문장의 글자가 너무 많은 경우 '……'가 붙어, 도중에서 끊기는 것도 있다. 그 경우에는 끊기지 않는 범위에서 최대 글자 수 N을 정하거나, 글자 수가 많아도 Q 문장이 끊기지 않도록 FAQ 시스템을 설정하기를 권장한다.

A의 최대 글자 수

글자 수 제한 M을 설정함과 동시에 줄 수 제한 L도 설정한다.

A 글의 경우는 사용자의 독해 용이성을 고려하기 위해 조목별로 쓰는 경우가 많아서 줄 수가 늘어나는 추세다. 그래서 설정한 M이나 L을 한도의 기준으로 삼아 A를 작성한다. 특히 FAQ를 스마트폰으로 읽는 사용자를 상상하면, 자연스럽게 M과 L이 정해질 것이다.

A가 너무 길어지지 않도록 하려면 제3장과 제4장에서 실제 사례를 소개했듯이 일문일답을 만드는 작성법을 지키도록 한다.

한글과 영어

한글과 영어의 일관된 사용도 가독성과 관련이 있다. 특히 일반적으로 사용되는 말에 관해서는 FAQ 전체를 통틀어 한글과 영어 중 하나로 통일되도록 해야 한다. 모든 말의 한글과 영어를 규정하면 가이드라인이 방대해질 테니 이 또한 FAQ 제작자에 따라 쓰는 방식에 차이가 날 법한 것부터면 정하면 된다(표 5-2).

전각, 반각

반각과 전각에 관해서도 규칙을 정해놓는다.

예를 들면, 'iPhone(반각)', 'ｉＰｈｏｎｅ(전각)'이나 '무선 LAN(반각)', '무선 ＬＡＮ(전각)'이 혼재하지 않도록 한다. iPhone이나 LAN처럼 확립된 알파벳으로 이루어진 명사는 반각으로 쓰는 것이 기본적으로 정답이다. 다만 고유명사의 숫자나 알파벳을 자의로 전각으로 하는 경우라면 가이드라인에 지시해 둔다.

줄임말, 통칭

줄임말이나 유행어(트렌디한 단어)는 사용자의 독해를 위해서는 적극적으로 사용하는 편이 좋은데, 이 또한 가이드라인에서 규칙을 정해 두는 게 좋다.

채택하는 줄임말을 정한다

줄임말, 통칭, 그러한 말의 정식 용어, 다른 통칭도 함께 목록으로 정리해 두다(표 5-3). 가이드라인에서 정한 경우는 Q와 A에서 반드시 이 표현을 사용하도록 한다. 특별히 규칙화하지 않은 경우에는 Q도 A도 모두 약칭이 아닌 정식 표현으로 글을 쓴다.

단, '에어컨'이나 '리모컨'과 같이 줄임말이 이미 일반명사가 된 말은 별도로 가이드라인에서 정할 필요는 없다고 생각한다.

마찬가지로 '컴퓨터'과 같이 일반명이 된 줄임말도 더 나아가 'PC'라는 말과 혼재될 수 있는 것은 어느 쪽을 사용할지 가이드라인으로 정한다.

새로운 줄임말과 통칭을 채택할 때의 채택 기준을 정한다

세상의 트렌드와 함께 새로운 줄임말과 통칭이 점점 늘어난다. 줄임말과 통칭을 새로 채택하기 위해서는 리서치를 빼놓을 수 없다.

예를 들어, FAQ의 운용을 통해 사용자가 키워드 검색한 말의 분석 결과로부터 수집할 수도 있다. 분석 및 집계를 해보고 더 많은 사용자가 사용하는 말을 채택하는 것이 현실적이다. 이러한 말의 채택 기준도 가이드라인에서 규칙화해 둔다.

분석과 유지 관리에 대해서는 제7장에서 상세하게 설명하겠다.

표 5-1 복수의 통칭이나 약칭이 있는 말의 사용규칙

FAQ에서 사용하는 말	차이가 날 법한 표기법
스마트폰	아이폰, Smart Phone
메일	메일 주소, 전자메일, 이메일
2G폰	스마트폰이 아닌 휴대전화
손보	손해 보험
컴퓨터	PC, 개인용 컴퓨터

문체 및 기본 구문

Q와 A 글은 기본적으로 같은 문체 및 같은 구문으로 맞추면 FAQ의 작문이나 유지 관리가 편해진다. 문체 및 기본 구문에 대해서 가이드라인으로 규칙을 정한다.

Q의 문체 및 기본 구문의 규칙

Q 문장은 지금까지 여러 번 언급했듯이 모든 FAQ 사이트에서 '문제 +

해결 방안'을 기본 문체로 삼아야 한다.

Q 문장 끝은 몇 가지 종류를 생각할 수 있다

- '해결 방안'을 알고 싶어요
- '해결 방안'을 알려줘
- '해결 방안'을 알려주세요

어느 것이든 상관없다고 생각하는데, 동일 FAQ 사이트에서는 동일한 문장 끝으로 정하고 그것을 가이드라인에서 지시한다(표 5-2).

실제 Q의 작문에서 이 기본 구문에 살을 붙이면서 글을 완성한다.

A의 작문의 기본적인 작문 규칙을 정해 둔다

A 글은 Q에 비해 정보가 많아져 작문 전부를 정해진 구문으로 하는 것은 현실적이지 않다. 다만, 한 문장 한 문장에 대해서는 기본적인 작문 규칙을 정해둠으로써 글을 쓸 때 바탕이 된다.

기본 작문의 규칙이 없으면 아류로 FAQ 제작자가 쓰게 되고, FAQ 전체에 일관성이 없어진다. 하지만 작문 규칙을 정해 두면 FAQ 제작자는 틀대로 작문 작업을 할 수 있다. 이 경우 틀대로라는 것은 결코 나쁜 일이 아니며, 여러 FAQ 제작자나 시간이 지나서 작문할 때 일정해진다.

작문 규칙화의 간단한 한 가지 방법은 모델이 되는 A 글을 써 두고 그것을 흉내 내는 형식으로 작문하는 것이다. 이때 모델의 글을 그대로 복사해서 고쳐 쓰면 잘못된 정보가 남아 버릴 가능성이 있으니 주의하자. 어디까지나 본보기로서 따라 쓰도록 한다.

표 5-2 '알고 싶어요'를 문장의 끝으로 정했을 경우

문제	해결 방안	Q 문장 예시
비밀번호를 까먹었다	재설정 방법	비밀번호를 잊어버려서 재설정 방법을 알고 싶어요.
가입하고 싶다	신청 방법	가입하고 싶어서 신청 방법을 알고 싶어요.
포인트를 사용하고 싶다	포인트 사용이 가능한 매장	포인트를 사용하고 싶어서 사용 가능한 매장을 알고 싶어요.
포인트를 사용하고 싶다	사용할 수 없는 경우	포인트를 사용하고 싶은데 사용할 수 없는 경우를 알고 싶어요.
짐이 크다	배송비를 알고 싶다	짐이 커서 배송비를 알고 싶어요.

기호, 특수 문자의 규칙

Q와 A에서 사용하는 기호와 특수 문자의 규칙을 정한다. 기호나 특수 문자는 FAQ 전체를 통틀어 몇 가지만 사용하도록 하고, 그 이외는 일반적인 글자를 사용한다.

기호나 특수 문자가 남용된 문장은 진부해 보이고 또 읽기 힘든 법이다. 절대로 무제한으로 기호나 특수 문자를 사용하지 않도록, 가이드라인의 규칙으로 정한 것만 정해진 용도로 사용하도록 한다.

예를 들어, ( ), 【 】, ■의 사용 규칙은 표 5-3과 같은 식이다.

전문 용어, 기술 용어, 제품 용어, 서비스 용어의 규칙

FAQ 사이트의 특성상 전문 용어, 기술 용어, 제품 용어, 서비스 용어는 사용자의 이해도를 고려하면 적은 편이 좋다. 사용해야만 하는 경우에도 사용자의 독해나 문제 해결에 가능한 한 영향이 없더록 해야 한다. 이러한 용

의의 사용법도 가이드라인으로 규칙화한다(표 5-6).

　전문 용어, 기술 용어, 제품 용어, 서비스 용어를 Q와 A에서 사용하는 경우 주석이 필요한 것은 'Wi-Fi(무선 LAN의 규격)'와 같은 주석을 달아 두기를 권장한다.

　혹은 FAQ 사이트 내에 별도 용어집을 마련하여, A에서 그러한 용어를 사용하는 경우에는 용어를 설명하기 위한 링크를 달아 두는 것도 가능하지 않을까 싶다.

표 5-3　기호, 특수문자의 규칙

기호·특수 문자	용도
【 】	Q 문장의 상품명용
( )	Q 문장과 A 글의 용어 주석용
■	A 글의 항목용 (필요할 경우)
※	A 글의 보충용 (필요할 경우)
㉾	A 글의 우편번호용

5.3 가이드라인 관리

가이드라인은 FAQ와 마찬가지로 작성했다고 끝이 아니다. FAQ 사이트의 운영과 분석에 따라 갱신해야 한다. 여기서는 가이드라인의 갱신과 관리에 대해 설명하겠다.

FAQ 사이트에 보다 양질의 Q와 A를 갖출 수 있도록 가이드라인도 유연하게 성장시킨다.

갱신의 판정과 타이밍

가이드라인은 규칙으로 FAQ를 절대 복종시키는 것이 아니다. FAQ가 사용자에게 이용된 상황을 분석하여 가이드라인에 반영하는 경우도 많다.

예를 들어 가이드라인의 규칙에는 원래 적혀있지 않았던 것을 실험적으로 FAQ에 올려본 결과 사용자의 답변 도달률과 문제 해결률이 향상된 경우 등이다. 그 경우에는 유지 관리한 내용을 가이드라인에 해설을 새로 반영한다.

가이드라인이 갱신된 경우, 갱신 내용을 신속하게 FAQ 제작자에게 전달하고 필요에 따라 FAQ 전체를 갱신한다.

또한 가이드라인 자신도 정기적(예를 들어 3개월마다)으로 재검토하는 규칙이 있으면 좋을 것 같다. 그렇게 함으로써 새로운 발견을 하게 된다. 특히 FAQ 사이트와 사용자 사이에 있는 말의 차이나, 세상의 일반 상식의 변화에 맞춘 갱신이 많은 것 같다.

표 5-6 전문 용어, 기술 용어, 제품 용어, 서비스 용어의 규칙

용어	의미	주석	Q에서의 사용	A에서의 사용
Wi-Fi	무선 LAN의 규격	무선 LAN의 규격	가능	가능
계정	사용자를 특정하는 정보	ID/비밀번호	불가	가능
메일 지원	메일을 이용한 지원 서비스	메일을 이용한 지원 서비스	불가	가능, 또는 해설을 단다

FAQ 제작자와 승인자

가이드라인은 FAQ 작성법의 규칙을 정하는 중요한 것이다. 따라서 FAQ 제작자와는 별도로 가이드라인의 편집과 관리에 대한 승인자를 정한다.

승인자는 FAQ 제작자와 긴밀하게 연계하여 사용자의 답변 도달률 및 문제 해결률을 포함한 FAQ의 KPI와 FAQ 자체를 매일 분석한다. 그것을 참고로 FAQ의 작성법을 재검토 및 개선하여 가이드라인에 반영하고 개정한다.

가이드라인의 개정에는 물론 목적과 이유가 필요하다. 개정하는 이유를 뒷받침하는 분석 데이터를 근거로 승인자가 개정을 승인한다.

❶ FAQ 제작자는 항상 FAQ 운영에서의 분석과 유지 관리를 소홀히 하지 않는다. 유지 관리 방법에는 KPI를 향상시키는 새로운 시도도 포함될 수 있다

❷ 새로운 시도의 유지 관리 방법으로 인해 KPI가 향상된 경우 그 증거 데이터를 제시한다

❸ 승인자는 KPI가 향상되었다는 증거 데이터를 근거로 새로운 유지 관리 방법을 가이드라인에 반영할지 판단한다. 그리고 필요에 따라 가이드라인을 개정한다

FAQ에 대해 품질의 중요성을 파악하고 있는 사람이 승인자로서 사용자의 해결률 향상을 목적으로 가이드라인을 확실하게 관리한다.

제**6**장

FAQ 카테고리
만드는 법

이번 장에서는 고품질 카테고리 만드는 방법에 대해 설명하겠다. 많은 FAQ 사이트에서는 사용자가 FAQ를 범위를 좁힐 수 있도록 FAQ가 카테고리별로 분류돼 있다. 각 FAQ는 각각 최적의 카테고리에 속해 있을 것이다. 카테고리에는 반드시 제목이 붙어 있다. 또 카테고리가 계층 구조로 되어 있는 경우도 있다. 카테고리를 나누는 것을 카테고리화라고 하는데, 이는 FAQ 제작자의 작업이다. 카테고리화에도 품질이 있다. 저품질 카테고리화는 사용자가 필요한 FAQ를 찾기 어렵게 하는 원인이 된다. FAQ가 제 역할을 발휘하도록 고품질 카테고리화를 해 두어야 한다. 카테고리화는 제품이나 서비스, 그리고 FAQ의 내용에 따라 여러 가지 패턴이 있을 수 있다. 여기서 모든 패턴을 소개할 수는 없지만 고품질 카테고리화의 조건을 알기 쉽게 소개하겠다.

6.1 카테고리화의 중요 포인트

카테고리화 쉽지 않다. 그러나 카테고리화해 두지 않으면 사용자는 FAQ의 범위를 좁힐 수 없어서 키워드 검색에만 의존하게 된다.

먼저 카테고리화의 중요 포인트를 설명하겠다.

카테고리화 검토

카테고리화는 사용자가 '이거일 수도 있고 저거일 수 있고' 하고 헤매지 않도록 해야 한다.

헤매지 않는 카테고리화란 하나하나의 카테고리가 전혀 다른 종류의 것임을 알 수 있다는 말이다. 즉 사용자가 명쾌하게 카테고리를 취사선택할 수 있도록 해 두는 것이다.

그림 6-1의 예는 레스토랑의 메뉴 목차인데, 이렇게 기재하면 손님이 헤맬 것 같다. 예를 들어, 우동과 소바, 스파게티와 피자는 어디있을까 하고 말이다.

실제 FAQ 사이트에서도 선택을 망설이게 되는 카테고리가 많다. 다음 페이지에는 세무 관련 FAQ 예시가 제시된다. 예를 들면 '세금의 환급 절차'나 '공제 방법'과 같은 질문을 하고 싶은 사람은 어느 카테고리를 선택하면 될지 망설이지 않을까.

- 확정신고
- 소비세
- 소비세예정신고
- 공제증명서
- 특별공제
- 부양증명서
- 원천징수
- 청색신고

　FAQ 제작자의 지식 수준에서 FAQ를 카테고리화해도 사용자가 같은 수준이 아니면 카테고리를 고를 수 없다. 망설인 끝에 고른 카테고리에서 FAQ를 찾지 못하면 사용자는 다른 카테고리를 다시 선택하거나 이탈할 수밖에 없다. 선택한 카테고리에 기대했던 FAQ가 없으면 사용자의 신뢰가 떨어진다.

그림 6-1 선택을 망설이게 하는 메뉴의 목차

```
<목차>
일식        1페이지        면류        2페이지
경식        3페이지        덮밥        4페이지
에스닉      5페이지        샐러드      6페이지
파스타      7페이지        카레        8페이지
이탈리안    9페이지        샌드위치    10페이지
음료        11페이지
```

카테고리 제목

하나하나의 카테고리는 FAQ의 용기다. 용기의 뚜껑을 열기 전에 들어 있는 내용물을 상상할 수 있도록 카테고리에는 제목이 붙어 있다. 카테고리 제목은 사용자의 상상을 배신하지 않도록 정해야 한다.

카테고리의 흔한 실패 사례는 기업의 관점에서 제목을 붙인 것이다.

- 거래에 관하여
- 계약에 관하여
- 요금에 관하여
- 각종 절차에 대하여
- 창구에서의 절차
- 트러블 및 문제

위와 같은 제목에서는 각각이 무엇을 가리키고 있는지를 사용자는 정확하게 알 수 없다. '거래'와 '계약'과 '절차'의 차이나 '트러블 및 문제'의 의미하는 것 등 기업의 취지와 사용자가 추정하는 것은 같지는 않다.

사용자가 FAQ를 찾을 경우, 사용자의 머릿속에 있는 것은 고민되거나 궁금한 점에 관련된 말이다. 그러한 말을 연상시키는 카테고리 제목으로 하지 않으면, 사용자의 입장을 고려한다고 할 수 없다.

카테고리의 입도

카테고리화는 입도를 일정하게 한다는 점을 의식한다.

- 아시아의 동물

- 하늘을 날 수 있는 동물
- 초식 동물
- 발굽이 있는 동물
- 서울의 동물

위의 예시에서는 누가 봐도 '이것은 어떤 기준으로 분류한 것일까?' 하고 고개를 갸우뚱할 것이다. 이런 것을 입도가 맞지 않은 카테고리화라고 한다. 입도가 일정하면 어떤 카테고리에도 내용물이 중복되는 일 없이 들어가 있으리라는 이미지를 준다.

사용자는 카테고리끼리 비교하여 그 차이에서 취사선택한다. 입도가 이상한 카테고리들을 비교하는 일은 사용자를 혼란스럽게 한다.

6.2 고품질 카테고리화

구체적으로 고품질 카테고리화에 대해 설명하겠다.

고품질 카테고리화라면 사용자는 원활하게 FAQ에서 범위를 좁힐 수 있다. 그 결과 FAQ를 찾아내는 비율(답변 도달률)이 향상되어 문제가 해결되면 사용자의 자기 해결률도 높아지게 된다.

단순한 카테고리화에 유의한다

단순한 카테고리화를 해 두면, 사용자는 원활하게 FAQ에 도달할 수 있다.

예를 들면 무수한 카테고리가 가득 늘어서 있는 FAQ 사이트를 흔히 볼 수 있는데 카테고리를 모두 확인하는 것만으로도 상당히 고생한다. 하물며 스마트폰으로 보면 카테고리를 다 보는 데만 화면을 몇 번이고 슬라이드 해야 한다. 카테고리에 국한되지 않고 선택지가 많으면 그것만으로 우리는 판단에 시간을 들여야 한다. 선택지가 적어야 일이 빨리 결정난다.

카테고리 개수의 최대 기준으로는 가능하다면 여덟 개 이내로 권장한다. 계층형 카테고리인 경우에는 하나의 계층당 여덟 개까지로 생각하자. 물론 여덟 개보다 적을수록 좋다.

여덟 개라고 하는 근거를 제시하겠다. 사람에게 선택지를 제시하는 개수는 최대 여덟 개 정도가 좋다고 한다. 눈앞에 선택지가 여러 개 있을 때, 우리는 그중에서 하나를 고르기 위해 모든 선택지를 서로 비교한다. 비교를 위해 단기적인 기억을 사용한다. 선택지가 아홉 개 이상이 되면, 일반인은 선택 작업이 극단적으로 느려진다. 사람이 단기적으로 기억할 수 있는 한계는 평균 7±2개 정도라고 하기 때문이다. 물론 필자의 전문 분야는 아니지만, 인지심리학에서는 비교적 유명한 설이자, 일상생활 곳곳에서 응용되고 있다. 이 설에 관하여 최초로 논문을 쓴 사람은 조지 A. 밀러라는 인지심리학자다[1].

FAQ가 많은 경우에는 카테고리를 여덟 개 이내(8분할)로 줄일 수 없다고 염려되기도 할 것이다. 그 점에 대해서는 지금부터 해결하겠다.

카테고리를 단순화하는 아이디어

FAQ가 너무 많아서 겨우 여덟 개의 카테고리로 나누기는 어려운 경우도 있다. 이를 해결하는 아이디어로 FAQ 사이트 자체를 나누어 버리는 방법이 있다.

원래 FAQ를 카테고리화하지 않으면 안 되는 이유는 FAQ가 많기 때문이다. 많은 FAQ를 줄일 수 없다면, 사이트 자체를 나누어 사이트당 FAQ 개수를 줄인다.

사이트를 나누는 것도 일종의 카테고리화인데, 사용자가 선택하는 단계에서 헤매지 않도록 각 사이트의 주제를 분명하게 해 두어야 한다.

다음은 사이트를 나누는 방법의 한 예시다.

---

[1] Miller, G. A., "The magical number seven, plus or minus two: some limits on our capacity for processing information," Psychological Review, 63(2), American Psychological Association, 1956, pp.81-97.

- FAQ 사이트 1. 계약 전, 계약 검토 중인 분을 위한 FAQ
- FAQ 사이트 2. 이용 전, 계약 수속 중인 분을 위한 FAQ
- FAQ 사이트 3. 이용 중인 분을 위한 FAQ

사용자는 제품과 서비스와 자신의 입장(계약 전인가 계약 중인가 등)은 명확하게 알고 있으므로 위와 같이 사이트를 나누는 방법은 알기 쉬울 것이다. FAQ의 개수를 줄일 수 있을 뿐만 아니라 각 사이트의 조건이 분명한 만큼 FAQ의 설명도 간단하게 할 수 있다.

단순한 카테고리화의 관리 측면에서의 이점

단순한 카테고리화는 측면에서도 이점이 있다. 카테고리가 많을수록 당연히 제목을 정하는 작업도 많아진다. 또 계층을 늘릴수록 전체 구조가 입체적으로 복잡해진다.

FAQ는 카테고리별로 그에 속해야 하는 FAQ를 정의해야 한다. FAQ 사이트의 시작 초기에는 카테기로화 조금 복잡한 정도였다고 해도 시간이 지나면서 점점 관리가 되지 않게 될 가능성이 있다.

카테고리화는 되도록 단순하게 해 둠으로써 위와 같은 작업도 줄어들어 관리 측면에서 편해진다.

고품질 FAQ를 작성해 두면 카테고리화가 용이하다

당연하지만, 카테고리화는 우선 FAQ를 모두 준비한 후에 작업한다. FAQ라는 내용물(콘텐츠)가 얼추 정리되었을 때 카테고리화를 할 수 있다.

고품질 FAQ를 작성해 두면 카테고리화도 하기 쉽다. 고품질 Q 문장에는 카테고리화의 단서가 정확하게 포함되어 있다. 다음의 두 개를 비교해 보자.

> **Before**
> **Q1** : 비밀번호를 잊어버렸어요.

> **After**
> **Q2** : ABC회원용 로그인 비밀번호를 잊어버렸을 때 재발급하는 절차는?

　Q1을 바탕으로 카테고리화하려고 해도 단서는 '비밀번호', '잊었다' 정도다. 이 말만으로 카테고리화 해서는 사용자에게 특별한 상상력을 요구된다.

　Q2는 문장 안에 'ABC회원', '로그인', '비밀번호', '잊었다', '재발급', '절차'와 같이 카테고리의 단서가 되는 말이 풍부하게 담겨 있다.

　모든 FAQ가 Q2와 같은 작문으로 되어 있으면 전체적으로도 문체가 갖춰져 있어 각각 사용된 말을 단서로 카테고리화하기가 쉬워진다.

> **Q1** : ABC회원용 로그인 비밀번호를 잊어버렸을 때 재발급하는 절차는?
> **Q2** : ABC회원용 로그인 사용자 ID 추가 신청 절차는?
> **Q3** : ABC회원용 로그인 사이트 전용 스마트폰 앱을 받는 방법은?

　위와 같은 내용이라면 각 FAQ에서 공통되는 어휘를 고려하여,

- ABC회원 관계
- 로그인 관계
- 절차 관계

이런 식으로 카테고리화 해볼 수 있겠다.

사용자가 취사선택하기 쉬운 카테고리 제목으로 정한다

카테고리의 제목은 사용자가 직관적이고 망설임 없이 취사선택할 수 있는 것으로 하면 신뢰성 높은 FAQ 사이트가 된다.

그러기 위해서는 카테고리의 제목은 기업의 관점이 아닌 사용자의 곤란한 일이나 모르는 것 관점, 또는 사용자가 자신이 처한 상황에서 연상할 수 있는 제목을 생각한다.

사용자 관점의 카테고리 제목으로 한다

예를 들어 다음 Q의 경우 적당한 카테고리 제목은 무엇이 좋을까?

> **Q** : AA보험 BB특약의 만기가 다가오고 있으니 연장 방법을 알려주세요.

'AA보험 BB특약'이나 '계약에 관하여'와 같은 카테고리를 만들어 거기에 넣어 버릴 것 같다. 확실히 그런 제목은 제품명이나 위치, 절차를 파악하고 있는 기업 입장에서 보면 자연스러운 제목일 수도 있다. 그러나 FAQ를 찾는 사용자에게는 알기 어렵다.

제품명이나 서비스명을 사용자가 올바르게 기억하고 있으리라는 보장은 없다. 특히 매일 쳐다보는 것이 아닌 보험명이나 서비스명 등은 제대로 기억나지 않는다. '○○보험 □□특약'과 같은 상품명으로 가득한 카테고리가 나열된 FAQ 사이트가 있는데, 사용자는 '글쎄?' 하고 멈춰 버린다.

그럼 '계약에 관하여'라는 카테고리는 어떨까? 기업(보험회사)의 사무 처리 측면에서는 '만기'도 '연장'도 '계약에 관하여' 범위에 들어갈지도 모르지만, 사용자는 잘 모른다. '계약에 관하여'라면 사용자는 '신규 계약'을 떠올릴지도 모른다.

위의 Q를 찾고 싶은 사용자가 떠올리는 것은 '만기'나 '계약 연장'이 아닐까. '만기'나 '계약 연장'은 사용자 자신이 의식적으로 알고 있는 것이며, FAQ를 찾는 동기이기 때문이다.

'계약 기간·변경·연장'과 같은 카테고리 제목이라면 이 FAQ를 찾는 사용자는 망설임 없이 선택할 수 있다. 이 Q에는 '만기'나 '계약 연장'이라는 단어가 포함되어 있으므로 그대로 사용자 관점에서 카테고리화한 것이 된다.

'계약 기간·변경·연장'이라는 제목의 다음과 같은 FAQ도 망라할 수 있을 것 같다. Q 문장이 카테고리화의 단서가 된다.

> **Q1** : HH보험 장수형 계약 기간을 알려주세요.
> **Q2** : HH보험 장수형 지급 만기를 알려주세요.
> **Q3** : BB보험 적립형 적립 기간 변경 방법을 알려주세요.
> **Q4** : BB보험 적립형의 만기가 다가오고 있으니 연장 방법을 알려주세요.

사용자가 일단 정확한 카테고리를 고르면, FAQ는 상당히 범위가 좁혀진다. 그래서 사용자는 필요에 따라 자신의 상품명(보험명)을 다시 알아보고 올바른 FAQ에 도달한다.

'결국 상품명을 어렴풋이 기억하고 있으면 안 되는 건가.'라고 생각할 수도 있지만, 사용자의 수고를 더는 데는 이 로직이 틀리지 않았다. 예를 들어, 큰 레스토랑 등에서 여하튼 매운 음식이 먹고 싶을 때 중식, 이탈리안, 한식, 멕시칸…… 이라는 카테고리를 먼저 선택하기보다 '매운 메뉴'로 먼저 범위를 좁힌 후에 정하는 것이 빠른 것과 비슷하다.

카테고리 하위의 FAQ 개수

다음의 FAQ는 어떤 카테고리가 좋을까.

> Q : 스마트폰으로 고속 통신 테라팩으로 변경했을 경우의 한 달 이용 요금을 알고 싶어요.

이 FAQ를 찾고 있는 사용자는 '고속 통신 테라팩'으로 변경하고 싶으니 이 서비스명은 분명히 인식하고 있다. 이러한 경우 '고속 통신 테라팩'은 카테고리 제목으로 사용할 수 있다.

단 하나의 고유한 서비스명 카테고리라면 거기에 포함될 만한 FAQ가 적은 경우에는 '고속 통신 테라팩'을 카테고리로 정하는 것은 적절하지 않다. '서비스 변경', '요금'과 같은 제목의 카테고리가 더 범용성이 있고 사용자가 찾는 동기와도 연결된다.

> Q1 : 서비스 이용료를 연간 일시불로 변경했을 경우의 요금을 알고 싶어요.
> Q2 : 메일 서비스만 해지했을 경우의 한 달 이용 요금을 알고 싶어요.

이와 같은 FAQ도 위의 '서비스 변경'이나 '요금' 카테고리에 무리 없이 넣을 수 있으며 사용자는 주저하지 않고 선택할 수 있다. 물론 '고속 통신 테라팩'에도 많은 FAQ를 넣을 수 있다면 사용해도 괜찮을 것 같다.

이처럼 카테고리화에는 하위에 존재할 수 있는 FAQ 적적량도 검토해 보면 카테고리가 터무니없이 많아지는 일은 없다.

위와 같이 FAQ의 품질이 높으면 Q 문장에 카테고리화의 단서가 몇 개나 있다. FAQ 전체와 대조하면서 가장 적절한 카테고리를 검토한다.

제품명 혹은 서비스명을 카테고리로 하는 경우

앞서 이야기했듯이 제품명과 서비스명은 사용자가 어렴풋이 기억하고 있을 가능성이 있어 카테고리에는 추천하지 않는다. 그러나 제품명이나 서비스명을 카테고리로 해야만 하는 경우가 있는데, 바로 제조업 분야의 FAQ다.

제조사들은 한 제품에 대해 아주 많은 모델 번호가 있는 서로 다른 기종을 판매하며 수년에 걸쳐 보수를 하면서 고객 지원을 지속한다. 예를 들어, 한 제조사의 카메라만 해도 수백 종류의 모델 번호가 있다.

그러한 경우 기종 번호나 제품명이 FAQ의 첫 번째 카테고리에 사용된다. 사용자는 자신이 가지고 있는 기기의 모델 번호를 먼저 알아본 다음에 그 모델 번호를 나타내는 카테고리에서 먼저 FAQ의 범위를 좁힌다.

기업 측에서는 FAQ 사이트에 '먼저 사용하시는 기기 번호를 확인하여 준비해 주세요.' 같은 기재를 해 두면 좋겠다.

취사선택하기 쉬운 카테고리의 예시

카테고리는 사용자가 망설임 없이 취사선택할 수 있어야 한다. 이것은 Q를 작성할 때와 같은 사고방식이다. 사용자가 자신의 곤란한 일에 대조하여 '이 카테고리가 틀림없어'라고 생각함과 동시에 다른 카테고리를 '이건 아니야'라고 무시할 수 있는 카테고리화에 유의한다.

매우 중요하지만 어려운 점도 있어서 간단한 예시와 FAQ를 사용한 보기를 들어 자세히 설명하겠다. 예를 들면 사용자가 원예점에 잔뜩 늘어선 선반 앞에서 꽃씨를 찾고 있다. 꽃은 '나팔꽃'이라는 이름만 아는데 선반의 이름이 다음과 같으면 망설여져서 좀처럼 선택할 수 없을 것이다.

- 장미과 씨
- 국화과 씨
- 메꽃과 씨
- 봄꽃

- 여름꽃
- 한해살이풀
- 두해살이풀

다음과 같이 이름 선반이 나란히 있으면 바로 선택할 수 있을 것 같다. 머릿속에 떠오르는 꽃 이름과도 비교하기 쉽고, 관계없는 것도 바로 알 수 있다.

- 'ㄱ~ㄴ'으로 시작하는 꽃
- 'ㄷ~ㄹ'으로 시작하는 꽃
- 'ㅂ~ㅅ'으로 시작하는 꽃
- 'ㅇ~ㅊ'으로 시작하는 꽃
- 'ㅌ~ㅎ'으로 시작하는 꽃

이번에는 온라인 판매 FAQ 사이트를 떠올려 보라. 이러한 카테고리는 사용자가 헤매게 되는 예시다.

- 주문에 관하여
- 반품에 관하여
- 불량품 취급에 관하여
- 배송에 관하여
- 부재 시의 취급에 관하여
- 시간 지정에 관하여

예를 들어 주문한 물건을 받았는데 불량품이어서 반품을 하고 싶은 경우 '반품에 관하여', '불량품 취급에 관하여' 중에서 어느 쪽을 고르면 될지 갈

피를 못 잡겠다. 또 주문품의 수령 지정 시간을 변경하고 싶은 사용자는 '배송에 관하여', '부재 시의 취급에 관하여', '시간 지정에 관하여' 중 어느 것을 선택하면 좋을지 망설여진다.

'만약 틀린 카테고리를 골라버리면 FAQ에 도달하지 못할지도'라는 불안감이 더욱 사용자의 망설임을 조장한다. 틀리면 다시 고르면 그만 아니냐는 생각은 잘못된 생각이다. 사용자는 참을성 있게 카테고리를 다시 선택하기보다 이탈을 선택할 수도 있다. 또는 망설인 끝에 아무것도 하지 않고 이탈할지도 모른다.

이를 다음과 같은 카테고리로 바꾸어 보겠다.

- 주문
- 주문 취소 반품
- 불량품·다른 상품·누락 상품 반품
- 배송 시간 지정·변경
- 배송지 지정·변경
- 부재 시 배송 안내

불량품을 받은 사용자가 이를 반품하고 싶은 경우 '불량품·다른 상품·누락 상품 반품'이 유일한 카테고리다. 취소 등의 이유로 반품하고 싶을 때는 '주문 취소 반품'을 제외하고는 없다. 물품 수령 지정 시간을 변경하고 싶은 사용자는 '배송 시간 지정·변경'이 된다.

이러한 카테고리화와 제목이라면 사용자는 자신이 선택해야 할 카테고리와 그 이외의 카테고리를 쉽게 구분할 수 있다. 카테고리화와 제목을 어떻게 하느냐에 따라 사용자는 취사선택이 용이해져 망설임 없이 FAQ의 범위를 좁힐 수 있다.

6.3 다양한 카테고리 구성

지금까지 설명한 카테고리화의 기본 내용을 바탕으로 몇 가지 카테고리 구성에 대해 소개하겠다.

하지만, FAQ 시스템에 따라서는 여기서 설명하는 카테고리 구성에 대응할 수 없는 경우가 있으므로 주의하기 바란다. FAQ 시스템에 관해서는 제8장에서 자세하게 설명하겠다.

계층형 카테고리 구성

카테고리 구성에서 가장 정통적인 것은 계층형 카테고리다. 계층형 카테고리란 그림 6-2와 같이 하나의 카테고리 아래에 더욱 세세하게 나누어진 카테고리가 다단계로 만들어지는 상태다. 폴더 구성과 유사하므로 사용자도 FAQ 제작자도 이미지하기 쉽다는 장점이 있다.

카테고리 계층도 폴더처럼 깊은 계층으로 만들 수 있다. 단 계층화에는 주의할 점도 있다.

그림 6-2 계층형 카테고리의 구조

사용자 눈높이의 계층화

계층형 카테고리 정보의 범위를 좁히는 경우, 사용자는 카테고리를 얕은 쪽에서 깊은 쪽으로 차례로 나아간다. 이를 고려하여 사용자 눈높이에서의 구성과 제목이 되도록 한다.

사용자 눈높이의 계층과 제목이란 무엇일까? 이해하기 쉽도록 동물인 기린을 계층형 카테고리로 나타내 보겠다.

기린은 생물 분류학적으로는 그림 6-3과 같이 분류(카테고리화)된다. 하지만 이 카테고리를 보여줘도 척척 기린에 도달하는 사람은 별로 없을 것이다.

그림에 나타난 카테고리에서, 사용자가 가장 먼저 보는 것은 다음의 카테고리다.

- 포유강
- 조강
- 양서강
- 연골어강
- 파충강

여기서는 왠지 '포유강'을 고를 수도 있을 것 같다. 포유강의 하위 카테고리를 살펴보면 다음과 같았다.

- 우제목
- 기제목
- 식육목
- 영장목
- 쥐목
- 캥거루목

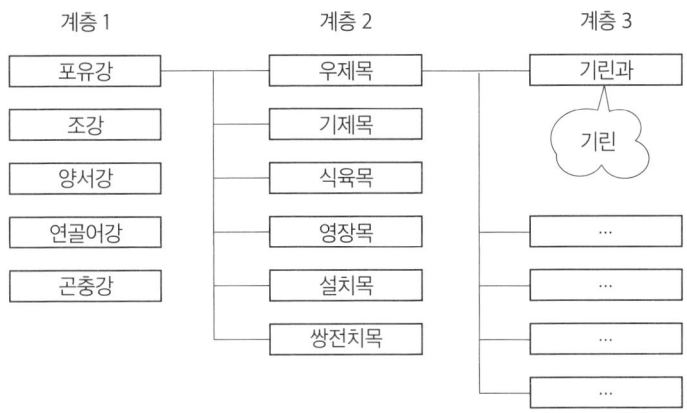

그림 6-3 생물 분류학상의 기린이 속하는 카테고리

여기서 대부분 어떤 카테고리인지 막히게 되지 않을까.

첫 번째 카테고리 '강'은 통과할 수 있어도 그 하위 카테고리 '목'에서 알 수 없다면, 우리는 감으로 고르거나 이탈하게 된다. 감으로 고른 경우에는 틀릴 가능성도 있다. 만약 생물 분류학적으로는 올바른 계층형 카테고리를 나타내도 일반적인 사람들은 목적에 도달하기 어렵게 된다.

그럼 그림 6-4와 같은 계층형 카테고리로 하면 어떨까? 이렇게 하면 일반인도 알기 쉽다. 카테고리 계층을 따라가는 도중에 별로 헤매지 않을 것이다. 물론 완벽하지는 않지만 생물분류학의 카테고리 구조에 비해 일반인과 눈높이가 맞다.

이처럼 계층형 카테고리에서는 사용자의 눈높이와 지식을 충분히 고려해야만 한다.

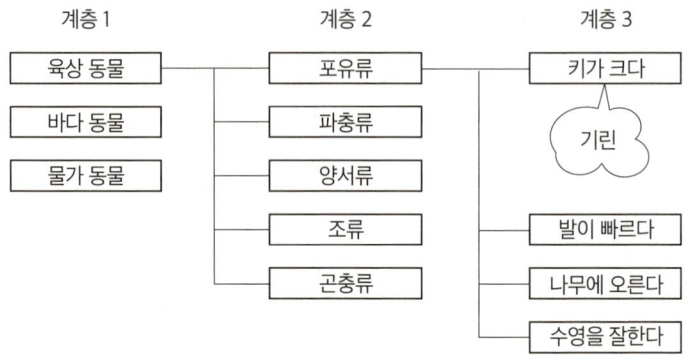

그림 6-4 일반 사용자의 눈높이에 다가간 기린 카테고리

FAQ에서의 사용자 관점

다음과 같은 FAQ를 찾는 사용자가 있다고 한다. 이 FAQ를 계층형 카테고리에 넣는 경우를 생각해 보자.

> Q : 부상으로 입원했을 경우의 치료비 청구 방법을 알려주세요.

사용자의 관점가 아닌 카테고리 구성을 그림 6-5으로 나타냈다. 그러면 사용자가 FAQ에 도달하지 못할 가능성이 있다. 예를 들어 '급부금'이라는 카테고리는 '보험회사가 급부한다'는 보험회사의 관점에서 쓴 제목이다.

또 '치료비 지급'이라는 카테고리도 '보험회사에서 지급한다'는 보험회사의 관점이다.

사용자 관점의 카테고리로 하면 그림 6-6과 같이 된다. 두 카테고리의 제목 모두 사용자의 관점으로 되어 있다. 사용자가 청구하고 사용자가 치료를 받으므로 이 카테고리면 사용자가 하고 싶은 질문의 요소를 나타내고 있다. 사용자는 망설임 없이 선택할 수 있으며, 차례대로 따라가기 쉬운 계층형 카테고리가 된다.

그림 6-5 사용자 관점이 아닌 카테고리

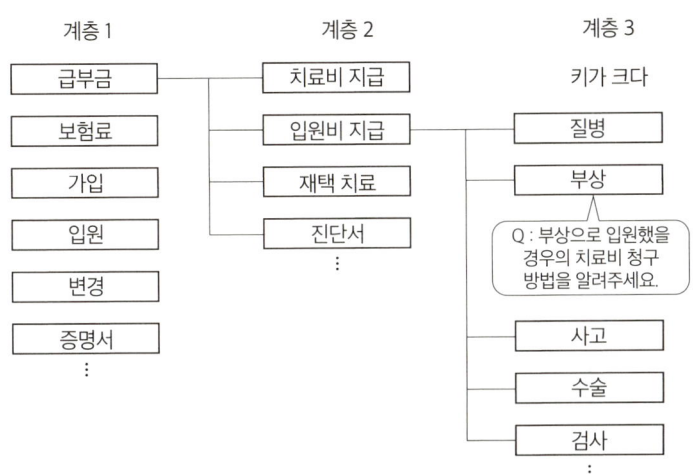

계층의 심도는 두 계층까지

계층형 카테고리를 설명하기 위해 깊은 카테고리로 설명했지만, 카테고리 계층은 두 계층까지를 추천한다. 카테고리는 계층이 깊어질수록 사용자에게는 선택지가 증가하고, 그만큼 오류나 망설임의 가능성 점점 커지기 때문이다.

예를 들어 그림 6-4에서 언급한 기린의 예에서 알기 쉽게 카테고리화했다고 해도 하나라도 잘못 선택하면 기린에 도달할 수 없게 된다. 얇은 계층의 카테고리화로 하는 것은 잘못 선택할 가능성을 조금이라도 줄이기 위해서다. 특히 스마트폰의 경우는 화면 크기의 관계로 계층을 따라갈 때마다 화면이 바뀌기 때문에, 사용자는 자신이 어디에 있는지 모르게 될 가능성이 있다. 카테고리를 얇게 해 두면 혹여 사용자가 카테고리를 틀려도 조금만 다시 작업하면 된다.

FAQ 수가 많으면 카테고리가 2계층뿐이라면 충분히 범위를 좁히지 못하게 된다고 느낄 수도 있다. 그러나 2계층만으로도 상위 계층에서 다섯 가지 카테고리로 나누고, 그 하위 계층에서도 다섯 가지 카테고리로 나누면 사용자가 가장 깊은 계층으로 갔을 즈음에는 FAQ 개수를 25분의 1로 줄일 수 있다.

사용자에게는 카테고리로 범위를 줄임과 동시에 키워드 검색도 병용하도록 안내하는 것도 하나의 아이디어다.

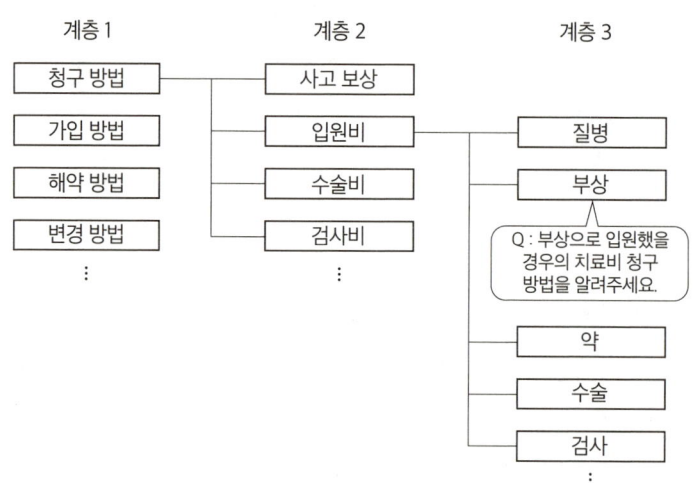

그림 6-6 사용자 관점 카테고리

멀티 카테고리 구성

멀티 카테고리 구성에서는 하나의 FAQ를 여러 카테고리에 소속시킬 수 있다. 그렇게 하면 사용자가 FAQ에 도달할 수 있는 비율을 올릴 수 있다. 동시에 사용자의 망설임도 흡수하는 카테고리 구성이기도 하다.

기업이 생각하는 카테고리와 사용자가 생각하는 카테고리를 완전히 똑같이 일치시키기는 어렵다. 알기 쉬운 비유로 말하자면 영화 「스타워즈」의 카테고리는 무엇인가를 여러 사람에게 물어보면 'SF', '판타지', '액션' 등 다양하게 대답한다. 멀티 카테고리는 그러한 상태를 해결하기 위한 것이다.

멀티 카테고리 구성과 사용자 관점

사용자가 헤매거나 카테고리의 내용을 깊이 읽을 필요도 없고, 직관적으로 카테고리를 취사선택할 수 있는 것이 이상적이다. 그래도 사용자의 카테고리화와 기업의 카테고리화가 완전히 일치할 수는 없으므로 '혹시 모르니' 멀티 카테고리 구성으로 하는 정도가 맞다.

멀티 카테고리화의 예시는 아래와 같다.

> Q : 부상으로 입원했을 경우의 치료비 청구 방법을 알려주세요.

이와 같은 FAQ를 찾는 사용자의 대부분은 '부상'이라는 카테고리를 고를 것이다. 단, 간혹 '수술'이라는 카테고리를 선택하는 사용자가 있을지도 모르므로, 만약을 위해 '수술'에도 똑같은 FAQ를 넣어 둔다(그림 6-7).

멀티 카테고리를 설정했을 경우의 아이디어 중 하나로 예를 들어 다음과 같은 공지글을 FAQ 사이트의 눈에 띄는 곳에 기재해 두면 좋지 않을까.

가깝다고 생각하는 카테고리를 골라주세요. 조금씩 FAQ의 범위를 좁힙니다.

사용자가 안심하고 카테고리 선택에 망설이는 시간을 조금이라도 단축할 수 있다면, 사이트 이탈을 줄일 수도 있다.

계층형 카테고리, 멀티 카테고리 구성의 조합

카테고리의 구조가 조금 복잡해지기는 하지만 카테고리 자체를 멀티 카테고리로 구성하는 방법도 있다. 그림 6-8과 같은 이미지다. 이도 사용자와 FAQ 제작자와의 카테고리화가 어긋나는 것을 완화해 준다.

이처럼 멀티 카테고리는 유연하게 구성할 수 있지만, 너무 공들이면 뒤엉킨 미로처럼 복잡해져 관리가 힘들어지니 주의하자.

카테고리 구성은 사용자의 관점에서 취사선택에 망설이지 않는 것을 기본 원칙으로 삼아 멀티 카테고리 구성은 어디까지나 보조적으로 필요 최소한으로 설정하는 정도가 좋다.

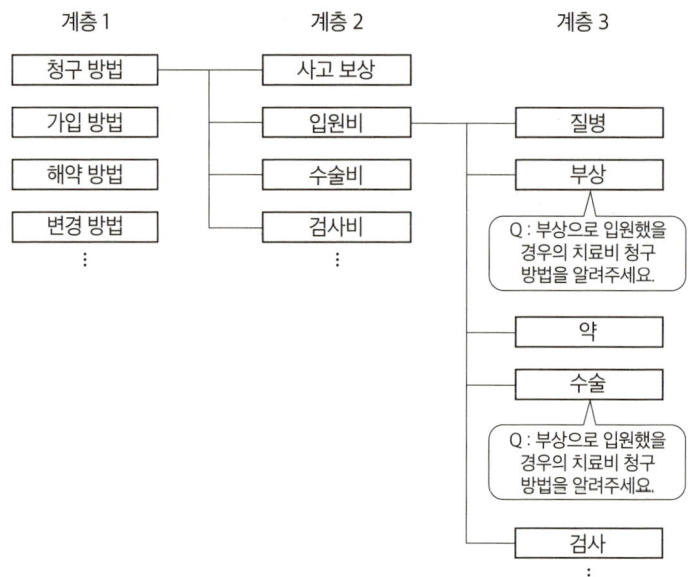

그림 6-7 멀티 카테고리로 FAQ를 여러 카테고리에 소속시킨다

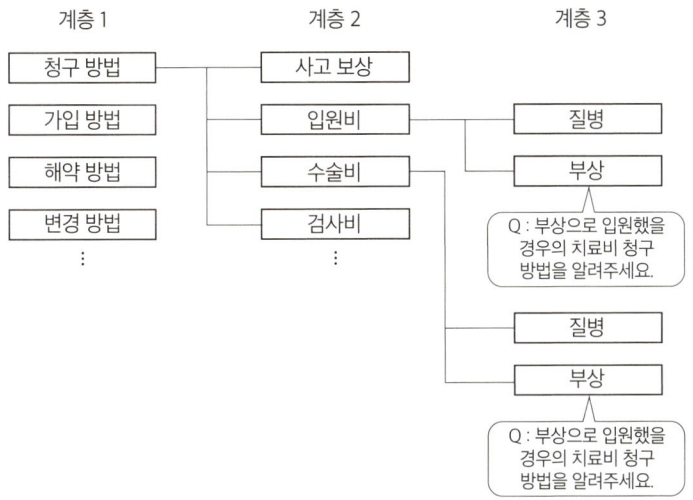

그림 6-8 FAQ도 카테고리도 멀티로 소속시킨다

추천형 카테고리화

온라인 판매 사이트나 FAQ 사이트에서도 '이것을 본 사람은 이것도 보고 있어요'라는 표시로 다른 상품이나 FAQ를 안내한다. 이와 같은 추천이라고 불리는 시스템은 웹 페이지에서의 사용자 PV와 검색 조작과 같은 이용 동향 및 흐름을 상시 분석하여 그 분석 계산에서 가까운 상품과 FAQ를 제시하는 것이다.

카테고리와는 조금 개념이 다르지만 이 시스템을 이용하여 한데 정리된 FAQ를 사용자에게 제시할 수도 있다. 추천을 이용한 FAQ의 범위 좁히기를 간단히 소개하겠다.

자의적인 추천에 다른 카테고리화

추천은 사이트에서 사용자의 이용 상황을 수집할 수 있고, 계산식이 있으면 시스템 측면에서는 비교적 간단하고 자동화하기도 쉬운 구조다.

통상적으로는 FAQ 시스템이 자동으로 산출한 FAQ를 사용자에게 추천한다. 그러나 FAQ 제작자가 자의적(계획적)으로 FAQ 간의 관계를 설정해 놓고 사용자에게 그 FAQ를 보도록 하는 편이 현실적이다.

예를 들어, FAQ의 A 글에서 사용된 용어가 어렵다고 예상하여, 그 단어의 의미를 설명하는 다른 FAQ를 자의적으로 연결하여 사용자에게 추천하는 식으로 사용한다.

FAQ를 관련짓는 데는 FAQ 분석이 유용하다

위와 같이 관련 FAQ를 자의적으로 연결해 두는 사용법은 편리하다. 어떤 FAQ와 어떤 FAQ를 연결해야 사용자에게 편리한가 하는 점에 관해서는 FAQ 사이트 운영에서의 분석이나 콜센터의 콜 리즌 분석이 필요하다.

'이것을 알고 싶은 사람은 이것도 알고 싶다'는 관련을 어떻게 분석하는가 하는 간단한 방법은 조회 순위가 높은 FAQ끼리 비교해 보고 그 각각의 연관성을 검토하는 방법이다. 연관성이 강하다고 생각되는 경우에는 두 FAQ를 자의적으로 추천 설정한다.

정렬형 카테고리

단순하고 범위를 좁히는 효과도 높은 것은 정렬형 카테고리다. 정렬형 카테고리 구성에서는 FAQ의 Q 문장 목록을 정렬(줄세우기)함으로써 FAQ를 빠르게 범위를 좁힐 수 있다. 정렬된다는 점을 의식해서 Q를 작성해 둔다, 즉, 부감적인 시점에서 모든 FAQ가 작성된 경우에 사용할 수 있는 방법이다.

정렬형 카테고리는 Q 문장 구성이 열쇠

정렬형 카테고리의 효과는 Q의 문체에 달려 있다. FAQ의 Q의 문체를 철저히 통제하고 정렬형 카테고리가 효과를 발휘하도록 한다.

정렬형 카테고리를 채택하고 싶은 경우, FAQ는 글을 쓴다기보다 곤란한 일이거나 알 수 없는 일에 관한 키워드를 나열한 Q를 준비해야 한다. 정렬형 카테고리를 의식한 알기 쉬운 FAQ(Q) 목록의 예시다.

> Q1 : 【기한】소개 입회 혜택 신청
> Q2 : 【절차】온라인 회원 신청
> Q3 : 【연락처】카드 분실
> Q4 : 【URL】카드 회원 증정품 목록
> Q5 : 【절차】온라인 회원 로그인 비밀번호 재발급
> Q6 : 【URL】비회원 증정품 목록
> Q7 : 【URL】온라인 회원 로그인 사이트
> Q8 : 【절차】카드 신청
> Q9 : 【URL】카드 규약
> Q10 : 【기한】카드 회원 포인트 구매
> Q11 : 【URL】카드 회원 포인트 확인
> Q12 : 【절차】온라인 회원 하이패스 신청
> Q13 : 【URL】카드 하이패스 이용 실적
> Q14 : 【절차】카드 해지
> Q15 : 【URL】온라인 회원 구매 이용 실적
> Q16 : 【URL】온라인 회원 포인트 잔액

위의 목록을 정렬하면 다음과 같이 된다.

> Q1 : 【URL】카드 하이패스 이용 실적
>
> Q2 : 【URL】카드 규약
>
> Q3 : 【URL】온라인 회원 구매 이용 실적
>
> Q4 : 【URL】카드 회원 증정품 목록
>
> Q5 : 【URL】카드 회원 포인트 확인
>
> Q6 : 【URL】온라인 회원 포인트 잔액
>
> Q7 : 【URL】온라인 회원 로그인 사이트
>
> Q8 : 【URL】비회원 증정품 목록
>
> Q9 : 【기한】카드 회원 포인트 구매
>
> Q10 : 【기한】소개 입회 혜택 신청
>
> Q11 : 【절차】카드 해지
>
> Q12 : 【절차】카드 신청
>
> Q13 : 【절차】온라인 회원 하이패스 신청
>
> Q14 : 【절차】온라인 회원 신청
>
> Q15 : 【절차】온라인 회원 로그인 비밀번호 재발급
>
> Q16 : 【연락처】카드 분실

정렬형 카테고리를 사용한 경우 위와 같은 Q 목록으로 만드는 것이 효과적이다. 하나하나가 규칙에 따라 통일되어 쓰여 있어 각각의 FAQ에서 기대되는 답변을 알 수 있을 것이다. 정렬하면 위와 같이 FAQ가 색인 형태로 정렬되어 사용자는 찾고 싶은 정보를 표시된 목록 그룹을 세로로 쭉 훑어보기만 해도 쉽게 목적한 것을 찾을 수 있다.

FAQ의 리스트로서는 그다지 일반적이지 않기 때문에, 정렬형 카테고리는 사내 헬프 데스크용, 콜센터 상담원용 등 사용 방법을 훈련할 수 있는 경우에 좋을 수도 있다.

FAQ 제작자에게도 이점이 있다. 정렬형 카테고리로 FAQ를 준비하는 경우 FAQ 제작자가 Q를 작성할 때 규칙에 따라 거의 틀에 맞추기만 해서 쓰면 된다.

생소한 FAQ라서 모험적으로 느껴질지도 모르지만, 사용자의 자기 해결률이라는 KPI를 높일 수 있고, FAQ 준비와 유지 관리가 쉽다는 점에서 채택할 수 있는 방법이다.

특별한 카테고리

사용자의 자기 해결을 최대로 높인다는 FAQ 사이트의 본래 목적을 되돌아보면 지금까지의 관례를 타파한 카테고리를 준비하는 것도 고려할 가치가 있다.

긴급 카테고리

콜센터에서는 어느 일정 시기에만 눈에 띄게 콜 건수가 많아지는 일이 있다(그림 6-9). 이 때의 콜 건수를 나타내는 꺾은선 그래프의 형태를 본따 '스파이크 콜'이라고 부른다. 그리고 스파이크 콜은 문의 내용이 거의 같다는 특징이 있다. 마치 FAQ 같다. 스파이크 콜로 유명한 것은 보험업계에서의 연말정산(보험 공제증명서 엽서) 취급에 관한 문의다.

그러한 문의 대응은 FAQ 사이트의 가장 눈에 띄는 부분 또는 톱 화면에 게재하면 좋다. 물론 게재하는 FAQ도 더없이 고품질로 퇴고하고, 이 FAQ를 읽는 사용자가 올바르게 이해하고 해결할 수 있는 내용으로 준비한다. 즉 한 때 집중적으로 특정 문의에 대응하는 FAQ를 준비하여 콜센터의 스파이크를 완화하는 효과를 기대한다. 물론 스파이크 기간은 항상 효과 분석과 FAQ 갱신도 한다.

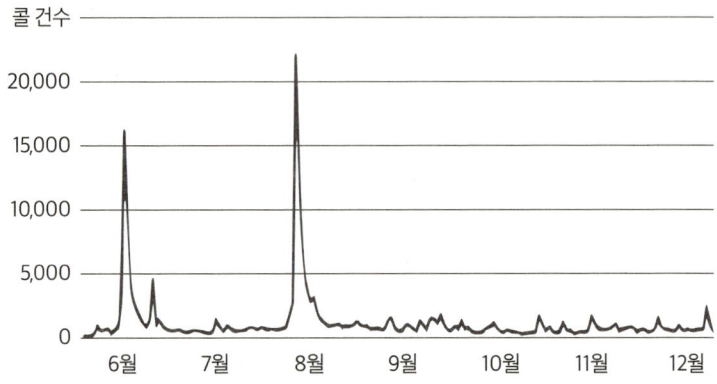

그림 6-9 스파이크 콜 이미지 그래프

80%의 사용자가 스스로 해결 가능한 카테고리

제2장에서 설명한 FAQ의 운영 분석과 전화를 이용한 콜 리즌 분석을 치밀하게 하는 콜센터라면 '고객이 자주 묻는 문의'의 트렌드를 정확하게 파악할 수 있다.

파레토 법칙(80:20 법칙)은 고객 지원이나 콜센터 문의 내용에도 해당된다. 실제로 콜센터 현장에서는 고객으로부터의 콜 건수의 80~90%의 문의 내용이 FAQ 전체의 5~10%에만 집중된다.

전체 사용자 중 80%가 스스로 해결할 수 있는 카테고리란 위의 5~10%의 FAQ만을 엄선하여 모은 것이다. 예를 들면 500건의 FAQ가 사이트에 있으면, 그중 25~50건이다. 이들 소수정예 FAQ만을 하나의 카테고리로 만들어 FAQ 사이트의 기장 위에 눈에 띄는 곳에 배치한다.

이 카테고리의 FAQ를 선택한 사용자는 확실하게 스스로 해결이 가능하도록 FAQ의 품질을 최대한 높여 둔다. 모든 FAQ가 아니라 한정된 5~10%의 FAQ뿐이므로 최우선으로 노력을 쏟아부을 수 있지 않을까. 그리고 전체 사용자의 80%가 100% 스스로 해결하는 것을 목표로 한다.

카테고리가 필요 없는 FAQ

카테고리를 다루는 이 장의 마지막에서 말하기는 꺼려지지만 FAQ에서 가장 좋은 것은 카테고리가 필요하지 않은 상태다.

카테고리는 사용자와 FAQ와의 사이에 문을 여러 개 설치해 둔 셈이다. 사용자가 문을 잘못 열면 FAQ를 찾을 수 없고, 그러면 스스로 해결할 수 없다는 리스크가 있다. 그 리스크를 줄이기 위해서 FAQ 제작자 측도 고민되는 카테고리와 카테고리 제목의 검토가 필요하다.

만약 FAQ 수가 적으면 카테고리화를 할 필요가 없다. 실제로 30개 정도의 FAQ로 최고의 품질을 유지함으로써 많은 사용자가 스스로 해결할 수 있었던 사례도 있다. 궁극적인 FAQ라고 생각하는데, 실제로 '자주 묻는 질문'을 파고들면 의외로 수십 개도 되지 않을 수도 있다.

제**7**장

FAQ의 분석과
유지 관리

FAQ 분석과 유지 관리는 높은 품질의 FAQ를 준비하는 것만큼 중요한 일이다. 이번 장에서는 분석과 유지 관리에 대해 FAQ사이트 및 콘텐츠 각각의 측면에서 설명하겠다. 들어가기 전에 이번 장에서 자주 사용하는 '분석'과 '유지 관리'라는 말의 정의를 짚고 넘어가겠다.

• **분석**

FAQ 사이트를 방문하는 사용자가 FAQ를 어떻게 활용하고 있는지 수치적으로 조사하는 것. FAQ 사이트에서의 사용자의 클릭, 글자 입력 내용, 혹은 흐름 등 수집 데이터 자체의 값, 또는 그것들을 공식에 대입하여 계산하고, 다양한 해석 및 통계를 내는 것을 가리킨다.

• **유지 관리**

분석을 통해 얻은 수치와 통계를 참고로 하여 FAQ의 품질을 높이는 작업. 작업은 콘텐츠(Q와 A)의 편집(개정 및 퇴고), 추가, 삭제 등을 한다. 카테고리 구성의 편집과 동의어의 편집도 작업 중 하나이다.

정확하고 효과적인 분석과 유지 관리를 위해서는 고품질 FAQ가 필요하다.

> Q : 신청은 어떻게 하면 되나요?

위의 FAQ는 알고 싶어하는 사용자가 많아서 클릭 수도 많을 것이다. 그러나 개별 사용자의 상황과 조건은 다양하다. 이 FAQ의 클릭 수가 아무리 많아도 '신청'에 관한 세부적인 부분은 별로 알 수 없다. 이 점에 대해서는 매우 중요하므로 뒤에 설명하겠다.

7.1 분석과 유지 관리

FAQ의 준비와 사이트에 게재하기까지는 스포츠에 비유하면 기초 체력 만들기나 시뮬레이션에 근거한 연습이다. 그리고 FAQ가 사이트에 게재되어 사용자에게 이용되기 시작하는 것이 공식 경기이다. 그때 비로소 FAQ의 수준을 알 수 있다. 어떻게 알 수 있는가 하면 사용자로부터 피드백이 오기 때문이다.

스포츠 경기를 되돌아보고 더욱 연습하듯이, 사용자로부터 받은 피드백을 분석하여 유지 관리하기를 꾸준히 하면 FAQ의 품질을 점점 더 높이면서 강력하게 만들 수 있다.

FAQ를 진부화시키지 않는다

모든 콘텐츠가 제작한 순간부터 진부화가 시작된다.

정보가 텍스트화되면 누군가가 다시 작성하지 않는 한 영원히 고정된다. 한편으로 세상의 상황이나 사람의 지식은 시시각각으로 바뀐다. 그러면 텍스트화된 것과 세상 사이에 차이가 생겨 이전에 작성되었던 것이 도움이 되지 않게 된다. 이를 진부화라고 한다. 예를 들어 새로운 스마트폰으로 기기를 변경한 경우, 반년 전의 팜플릿은 별로 도움이 되지 않을 것이다.

FAQ도 사이트에 공개한 순간부터 진부화가 시작된다. 제품이나 서비스를 이용하는 사용자의 지식과 경험이 시간에 따라 변화하는 한편, 게재된

채로 있는 FAQ는 변화할 수 없기 때문이다. 시간이 지남에 따라 더욱 진부화가 진행되는 것을 생각하면, FAQ를 유지 관리하지 않고 방치해 두기만 해도 품질이 떨어진다.

완벽한 FAQ를 지향하지 않는다

완벽한 FAQ를 작성하기란 어렵다. 그 이유는 FAQ가 글이기 때문이다. 아무리 고품질 글을 쓰더라도, 결국 사용자의 독해 능력에 의지하게 된다. 100명 중 100명이 읽고 이해할 수 있고 고민되거나 궁금한 점을 해결할 수 있는 글을 쓰기란 불가능할지도 모른다.

FAQ 분석과 유지 관리는 끝이 없지만, 결코 완벽할 필요는 없다고 생각한다. 너무 부담 갖지 말고 가이드라인에서 정한 규칙대로 진행한다.

분석과 유지 보수의 기준이 되는 KPI는 현실적이고 적정한 '유지값', '목표값'으로 한다. KPI가 너무 높으면 FAQ 운영 자체에 지치고 만다.

유지값은 최대한 유지하고, 그리고 분석과 유지 관리를 하면서 서서히 목표값에 다가간다. 유지값과 목표값 자체는 수정해도 된다. 가능하면 상향 조정하면 좋겠지만 말이다.

FAQ로 사용자의 목소리를 모은다

많은 기업의 고객 지원 현장에서는 '고객의 목소리를 소중히 한다'는 슬로건을 내걸고 있을 것이다. 고객의 목소리는 말 그대로 VOC(Voice Of Customer)라고 부른다. VOC를 소중히 한다는 것은 VOC를 제대로 FAQ에 반영하는 일이기도 하다.

VOC는 콜센터의 전화 응대 이력이나 메일 문의뿐만 아니라 FAQ 사이트에서도 수집할 수 있다. 그렇다고는 해도 전부는 아니고 분석을 통해서 순위에서 상위의 VOC부터 우선 추출한다.

고품질 분석의 대전제는 고품질 FAQ

저품질 FAQ의 분석값은 신뢰할 가치가 없다. 그 일례로서 이번 장의 서두에서 다음과 같은 FAQ를 제시했다.

> **Before**
> Q : 신청은 어떻게 하면 되나요?

이렇게 작성하면 많은 클릭 수에 비해 의미 있는 정보는 수집할 수 없다.

이 Q의 '신청'이라는 단서로, 사용자는 다음과 같은 일을 해결할 수 있다는 자유로운(어떻게 보면 제멋대로인) 기대를 갖는다.

- 신청 서류를 받고 싶다
- 신청 서류 작성법을 모르겠다
- 신청을 온라인으로 하고 싶다
- 신청 조건을 알고 싶다
- 가족이 신청하고 싶다
- 학생이지만 신청하고 싶다
- 마감 후에 신청할 수 있는가

이러한 사용자의 다양한 기대를 업고 클릭 수가 늘어난다. 그리고 많이 조회되는 FAQ 순위에 오른다. 그렇다고 해서 이 FAQ를 정말 '도움이 되는 FAQ'로 게재해도 될까?

이 FAQ에서 위와 같은 기대에 전부 대응하려면 A는 방대한 정보량이 되어 버린다. 방대한 정보량에 직면한 사용자는 끝까지 읽을까? 또 A의 내용이 위에 열거한 사용자로부터의 기대를 저버리는 것이라면, 클릭 수는 많지만 문제 해결률은 적은 FAQ가 된다.

요컨대 이러한 FAQ가 게재된 사이트의 '자주 조회되는 질문'이라는 순위는 신뢰할 수 없을 가능성이 있다.

그럼 FAQ를 다음과 같은 Q 문장으로 다시 써 보겠다.

> **After**
>
> Q1 : 회원 신청 서류를 받는 방법을 알려주세요.
>
> Q2 : 회원 신청 서류의 회사란 작성 방법의 보기를 알려주세요.
>
> Q3 : 회원 신청이 가능한 온라인 사이트를 알려주세요. (스마트폰)
>
> Q4 : 회원 신청할 수 있는 수입 조건을 알려주세요.
>
> Q5 : 회원 신청을 회원의 가족이 신청할 경우 준비할 절차 서류를 알려주세요.
>
> Q6 : 회원 신청 연령 제한을 알려주세요. (대학생)
>
> Q7 : 회원 신청 마감 후의 접수 창구를 알려주세요.

이렇게 하면 사용자가 직면한 구체적인 상황과 조건이 클릭할 Q 문장에 따라서 선명해진다. '신청은 어떻게 하면 되나요?'라는 문장에서 '신청을 온라인으로 하고 싶다'라고 해석된다면 '신청할 수 있는 온라인 사이트를 알려주세요. (스마트폰)'이라고 작성하는 편이 클릭한 사용자의 상황이나 궁금한 점이 분명해진다. 이러한 FAQ 문장으로 해 두면 구체적인 VOC도 드러난다.

고품질이어서 수가 늘어난 FAQ의 문제

위의 예에서도 그렇지만 FAQ를 구체적으로 그리고 사용자의 상황별로 준비하면 FAQ 자체의 수가 늘어나게 된다. FAQ 수가 늘면 사용자가 FAQ를 찾는 때 부담이 될 수도 있다.

한편, 위와 같이 구체적으로 된 FAQ를 전부 사이트에 게재하면 클릭됨에 따라 사용자의 어려움이나 모르는 것, 기대되는 해결 내용을 나타내는 수치가 나타난다. 다만 그것들은 모든 FAQ에서 골고루 같은 수치로 나타나지는 않을 것이다. 운영하는 과정에서 일부 FAQ만 크릭 수가 특히 많은 경향을 알 수 있다.

이때 클릭 수가 적은 FAQ는 사용자의 곤란한 일도 적다고 판단하여 일단 사이트에서 삭제하기로 정할 수도 있다. FAQ의 품질이 높으면 클릭 수(분석값)를 신뢰할 수 있다. 신뢰할 수 있는 분석값이기에 어떤 FAQ를 사이트에 남기고 어느 것을 삭제할 것인가 하는 판단에도 자신감이 생긴다.

유지 관리의 용이성을 위한 스몰 스타트(small start)

새로운 FAQ 사이트 운영을 시작할 때 추천하고 싶은 것은 고품질 FAQ의 스몰 스타트다. FAQ의 수를 필요 최소한으로 하여 사이트 운영을 시작한다.

예를 들어 FAQ를 1,000건도 넘는 FAQ 사이트 운영을 시작하면, 공개한 첫날부터 분석과 유지 관리 대상은 1,000건의 FAQ다. 그렇게 되면 대응 체제와 유지 관리를 포함하여 작업이 힘들어질 것이다. 최악의 경우 유지 관리를 할 수 없어 FAQ가 방치되기도 한다.

예컨대, 100건 정도(더 적어도 된다)의 정예 FAQ만으로 사이트의 운영을 시작하는 것은 효율적으로 사용자의 자기 해결률을 높이는 방법이다. FAQ

수가 적으면 FAQ 제작자도 두루 감독할 수 있어 분석과 유지 관리를 꼼꼼하게 할 수 있다. 추가해야 할 FAQ도 정확하게 판별하기 쉬워진다.

FAQ 주제를 단계별로 늘린다

그래도 위의 예와 같이 하나의 주제만으로 여러 개의 FAQ가 필요할 듯한 경우 FAQ 사이트의 주제를 줄여 시작하는 방법을 추천한다. 예를 들어 '신청' 관련 FAQ로 먼저 시작한다. '신청' FAQ와 관련하여 사용자의 이용 경향을 분석할 수 있으며, FAQ 정리되면 다음으로 '해지' 관련을 추가하여 같은 식으로 반복한다.

이렇게 단계별로 FAQ가 커버하는 범위를 넓혀 가는 것이 합리적이다. 우선 사용자의 관심이 높은 하나의 주제에서 고품질 FAQ로 시작하는 스몰 스타트가 사용자에게 안심과 믿음을 준다.

FAQ 사이트는 많은 정보를 선보이는 것이 목적이 아니다. 사용자의 자기 해결률을 높이는 것이 목적이다. 많은 사용자가 필요로 하는 FAQ가 무엇인지 정확히 판단하는 것이 스몰 스타트에서 가장 먼저 착수할 분석과 유지 관리다.

분석과 유지 관리를 지속한다

FAQ 분석과 유지 관리를 하지 않으면 FAQ의 품질은 점점 낮아지고, 그 결과 사용자는 사용하지 않게 된다. 그러면 이용 데이터가 모이지 않고 분석과 유지 관리의 단서를 잡을 수 없는 악순환이 일어난다.

분석과 유지 관리는 여하튼 지속하는 것이 중요하다. FAQ 사이트 운용 초기에 정한 규칙에 따라, 극단적으로 말하면 매일 할 정도로 습관화하는 것이 좋다.

FAQ 사이트는 사용자가 능동적으로 찾는다는 의미에서 콜센터와 같은 역할을 한다. 오늘의 고객의 목소리를 내일 반영시킬 정도의 속도감과 신선함으로 FAQ의 분석과 유지 관리를 하는 것이 바람직하다.

만약 고객 지원 부서에서 FAQ와 같은 콘텐츠의 분석과 유지 관리를 계속할 수 없다면, 확립된 규칙이 없어서 그럴지도 모른다. 혹은 종사자가 각자의 아류로 감각적으로 해서 품질이 낮은 유지 관리를 하고 있는지도 모른다. 우선은 가이드라인(제5장)에서 제대로 된 유지 관리 규칙을 확립하여 누구나 체계적으로 수행할 수 있도록 한다.

7.2 분석값의 종류와 활용법

분석과 유지 관리를 위해 중요한 분석 용어 및 분석값에 대해 설명하겠다.

KPI

FAQ 사이트는 웹 사이트라는 특성 덕분에 사용자에 의한 발자국(이용 데이터)가 많이 남으므로, 이를 분석하여 KPI를 내기 쉽다. KPI는 유지 관리 시 작업의 판별 및 방향성을 결정하고 또한 서비스의 좋고 나쁨의 판단 지표가 된다.

PV(FAQ 사이트 방문자 수)와 직귀율

KPI를 계산할 때 필요한 수치 중 하나는 웹 페이지의 방문자 수인 PV(Page View)다. 몇 가지 중요한 KPI는 PV를 '모수(기수)'로 삼아 계산한다.

기업 웹 사이트의 톱 페이지에 비해 FAQ 사이트의 PV 수가 극단적으로 적은 경우, 우선은 FAQ 사이트에 대한 사용자 유도 개선이 선행되어야 한다. FAQ 사이트와 FAQ의 품질을 아무리 높여도 사용자가 FAQ 사이트에 방문하지 않으면 사용자의 자기 해결률 향상을 위한 노력은 무의미해진다. FAQ 사이트의 PV 수가 적은 경우에는 기업 내 웹 담당 부서와 협의한다.

또 사용자가 FAQ 사이트에 방문해도 FAQ를 전혀 보지 않고 떠나는 것을 '직귀'라고 하고 그 비율을 직귀율이라고 한다. 직귀율도 KPI의 하나로,

당연히 0에 가까울수록 좋다. 직귀율을 줄이기 위해서는 사용자가 FAQ를 검색하거나 Q를 클릭하는 동기가 커지는 사이트 디자인을 해야 한다.

참고로, PV도 직귀율도 FAQ 사이트에 특별한 시스템을 마련하지 않아도 구글 애널리틱스를 사이트에 설정만 해 두면 취득할 수 있다. 구글 애널리틱스에 대해서는 잘 알려져 있으니 이 책에서는 해설을 생략하겠다.

답변 도달률과 문제 해결률

답변 도달률과 문제 해결률은 제2장을 비롯해 지금까지도 몇 번이나 이야기한 중요한 KPI다. 자세한 설명은 해당 장을 복습하고 오자.

답변 도달률의 계산식은 다음과 같은 형태였다.

답변 도달률 = 실제로 FAQ를 클릭하여 조회한 수 ÷ FAQ 사이트의 총 PV

'실제로 FAQ를 클릭해서 조회한 수'는 표준적으로는 유니크 사용자(개인 방문자)별로 계산한다. 즉, 한 명의 사용자가 1회 사이트 방문으로 여러 개의 FAQ를 클릭하거나 혹은 같은 FAQ를 몇 번이나 클릭해도 FAQ 클릭 수는 1로 계산한다.

단 FAQ 사이트나 FAQ 시스템에 따라서는 한 명의 유니크 사용자가 FAQ를 여러 번 클릭할 경우 전부 계산하는 경우도 있으므로 FAQ 사이트 구축 시에는 벤더에 답변 도달률의 산출방법을 만약을 위해 확인하는 것이 좋다.

FAQ 사이트의 실태 조사와 콜센터 업계에서 인식하는 답변 도달률은 30% 전후[1]로 알려져 있다.

또 하나의 중요한 KPI는 문제 해결률이다. 계산식은 다음과 같다.

---

[1] 표준적인 방법으로 1 유니크 사용자의 PV당 클릭 수 상한을 1이라고 했을 경우

문제 해결률 = 사용자가 문제를 해결한 총 건수 ÷ 실제로 FAQ를
조회한 총 건수

사용자가 곤란한 일이나 궁금한 점을 해결할 수 있었느냐 어떠한가는 사용자 자신의 견해이므로 시스템 측에서는 판단이 서지 않는다. 따라서 많은 FAQ 사이트에서는 FAQ의 A 글 끝에 그림 7-1과 같은 설문을 마련하여 사용자가 '자기 신고'하도록 한다.

A 글을 읽은 사용자에게 이 설문에 대답하도록 하여 '도움이 됐다'고 클릭한 수를 문제 해결률 계산에 사용한다.

그런데 사용자의 대부분은 A를 읽어도 이 설문 버튼을 무시한다는 문제가 있다. 사용자는 A를 읽음으로써 목적은 달성했기 때문에, 해결되어도 되지 않아도 사이트를 바로 이탈하는 모양이다.

기업 입장에서는 모처럼 FAQ의 품질을 높여도 품질의 기준이 되는 KPI가 잡히지 않아 유감이다. FAQ 사이트에서 사용자가 설문 버튼을 무시하지 않도록 하는 대책이나 설문을 보여주는 방법 등 디자인 측면에서도 고안해야 한다.

위와 같은 문제도 있지만, 설문을 무시하지 않고 '도움이 됐다', '도움이 되지 않았다' 버튼을 클릭하는 사용자도 있기 때문에 다음 계산식도 KPI로서 도움이 된다.

문제 해결률의 기준 = 도움이 됐다 클릭 수 ÷ 설문 버튼 총 클릭 수

그림 7-1   FAQ는 도움이 되었는지의 앙케이트

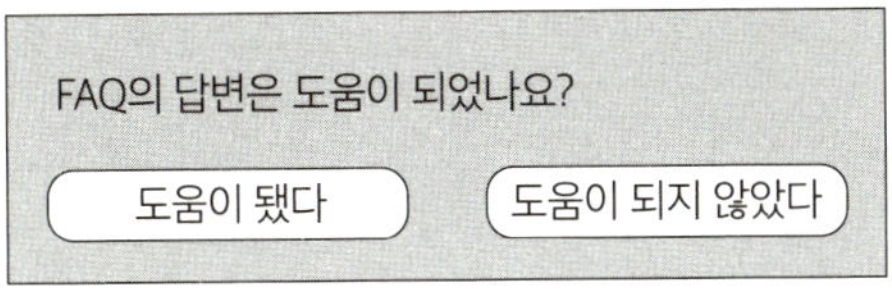

콜센터에서의 분석값

그밖에도 사용자의 자기 해결률을 측정하는 방법을 소개하겠다.

FAQ 사이트에서의 데이터 수집뿐만 아니라 콜센터에도 정보를 수집하는 데 협조를 받는다. 특정 카테고리 또는 특정 FAQ 그룹에 대해 콜센터에 문의하는 콜 수의 날짜별 통계를 내고 그 추이를 관찰한다.

예를 들면 FAQ의 개정 전후의 변화나, 작년의 같은 시기와 비교한다. 완전히 똑같은 FAQ에 대한 문의 콜 건수가 눈에 띄게 줄었다면 개정 효과로 FAQ에서의 자기 해결률이 높아졌음을 나타낸다고 할 수 있다.

순위

FAQ 시스템을 도입한 FAQ 사이트의 경우에는 자동으로 실시간으로 사용자의 FAQ 이용 동향 분석을 볼 수 있다. 그 중 하나는 순위다.

순위는 좋은 순위와 나쁜 순위가 있다. 두 순위 모두 분석상에서 사용자의 FAQ 이용 동향을 명시하므로, 유지 관리에 좋은 참고가 된다.

물론, 집요한 듯하지만, FAQ의 품질이 높을수록 신뢰성이 높은 순위가 된다.

FAQ 접속 순위

접속 순위는 말 그대로 FAQ별 클릭 수 순위다. 순위가 높을수록 많은 사용자가 보고 있는 FAQ다. FAQ 중의 FAQ라고 할 수 있다.

접속 순위가 높은 FAQ는 사용자의 자기 해결률을 높일 가능성이 높으므로 유지 관리 대상으로서 분석값 관찰을 소홀히 하지 않도록 한다.

반대로, 접속 순위가 낮은 FAQ에도 주목한다. FAQ 사이트에 게재되어 있는데도 장기간 순위가 밑도는 FAQ는 일단 FAQ 사이트에서 삭제해도 된다고 생각한다.

그리고 콜센터의 의견도 수렴하면서 FAQ의 표현을 바꿔볼지, 실제로 문의가 적은 FAQ는 콜센터에 대응을 맡길지 검토한다.

답변 미해결 순위

설문에 사용자가 '도움이 되지 않았다'고 대답한 FAQ는 진지하게 마주하여 최우선으로 개선한다. 사용자가 설문 버튼을 클릭했기에 얻은 숫자다. '도움이 되지 않았다'는 수가 많을 경우, 그 FAQ의 Q와 A 양쪽에 어떠한 문제가 있을 가능성이 크다.

조회되는 FAQ는 앞서 이야기한 접속 순위로 알 수 있지만 FAQ 접속 순위가 상위임에도 답변 미해결 순위 상위이거나 설문 버튼을 무시하는 비율이 많은 경우에도 마찬가지로 FAQ에 문제가 있을 가능성이 있다.

검색 키워드 순위와 결과 검색 0건

검색 키워드 순위는 FAQ 사이트의 '키워드 검색'에서 얻을 수 있는 사용자가 입력한 키워드의 입력 순위다.

검색 키워드별 입력 수에서는 사용자의 리터러시(언어 이해력)를 분석할 수 있다. 순위가 높은 키워드일수록 많은 사용자와 친화성이 높고, 따라서

FAQ 문장에 이용 가능(해야 한다)하다고 판단할 수 있다.

사용자가 검색한 키워드로 FAQ를 찾을 수 없는 경우가 있다. FAQ 시스템에 따라 이를 검색 결과 0건으로서 계산한다.

검색 결과 0건이 많은 키워드는 많은 사용자가 검색에 사용하고 있음에도 불구하고 FAQ가 대답하지 못하고 있다는 의미. FAQ를 유지 관리하여 그 키워드로 FAQ를 찾을 수 있도록 해야 한다. 혹은 검색 결과 0건이 된 키워드는 동의어를 등록하여 FAQ를 찾을 수 있게 될 수도 있다. 이 경우 동의어 사전을 재검토한다.

동의어에 대해서는 뒤에 설명할 테고, FAQ 시스템과의 관계에 대해서는 제8장에서 설명하겠다.

키워드 순위를 중시하여 사용자의 리터러시에 다가가는 FAQ를 만들어 나간다. 키워드 검색에서 FAQ가 발견되는 비율이 높아지면, 사용자는 보다 키워드 검색을 사용하게 되고, 한층 더 사용자가 사용하는 리터러시 데이터를 많이 모을 수 있게 된다.

카테고리 순위

카테고리 순위는 사용자가 FAQ를 선별하는 카테고리별 클릭 수 순위다.

순위가 높은 카테고리에 속해 있는 FAQ임에도 불구하고 너무 클릭되지 않은 경우 카테고리화 자체가 사용자 관점과 어긋나 있을 가능성이 있다. 카테고리에 대한 기대와는 관계없는 FAQ가 들어 있기 때문에 클릭하지 않는 것이다.

순위가 낮은 카테고리의 경우, 그 하위에 있는 FAQ는 사용자가 찾기 힘들어진다. 만약 그 FAQ가 키워드 검색에서 찾아져서 클릭 순위가 높다면 카테고리의 제목에 문제가 있을 수도 있다.

특히 계층형 카테고리의 경우는 상위 카테고리가 그 하위 카테고리나

FAQ로 유도하는 역할을 하므로 주의해야 한다.

> **column**
>
> ## 매출로 이어질 법한 문의 순위
>
>
> 고품질 FAQ와 분석 및 유지 관리는 사실 마케팅 분석에도 큰 도움이 된다. 예를 들어, 다음과 같은 FAQ가 있다고 하자.
>
> > Q : 해피 티셔츠의 파란색 판매 예정 시기를 알려주세요.
> > A : 해피 티셔츠의 파란색 판매 예정 시기는 현재 미정입니다. 사랑에 보답하고자 입고를 조정하고 있습니다.
>
> 사실 이 기업은 파란색 해피 티셔츠의 판매 시기를 아직 정하지 않았다. 단, 사이트에서 이 FAQ의 클릭 수가 많다면 해피 티셔츠의 파란색이 갖고 싶은 일정 규모의 사용자가 존재한다고 할 수 있다. 기업은 판매 개시 시기를 빨리 결정할 필요가 있음을 알 수 있다.
>
> 사용자는 다른 문제를 해결하고자 FAQ 사이트에 방문해서 이런 FAQ를 클릭하기도 하므로 FAQ 사이트를 이용한 분석은 유효하다.
>
> 또, 키워드 검색으로 사용자가 자유롭게 입력하거나, 챗봇에 사용자가 스스럼없이 입력한 자유로운 글을 해석함으로써 사용자의 희망 사항과 취향을 알 수 있다. 특히 챗봇을 사용자의 기호 분석에 사용하는 발상을 가지면, 의외로 흥미로운 VOC를 얻을 수 있다.
>
> 무엇보다 FAQ 전체가 사용자에게 신뢰를 받지 못하면 사용자는 기업에 도움이 되는 VOC를 남기지 않는 것도 사실이다. 사용자의 기대에 부응하는 FAQ이기에 사용자도 원하는 것을 찾을 수 있을 것으로 기대하며 VOC를 남긴다.
>
> 역시 고품질 FAQ, 그리고 분석과 유지 관리는 빼놓을 수 없다.

카테고리의 제목도 품질이 중요하다. 아무리 카테고리 자체의 순위가 높아도 제목의 품질이 낮으면 순위는 FAQ 제작자에게 신뢰할 만한 가치가 없다. 정확한 분석을 하기 위해서라도 고품질 제목으로 한다.

이는 FAQ의 경우와 똑같은 이치다.

7.3 지속적 유지 관리를 통해 FAQ를 활성화한다

분석과 유지 관리를 하는 것은 FAQ의 품질을 높이기 위해서다. 그리고 분석과 유지 관리의 지속이 사용자의 자기 해결률을 높이는 기본적이고도 절대적인 FAQ 사이트 운영이다. 더 높은 곳을 목표로 하는 선수가 계속 훈련하는 것과 마찬가지다.

다음의 세 가지는 유지 보수의 기본적인 작업이다. 각각 간단한 예를 들며 설명하겠다.

FAQ를 추가한다

FAQ는 본래 사용자의 문의가 많은 Q&A다. 기본적으로는 실제로 문의가 많은 것만 게재하고 분석을 통해 필요한 만큼 추가한다

추가해야 할 FAQ는 어떻게 정할까?

사용자가 선택하거나 직접 입력한 키워드의 순위가 큰 참고가 된다. 순위가 높은 키워드를 콜센터에서의 콜 리즌 분석과 대조한다. 특히 높은 순위의 키워드를 많이 포함하는 콜 리즌임에도 아직 사이트에 게재되어 있지 않다면, FAQ로 작성하여 사이트에 추가한다.

추가 FAQ의 게재 후에는 항상 하던 FAQ 접속 순위 분석에 포함시킨다. 추가한 FAQ의 수누이가 올라간다면 추가하기를 잘했다는 의미다.

FAQ를 갱신(퇴고)한다

이미 사이트에 게재되어 있는 FAQ를 더 좋은 것으로 고쳐 쓴다. 고쳐 써야 할지 어떻게 판단하는가 하면 FAQ에서 사용되는 말에 주목한다.

예를 들어 다음과 같이 똑같이 고품질인 FAQ가 두 개 있다고 하자.

> **Q1** : 회원 등록한 메일 주소 변경 절차를 알려주세요.
> **Q2** : 회원 등록 시의 메일 주소를 바꾸는 방법을 알고 싶다.

쓰는 방식은 다르지만 이 글이 의도하는 바는 거의 같다. 어느 쪽을 FAQ 사이트에 게재할지를 분석을 통해 판별하여 판단한다. FAQ를 찾을 때 많이 사용자가 먼저 어떤 단어를 사용하는지 키워드 검색 분석으로 알아본다.

예를 들어 키워드 검색되는 말에 대해서 표 7-1과 같은 경우, 순위가 높은 쪽의 단어를 글에 사용하면 보다 많은 사용자가 그 FAQ를 인지하게 된다. 위의 두 개의 FAQ에서는 Q2 쪽이 더 많은 사용자에게 찾기 쉬운 것이라고 할 수 있다.

물론 하나의 FAQ에만 적용하는 것이 아니라 같은 의미의 말을 사용한 모든 FAQ에 적용해야 한다.

글은 말을 바꾸면 얼마든지 쓸 수 있다. 글에 사용하는 말은 사용자의 이용도 분석을 통해 순위가 높은 것을 사용하면 조금이라도 사용자 친화성이 높아진다.

또 FAQ에서 사용되지 않았던 쪽의 말도 동의어로 등록해서 그 말을 키워드 검색하는 사용자도 동일한 FAQ를 찾을 수 있도록 해 둔다.

표준 단어를 정리한다

게재하는 FAQ는 '표준 단어(많은 사용자가 자주 사용하는 말)'를 사용해서 쓴다. 표준 단어는 FAQ 사이트를 제공하는 기업 측이 결정하는 것이 아니라 사이트를 방문하는 사용자가 정하도록 한다.

앞서 이야기했듯이 사용자가 실제로 어떤 말을 키워드 검색했는지 분석해서, 같은 의미라도 더욱 순위가 높은 말을 표준 단어로 채택한다. 이렇게 채택한 표준 단어를 사용해서 FAQ를 쓰면 보다 많은 사용자가 FAQ를 쉽게 찾을 수 있게 된다. FAQ 전체적으로도 표준 단어로 통된 목록이 된다.

사용자는 콜센터나 메일 문의, FAQ 사이트의 자유 문장 검색 등 다양한 곳에서 VOC를 남긴다. 이때 사용되는 말 하나하나가 FAQ를 쓰는 데 귀중한 참고 자료다. 그로부터 사용자에게 친숙한 표준 단어를 모은다.

표 7-1   키워드로 검색되는 단어의 예시

순위가 높음	순위가 낮음
메일	메일 주소
바꾸는	변경
방법	절차

새로운 말을 도입한다

FAQ를 쓸 때의 표준 단어 중에는 신조어나 줄임말, 속칭 등 일반적으로는 '표준'이라고는 할 수 없는 말을 도입하는 편이 좋은 경우가 있다. 도입할지 어떨지의 판단은 역시 사용자가 그 말을 자주 쓰는지 분석한 결과에 따른다.

예를 들면 콜센터나 메일 문의나 FAQ에서의 키워드 검색에서 '사메'라는 말이 '사진 첨부 메일'보다도 압도적으로 자주 사용된다면 표준 단어로서 FAQ 문장에 사용해도 괜찮다. 그것이 많은 사용자에게 친숙한 말이기 때문이다. 많은 사용자에게 친숙하다는 것은 FAQ를 읽을 때 이해하기 쉬워지기 때문이다.

표준 단어로 써야 할 기준은 규칙을 정해서 가이드라인에 기재한다.

사용자의 리터러시를 표준 단어로 삼을 때의 주의 사항

한편, 많은 사용자가 사용하고 있는 말이라도 표준 단어로서는 적합하지 않은 경우도 있다. 예를 들어 사용자가 오해할 수 있는 말이다.

> Q1 : 인터넷에 들어갈 수 없어요. 이유를 알려주세요
> Q2 : 원격으로 회의할 수 없어요. 원인을 알려주세요.
> Q3 : 휴대전화에서 스마트폰으로 기기 변경 시에 필요한 서류를 알려주세요.

위에서 사용되는 '인터넷'이나 '온라인 회의'는 사용자가 매우 자주 쓰는 말일 것이다. '인터넷'은 대체로 온라인 접속을 의미하며, '원격 회의'는 웹 회의 시스템을 의미하는 경우가 많다. 하지만 맥락에 따라 '인터넷'을 인트라넷이나 특정 서비스를 받기 위한 시스템으로 해석하는 사람도 있을 수 있다. 또 '원격 회의' 역시 많은 사람이 당연하듯이 사용하는 표현이지만 그 표현이 정확하다고는 할 수 없다. 인터넷을 사용하지 않고 전화로만 하는 회의에서도 원격 회의라고 할 수 있기 때문이다.

'스마트폰'을 축약해 '폰'이라고 표현할 수 있다고 해서 '폰'을 FAQ의 표준 단어로 삼는 것도 권장할 수 없다. 오늘날 '스마트'는 상당히 인터랙티브한데 비해 2G폰은 그렇지 않다. 같은 말로 불릴 수 있는 오래된 기기, 기술, 모델 등이 있다면 주의해야 한다. 현재 많은 사람이 하나의 의미로 이해하는 '앱'이나 '메일'과는 달리, 다르게 해석될 수 있거나 정확히 표준어를 사용하는 것이 아니기 때문에 표준 단어로는 적합하지 않은 것이다. 말 자체는 시간이 지남에 따라 바뀌거나 표준적으로 일반화되기도 한다. 말의 변천에는 항상 유의해 두자.

'FAQ'라는 말도 원래는 Question(질문)만을 가리켰지만, 지금은 이 책을 비롯하여 세계적으로도 사용자가 하는 Q(질문)와 그에 대한 A(답변)로 구성된 세트로 인식된다.

동의어 사전의 유지 관리도 소홀히 하지 않는다

표준 단어 및 동의어에 대해서는 '스마트폰'과 '폰'이라는 명사를 예로 들어 설명했는데, '바꾸다', '신청하다', '크다', '빠르다'와 같은 명사 이외의 말에 관해서도 표준 단어를 제정하거나 동의어를 준비해 두면 완성도 높은 FAQ 사이트가 될 것이다.

FAQ는 기본적으로 글(텍스트)로 구성되어 있다. 사용자가 키워드 검색한다는 점을 고려하면 넓고 깊은 준비가 되어 있을수록 사용자 친화성과 검색성은 향상된다.

유지 관리를 위해서도 동의어 사전을 편찬한다. 동의어 사전은 예를 들어 표 7-2와 같은 간단한 것이어도 상관없다. 우선은 엑셀 같은 표계산 소프트웨어로 만들어 본다.

이 표를 참고로 표준 단어와 그 동의어 대비표를 만들어 보자.

동의어는 표준 단어와 의미는 같지만(기업에 따라 다르다고 판단할 수 있다) 사용자가 키워드 검색에 사용할 가능성이 있는 다른 말을 등록한다.

주의할 점은 동의어 쪽에 있는 말이 다른 줄에서 표준 단어나 다른 말의 동의어가 되지 않도록 하는 것이다. 그리고 동의어 사전도 FAQ 운영을 통해 관리하고 세트로 분석과 유지 관리를 지속한다.

FAQ를 삭제한다

많은 기업이 사이트에 FAQ를 일단 올린 뒤에는 그와 관련된 서비스가 있는 한 그대로 두는 경향이 있다. 그러나 계속 그렇게 하면 표현이 다소 그렇지만 집에 잡동사니가 쌓인 상태가 된다. 많은 잡동사니가 있어서 본래 원하는 것을 찾는 것을 방해하거나 사용자를 헤매게 한다.

사용자의 접속이 적은 FAQ는 최대한 빨리 FAQ 사이트에서 삭제하는 것이 좋다. 이것도 중요한 유지 관리 작업이다.

FAQ를 삭제할 때의 기준은 FAQ 접속 순위나 FAQ별 사용자의 접속 수다. 예를 들어 '접속 수가 한 달에 1회 이하인 FAQ는 사이트에서 삭제'와 같이 규칙을 가이드라인에 정해 둔다.

고품질 FAQ가 전제이지만, 정확하게 분석하면 총접속 수의 1%에 미치지 못하는 FAQ가 상당히 많은 것(롱테일)을 알 수 있다.

FAQ를 삭제하는 것과 관련하여 유지 관리를 통해 FAQ 사이트 전체에서 FAQ 개수를 줄였을 때의 이점을 설명하겠다.

표 7-2 동의어 사전의 예

표준 단어	동의어
스마트폰	폰 / 휴대폰 / 핸드폰 / 휴대전화
회원 가입	계정 만들기 / 계정 생성 / 신규 가입 / 회원 등록
탈퇴	해약 / 나가기 / 해지 / 계정 삭제
분실	유실 / 잊어버리다 / 기억나지 않음 / 생각나지 않음
비밀번호	패스워드 / PW / 비번 / pw

사용자의 시간을 절약할 수 있다

FAQ 사이트에서는 사용자에게 최적의 FAQ를 신속하게 찾을 수 있도록 하는 것이 중요하다. 한편 만약 최적의 FAQ가 없다면 그것도 빨리 사용자가 알아차리도록 하는 것도 필요하다. 여하튼 사용자의 시간을 최대한 빼앗지 않아야 한다.

사이트에 FAQ가 적을수록 사용자는 짧은 시간 내에 FAQ를 찾을 수 있다. 또 FAQ가 적을수록 찾는 FAQ가 없다는 것을 빠르게 판단할 수 있다. 해결이나 이탈을 빠르게 판단할 수 있으면 사용자는 다음 행동으로 바로 넘어갈 수 있다. FAQ가 없어도 바로 콜센터 문의로 전환할 수 있다.

FAQ 제작자의 시간을 절약할 수 있다

FAQ가 많아지면 FAQ 제작자의 작업 부담도 가속도(정비례하지 않음)로 늘어난다.

예를 들어 FAQ가 30개인 경우와 300개인 경우를 비교했을 때, FAQ 제작자의 부담은 단순하게 열 배가 되는 것이 아니다.

FAQ가 30개라면, FAQ 제작자는 고품질 FAQ를 쓰기만 하면 된다.

FAQ가 300개라면, 열 배의 FAQ를 작성하는 작업 이외에도 카테고리화해야 한다. 찾는 것이 잘 검색되도록 상당한 분량의 동의어 사전도 준비해야 한다. 물론 FAQ 시스템 도입과 준비 설정은 필수다. 그리고 300개의 FAQ 분석과 유지 관리도 30개에 비해 방대한 작업이다.

운영 비용을 줄이고 이익에 기여할 수 있다

파레토 법칙과 롱테일, 스파이크와 같은 용어를 지금까지 소개했다.

필자가 그동안 봐 온 FAQ 접속 수의 롱테일 부분은 사실상 전체 접속 수의 85~90%이다. 예를 들면 1,000건의 FAQ가 있는 사이트의 경우 850~900건의 FAQ는 사용자로부터의 접속이 거의 없는 것이 실태다.

이 분석은 롱테일 이외의 10~15%의 FAQ만으로 대부분의 사용자가 스스로 해결할 수 있다는 가능성을 보여준다. 만약 롱테일 부분을 FAQ 사이트에서 삭제하면 85~90%, 즉 850~900건의 FAQ 분량의 분석과 유지 관리가 필요 없어진다.

  10~15%의 FAQ(100~150건)의 FAQ로 거의 모든 사용자가 스스로 해결을 할 수 있도록 집중적으로 품질을 높이면, FAQ 사이트의 가성비가 매우 좋아진다.

7.4 고품질 FAQ는 유지 관리도 하기 쉽다

많은 기업에서 FAQ 사이트의 분석 및 유지 관리를 그다지 하지 않는다는 말을 자주 듣기도 하고 실제로 목격하기도 한다. 그 원인은 처음에 준비한 FAQ의 품질이 낮기 때문일지도 모른다. FAQ의 품질이 낮으면 메마른 땅에 일구는 셈으로, 분석이나 유지 관리에 수고를 들이는 데 비해서는 바로 효과를 볼 수 없다. 분석이나 유지 관리에 기대를 갖지 못해 괴로워지고 결국 방치하기도 한다.

가장 먼저 품질이 높은 FAQ를 준비해 놓으면, FAQ의 분석값이 정확하고 합리적이다. 확립된 글의 작성법을 따랐기에 유지 관리도 편하고 효과도 확실히 볼 수 있다. 고품질 FAQ 자체가 효율적이고 효과도 보기 쉬운 고품질 분석과 유지 관리로 이어진다.

정형문은 작성하기도 퇴고하기도 쉽다

글은 틀에 따라 쓰면 쓰기 편하고, 사용자도 찾기 쉽고 이해하기 쉬워진다고 앞서 설명했다.

쓰는 게 편하다는 것은 퇴고(유지 관리)도 쉽게 할 수 있다는 말이다. 글이 틀에 박혀 있기에 하나하나의 말을 마치 부품을 교체하듯이 고쳐 쓸 수 있다.

저품질 FAQ의 경우에는 유지 관리, 퇴고할 때마다 각각의 글에 맞게 처음부터 다시 쓰게 된다. 고품질 FAQ의 경우는 같은 형태를 따르고 있기에 다른 FAQ를 모방할 수도 있다.

　무엇보다도 틀에 박힌 FAQ 문장은 FAQ 제작자 자신도 읽기 쉬워 퇴고해야 할 부분도 검토하기 쉽다.

6W1H의 글은 작성도 퇴고도 쉽다

　6W1H의 문장으로 해 두는 효과는 정형문과 비슷하다. FAQ를 고쳐 쓸 때 모방할 수 있는 FAQ가 보이지 않는 경우에도 6W1H의 문체로 일단 FAQ를 쓰면 자연스럽게 정형의 글로 만들 수 있다. 게다가 정형문과 마찬가지로 FAQ 제작자도 읽기 쉬우면서도 이해하기 쉬워서 퇴고할 때 글의 요점 또는 편집해야 할 부분을 알기 쉽다.

　틀에 박혀 있는, 혹은 6W1H로 되어 있는 FAQ가 모여 있는 경우 가이드라인으로 요점을 규칙화해 두면, 전문 작가로 특별히 훈련되지 않은 사람도 쉽게 편집할 수 있다.

용어를 통일하면 유지 관리가 빠르다

　유지 관리는 FAQ 하나하나의 개별 대응 요소를 최대한 줄이고, 기계적으로 하면 좋다. 예를 들어 FAQ에서 사용하는 말에 대해서는 같은 의미의 말은 토씨 하나 틀리지 않게 통일해 둔다는 기본은 이미 설명했는데, 이는 기계적인 유지 관리에도 도움이 된다.

　FAQ 분석과 유지 관리에서 흔한 작업은 모든 FAQ에서 일제히 말을 개정하는 등이다. 예를 들면 '회원 해지'보다도 '회원 탈퇴' 쪽이 사용자 친화성이 높다는 분석 결과가 나왔다면, 그 말을 FAQ 전체에 반영해야 한다. FAQ 전체로 말을 통일하면, 말의 개정을 FAQ 전체에서 일괄로 처리할 수 있다. 워드나 엑셀 같은 소프트웨어에 있는 '바꾸기' 기능을 활용하다 하는 것이다.

　FAQ 전체에서 언어가 통일적으로 사용됨으로써 유지 관리에 애쓰지 않아도 되게 된다.

7.5 유지 관리의 다음 단계

분석과 유지 관리는 반드시 계속해야 한다. 물론 유지 관리의 성과와 분석한 KPI의 변화를 철저하게 관찰하고, 더 나아가 유지 관리에 반영한다.

분석값을 비교하는 방법

분석값은 유지 관리하기 전후로 비교하는데 유지 관리 직후부터 변화가 나타나기까지 몇 주나 걸리기도 한다.

분석값은 자칫하면 1일 단위라는 '미시적인' 견해로 비교되기 쉬운데, 어느 일정 기간의 평균값이라는 '거시적인' 견해로 경향을 따진다

분석값은 항상 같은 조건하에서 측정된다는 보장이 없다. 예를 들면 새로운 서비스나, 새로 입학 및 입사, 연말연시, 휴가철, 사업 연도말 등 '계절 변동'에 영향을 받는다. 따라서 분석이나 유지 관리 전후에서의 수치 비교는 장기적인 시점에서 하는 편이 좋겠다.

또, 예를 들어 카테고리 구성의 변경과 FAQ의 대폭적인 삭제를 동시에 실시하는 등 여러 가지의 다른 주제의 유지 관리를 했을 경우, 그 성과가 나타나는 방법은 복잡해져 어느 유지 관리가 성과에 영향을 주었는지 알 수 없게 된다.

따라서 유지 관리는 한 번에 한 가지 주제로만 하고, 그 후의 평균적인 변화를 검토하는 등 유지 관리와의 성과의 관련성을 확실하게 관찰하는 편이

다른 주제로 유지 관리할 때도 참고가 된다.

이익을 비교하는 방법

석가모니에게는 설법하는 셈이지만, 경영자 및 관리자 분들은 FAQ 사이트 개선 전에는 고객 지원에 관한 비용을 제대로 산출해 둔다. 그리고 FAQ의 품질을 높이는 대처나 FAQ의 분석과 유지 관리 대처 후에도 같은 계산 방식으로 고객 지원 비용을 산출하여 항상 비교한다.

고품질 FAQ, 그리고 FAQ의 분석과 유지 보수를 통한 사용자의 자기 해결률 향상은 FAQ 사이트의 존재 의의가 높아졌다는 증명이다. FAQ의 존재 의의가 높아지는 것은 고객 지원(콜센터)의 비용 절감이라는 실제적인 결과로 이어진다.

이 또한 비용을 단기적인 관점뿐만이 아니라 장기적인 관점에서도 비교해야 한다. 경영이나 관리로서 어떠한 대처나 개선을 할 때는 기업의 실제적인 이익에 어떠한 성과를 가져왔는지를 정확하게 판별한다.

7.6 분석과 유지 관리의 효율화

지금까지 분석과 유지 관리에 관하여 이야기했는데, 가능하다면 효율적으로 하고 싶을 것이다. 여기서부터는 그 방법을 설명하겠다.

분석은 시스템에게 시킨다

사실 사람이 분석에 시간을 들일 필요는 거의 없다. 분석은 시스템(컴퓨터)에 맡길 수 있기 때문이다.

분석을 세세하게 말하면, 다음과 같은 구조의 조합이다.

- 데이터를 모으는 구조
- 수집한 데이터에서 필요한 정보를 추출하는 구조
- 필요한 데이터에서 특정 계산식으로 계산하는 구조
- 계산 결과를 서로 비교하거나 시간순 등으로 통계를 내는 구조
- 그것들을 표시하는 구조

컴퓨터는 분석하는 대상의 데이터와 분석 방법(알고리즘이나 계산식) 등을 받으면 충실히 순식간에, 게다가 쉬지 않고 분석값을 제시한다. 분석 대상인 데이터(로그)에는 타임 스탬프(연월일 시분초)가 붙어 있어서 이를 이용하면 분석값의 시간별 변화도 볼 수 있다.

FAQ 사이트에 FAQ 시스템을 도입한 경우에는 전자동으로 하는 분석 기능이 갖추어져 있는 경우가 대부분이다.

또한 FAQ 제작자에게 제공되는 분석 내용은 FAQ 시스템에 따라 다르다. 자세한 내용은 제8장에서 설명하겠다.

판단은 사람이 한다

위와 같이 분석은 FAQ 시스템(컴퓨터)이 거의 자동으로 처리한다. 다만 시스템은 분석값이나 통계값을 내는 것까지는 할 수 있지만, 분석에 관해 어떠한 판단을 내리고 어떤 유지 보수를 할지는 사람이 생각해야 할 일이다.

최근에는 분석뿐만 아니라 구체적인 판단이나 유지 관리까지 시스템에 맡기고 싶다는 방향성이 있다. 예를 들어 FAQ를 접속 순위가 많은 순서대로 자동으로 정렬하도록 처리하는 것은 대부분의 FAQ 시스템에서 가능하다. 시스템으로서의 자동적인 판단과 유지 관리라고 할 수 있다.

그러나 FAQ 시스템은 인간이 부여한 규칙대로 판단과 유지 관리를 하고 있는 것이며, 시스템 자체가 스스로 규칙을 창조할 수 있는 것은 아니다. 분석의 계산 방법이나 분석을 통한 판단은 인간이 생각하여 컴퓨터에 가르치거나 사람이 직접 해야 한다[2].

유지 관리는 시스템의 도움을 받아 사람이 한다

FAQ의 유지 관리, 특히 고쳐 쓰기나 추가는 사람이 한다. AI가 FAQ를 자

---

[2] 그러나 'FAQ를 클릭하는 사용자 수가 더욱 늘어난다'와 같은 지표를 시스템에 부여하면 시스템이 그 지표를 이루기 위한 규칙이나 계산 방법을 만들어 실행하는 것은 어느 정도 가능하다.

동으로 보완해 주는 것은 불가능하다. 이 책에서 강조하는 품질을 추구하며 계속 수정을 해야할 필요가 있기 때문이다.

다만 사람이 쓰는 작업을 조금이라도 편하게 하기 위해 시스템에 도움을 받을 수는 있다. 앞서 이야기했듯이 고품질 FAQ는 유지 관리가 쉽고, 그것은 시스템에도 마찬가지다. 예를 들면, FAQ 전체의 말투의 변경 등은 엑셀이나 워드의 바꾸기 기능으로 단번에 할 수 있다. 또 엑셀보다 고도의 함수나 매크로를 사용하면, 획일적인 바꾸기라면 시스템이 처리할 수 있다.

시스템에 도움을 받아 효율적으로 FAQ를 퇴고할 수 있도록 하려면 FAQ 문장 자체의 품질이 높은 것이 절대적인 조건이다.

제 **8** 장

FAQ 제작자가 알아야 할
FAQ 시스템의 구조

이번 장에서는 FAQ 제작자가 알아야 할 FAQ 시스템의 기본적인 기능과 응용 방법을 소개한다. FAQ 시스템을 알아두면 지금까지 이야기한 FAQ 작성법을 따라야 할 이유도 더 확실히 이해될 것이다. 또 도입한 FAQ 시스템을 더욱 잘 활용하는 방법을 배울 수 있다. '시스템'이라는 말은 아주 폭넓은 의미로 쓰이지만, 이 장에서는 콘텐츠를 찾거나 열람하거나 관리하는 것을 말한다. 즉 콘텐츠를 활용하는 구조라고 생각하자. 예를 들어 우리는 인터넷에서 무언가의 정보나 해결 방법을 찾고 싶을 때, 먼저 브라우저를 켜고 검색이라는 '조작'을 한다. 이때 작동하는 것은 웹 검색이라는 하나의 시스템이다. 시스템 자체는 눈에는 보이지 않지만, 그것이 작용한 결과 알고 싶었던 정보(콘텐츠)를 손에 넣을 수 있다. 기업의 웹 사이트에도 시스템이 도입되어 있다. 특히 FAQ 사이트에는 FAQ 전문 시스템이 탑재돼 있어 사용자가 원하는 해결책이나 정보를 찾아주거나 그것을 사용자가 보기 쉽게 표시해준다.

8.1 FAQ 시스템의 도입 목적과 효과

기업의 FAQ 사이트에 FAQ 시스템 도입은 필수는 아니지만 도입하여 얻을 수 있는 효과는 매우 크다. 그 효과를 간단하게 정리해 두겠다.

- FAQ가 많으면 사용자가 필요한 FAQ를 찾기 쉽다
- 사용자의 이용 상황을 자동으로 기록하고 분석할 수 있다
- FAQ 콘텐츠 관리 및 유지 관리가 용이하다
- SEO(Search Engine Optimization, 검색엔진 최적화) 대책을 수립하거나 다른 시스템과 연계할 수 있다

이러한 효과를 보기 위한 기능을 아래에 설명하겠다.

사용자용 기본 기능

FAQ 검색 및 선별하기

FAQ 시스템의 대부분은 카테고리에 따른 FAQ 분류(선별)와 키워드에 따른 FAQ 검색 기능을 제공한다. 이것들은 사용자가 FAQ를 선별하거나 찾아내는 일을 간단히 할 수 있도록 화면상에 알기 쉽게 제시된다.

키워드 검색 기능은 키워드(단어)를 사용하여 관련 FAQ를 찾을 수 있는 기능이다. 사용자의 머릿속에 떠오른 문제 등의 키워드를 입력하면, 해당하

는 FAQ를 전부 목록으로 나열한다.

카테고리는 FAQ를 선별해 가는 구조다. FAQ 그룹을 분류하여 계층에 따라 정리하여 표시함으로써 사용자들이 많은 FAQ 중에서 목적인 것을 선별하여 찾아내기 쉽게 한다.

FAQ 열람

키워드 검색 및 카테고리로 선별한 FAQ(그룹)는 화면상에 목록으로 표시된다. FAQ 목록은 Q만 목록으로 표시되는 것과 Q와 A가 세트로 표시되는 것이 있다. 목록으로 표시된 Q 중에서 하나를 클릭(터치)하면, A가 펼쳐지며 답글을 모두 읽을 수 있는 것이 많다.

FAQ 자동 순위 열람

사용자가 아무것도 조작하지 않아도 브라우저 화면상에는 접속한 수가 많은 순서대로 FAQ가 자동으로 목록으로 나열된다. 물론 사용자는 그 중의 FAQ를 조회할 수 있다. 순위 목록이므로 많은 사용자의 이용 상황에 따라 실시간으로 달라지기도 한다. 대부분의 경우, 키워드 검색 결과나 카테고리로 보는 FAQ 목록도 접속이 많은 순서대로 표시된다.

FAQ 제작자를 위한 기본 기능

FAQ 관리

FAQ 시스템은 사이트에 게재하는 FAQ 관리 및 편집 기능을 갖추고 있다. 여러 FAQ 일괄 등록(업로드), FAQ별 개별 편집, FAQ 삭제, FAQ와 카테고리 연결, 키워드 검색용 동의어 사전 등록 등 많은 기능이 갖춰져 있다.

또 등록한 FAQ를 CSV(Comma-Separated Values, 쉼표로 구분) 형식으로 다운로드하는 기능도 있어 최신 FAQ 상황을 자신의 컴퓨터로 볼 수 있다.

FAQ 분석

FAQ 시스템의 대부분에는 제7장에서 언급한 FAQ 분석의 기능이 갖추어져 있다. 사용자의 이용 동향 분석을 위한 정보 수집이나 계산도 대부분의 FAQ 시스템은 자동으로 실행한다.

분석 결과는 시간순으로 정렬된 그래프나 표 등 보기 쉬운 형식으로 열람할 수 있다. FAQ 제작자는 수작업으로 집계할 필요 없이 분석 결과를 매일 열람할 수 있으므로, FAQ의 제작이나 관리에 전념할 수 있다.

FAQ 사이트의 UI 설정

FAQ 사이트의 조작 사양 등을 설정할 수 있는 것도 있다. 대부분은 사용자와 직접 관련이 있는 검색 방식이다. 사용자가 검색 조작할 때 시스템의 움직임이나 판단 등을 설정한다.

FAQ 사이트 자체의 레이아웃이나 색, 폰트 등의 UI 디자인을 할 수 있는 것도 있다. 웹 사이트를 만드는 지식이 있으면 FAQ 시스템을 사용하여 FAQ 제작자가 기업의 독자적인 디자인의 FAQ 사이트를 제작할 수 있다.

계정 및 조작 관리 기능

FAQ 제작자가 FAQ 시스템상에서 앞서 이야기한 기능을 사용히는 데는 계정을 가지고 FAQ 시스템에 로그인해야 한다. 로그인하는 계정에는 대체로 몇 가지 권한 종류가 있어 이에 따라 FAQ 시스템 내에서 가능한 작업이 달라진다. 권한에 따라서는 계정 자체를 만들거나 조작할 수도 있다.

FAQ 시스템의 기본 기능 이외의 기능

웹 검색으로부터의 유도와 SEO 대책 기능

어려움이나 궁금한 것이 있는 사용자가 구글과 같은 웹 검색으로 정보를 찾는 것은 일상적인 일이다. 또한, 많은 FAQ 사이트가 그러한 기대에 부응하여 웹 검색을 통해서도 제대로 FAQ를 찾을 수 있도록 짜여 있다. 웹 검색에서 FAQ를 찾기 쉽다는 것은 사이트의 SEO에도 효과적이다. 사이트에 도입한 FAQ 시스템이 사용자의 웹 검색 결과에서 기업의 사이트가 상위에 노출되도록 할 수 있다.

웹 검색 엔진은 다양한 웹 사이트에 있는 FAQ와 같은 콘텐츠의 텍스트를 기반으로 해당 정보가 있는 사이트를 검색한다. 따라서 FAQ 문장의 품질이 높으면 웹상에서 효과적으로 검색할 수 있다.

챗봇 등 인간 같은 UI

챗봇은 사용자가 채팅하듯이 자유롭게 질문하면 대화하면서 최적의 FAQ로 이끌어 주는 구조다(그림 8-1). FAQ 사이트는 각 기업에서 디자인이나 사용법이 다른 반면, 채팅은 많은 사람에게 친숙한 UI이므로 FAQ를 찾는 장치로서도 사용자가 사용하기 쉽고 FAQ를 찾는 장벽을 낮춘다는 존재 의의가 있다.

요즘은 챗봇을 제공하는 벤더도 많으며 '대화 기술'도 다양하다. 또한 FAQ 시스템 그 자체가 챗봇을 세트로 갖추고 있는 경우도 있다.

CRM 시스템과의 연계

CRM(Customer Relationship Management, 고객 관계 관리)은 기업에 중요한 고객 및 잠재 고객을 대상으로 마케팅 활동을 하기 위해 고객정보 및 고객 접점, 행동과 응대, 구매 이력을 관리하고 분석하는 개념이다. 그리고 CRM 시스템은 그것을 보조하는 장치다. FAQ 시스템을 CRM 시스템의 일부로 생각하는 기업도 많다.

  FAQ 시스템도 독자적으로 CRM 기능을 갖추고 있거나, 타사의 CRM 시스템과 정보를 연계할 수 있는 것도 있다. FAQ와 CRM이 정보를 연계함으로써 서로 수집한 데이터와 분석값을 참조하여 각각의 기능에 활용할 수 있다.

  CRM 측에서 정보의 활용과 분석이 정확하고 치밀한 편이 환영받으므로 연계된 FAQ 시스템과 FAQ 콘텐츠의 품질이 높을수록 가치 있는 연계 효과를 낼 수 있다.

그림 8-1   사용자와 대화하면서 FAQ로 이끄는 챗봇

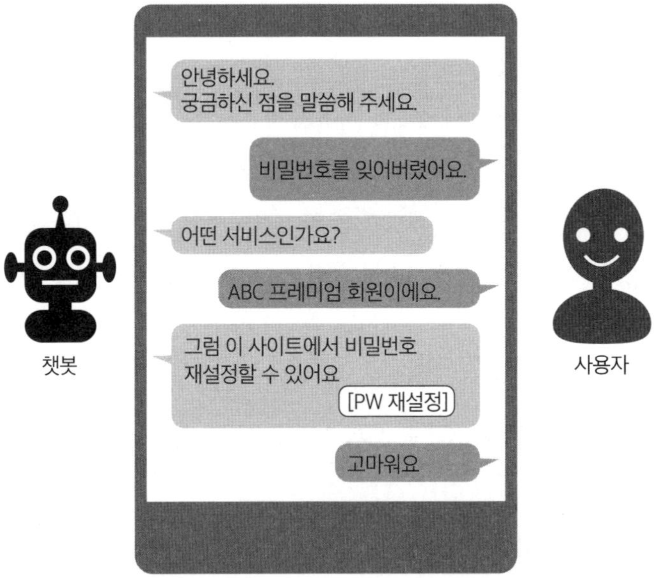

안녕하세요.
궁금하신 점을 말씀해 주세요.

비밀번호를 잊어버렸어요.

어떤 서비스인가요?

ABC 프레미엄 회원이에요.

그럼 이 사이트에서 비밀번호 재설정할 수 있어요
[PW 재설정]

고마워요

챗봇   사용자

8.2 FAQ 시스템과 FAQ를 활용하기 위한 기초 지식

이제부터 FAQ 시스템에서 FAQ를 활용하는 기초 지식을 설명하겠다. 이는 FAQ에서 FAQ 시스템을 활용하는 지식이기도 하다. FAQ의 품질에 대해 시스템 측면에서의 중요성을 이해할 수 있다.

키워드 검색 기능을 활용한다

키워드 검색 기능은 사용자가 지정한 키워드에 일치하는 단어를 포함하는 FAQ를 나열하는 것이다. 이 기능을 잘 활용하는 방법을 설명하겠다.

텍스트 마이닝을 이용한다

이 검색 기능은 텍스트 마이닝이라는 기술을 사용하는 경우가 많다. 대량의 텍스트 데이터에서 특정 문자 또는 문자열(이하 키워드)과 일치하는 것을 순식간에 찾아내다 구조다. 워드나 엑셀 등 소프트웨어에도 있는 '검색' 기능을 떠올리면 쉽게 이해될 것이다.

이 키워드 검색을 잘 이용하기 위해 FAQ를 쓸 때는 사용자가 검색할 때 사용할 법한 말을 FAQ에 넣는다(그림 8-2). 기본적으로 FAQ 문장은 어휘를 적절히 늘려두면 더 검색이 잘 된다.

키워드 검색 대상을 Q로 한다

FAQ 시스템의 키워드 검색은 Q나 A, 또는 둘 다 검색 대상이 될 수 있다. 추천은 검색 대상을 Q로만 할 수 있도록 FAQ 시스템을 설정해 두는 것이다. 이를 의식하여 Q의 품질을 높여 둔다.

FAQ 사이트에 따라서는 검색 대상을 Q와 A 모두로 하고 있는 곳이 많다. 그러면 검색 대상이 너무 많아 사용자의 검색과 관계 없는 FAQ가 잔뜩 나열될 가능성이 있다. 검색 결과가 많으면 사용자가 좀처럼 FAQ를 특정할 수 없는 원인이 된다.

제3장에서 이야기했던 Q 작성법을 따르면 검색 대상은 Q만으로 충분하다.

그림 8-2 키워드 검색과 FAQ 어휘의 관계

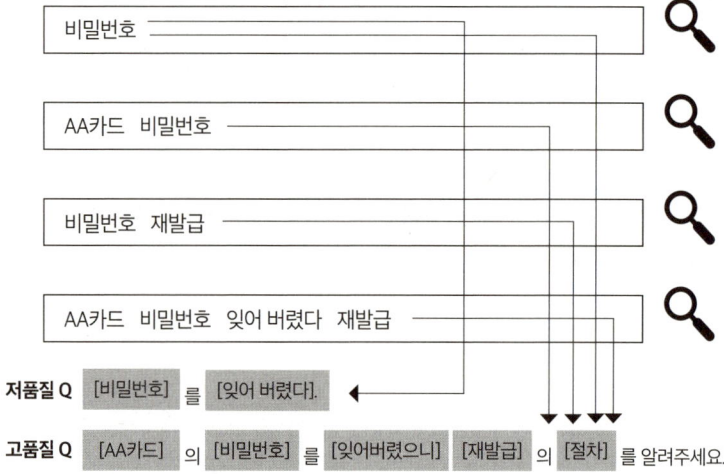

여러 단어로의 키워드 검색 기능을 활용한다

키워드 검색에서는 하나의 단어만이 아니라 여러 단어를 키워드로 FAQ를 찾을 수 있다. 이것도 많은 FAQ 시스템에서는 표준적인 기능이다.

and 검색

사용자가 빠르고 정확하게 FAQ를 찾고자 하는 경우는 여러 조건, 즉 키워드를 여러 개 입력하여 '그 키워드 모두에 해당하는 FAQ'를 찾는 방법을 택할 것이다. FAQ 시스템도 키워드 검색에서 단어가 여러 개 지정되었을 경우 지정된 단어가 전부 포함된 FAQ를 찾는 'and 검색'을 실행한다. 이 구조에 따라 사용자가 단어를 사용해서 검색할수록 FAQ를 더 세세하게 선별할 수 있다.

사용자의 검색 방식을 고려하면 FAQ를 6W1H에 따라 쓰는 편이 검색 시 더 쉽게 찾아진다고 할 수 있다. 예를 들어 다음과 같은 Q가 두 개 있다고 한다.

Before
Q1 : 배송비는 얼마인가요?

After
Q2 : 신선팩을 냉동, 빠른 배송으로 의뢰할 경우의 배송비를 알려주세요.

- 1 워드 검색 : '배송비' → Q1도 Q2도 검색된다
- 2 워드 검색 : '배송비　빠른 배송' → Q2만 검색된다
- 3 워드 검색 : '배송비　빠른　냉동' → Q2만 검색된다

사용자가 여러 패턴으로 검색한다고 생각했을 경우, Q2 쪽이 더 검색되기 쉬운 것을 알 수 있다.

or 검색

키워드 검색에서 사용자가 여러 단어를 지정한 경우에 FAQ를 or 검색하도록 설정된 사이트를 볼 수 있다. or 검색의 경우 FAQ 시스템은 사용자 지정한 여러 키워드 중 어느 것이든 하나가 포함된 FAQ를 모두 보여준다.

and 검색에서는 사용자가 키워드를 많이 지정할수록 검색되는 FAQ는 줄어든다. 한편 or 검색을 하면 사용자가 키워드를 지정할수록 많은 FAQ가 검색된다.

사용자가 키워드를 여러 개 지정할 때는 '○○이자 ○○의 조건의 FAQ'와 같은 식으로 FAQ 선별을 기대할 것이다. 그것은 웹 검색(예를 들면 구글 검색)에서의 습관이기도 하기 때문이다. 그런데 or 검색에서는 사용자가 키워드를 늘릴수록 검색 결과가 늘어나게 된다.

FAQ 시스템에서 or 검색으로 설정하는 것은 최대한 검색되는 FAQ를 늘리기 위한 수단이다. 기업의 FAQ 제작자에게는 실례되지만, FAQ의 품질이 아직 높지 않아서 or 검색으로 설정할 수밖에 없는지도 모른다.

우선 FAQ의 품질을 높인 후에 키워드 검색은 and 검색으로 설정하기를 다시 한번 권장한다.

자연어 검색과 형태소 해석에 대해 알아 둔다

키워드 검색 기능에는 단어 검색뿐만 아니라, 자연문으로 FAQ를 검색 가능한 기능도 있다

자연어 검색 기능이란

우선 자연어란 무엇일까.

- '옷이 배송되었는데 사이즈가 틀려요!'
- '해지할 경우 이미 낸 돈은 돌려주나요?'

이와 같은, 일상에서 사람이 사람에게 이야기하는 듯한 자연스러운 문제다. 이런 말로도 검색할 수 있는 것이 바로 자연어 검색 기능이다. 또한 자연어 검색은 챗봇이나 구글 등 웹 검색의 경우에는 약간 개념이 다르므로 여기서는 FAQ 시스템의 자연어 검색으로서 설명하겠다.

많은 FAQ 시스템에서의 자연어 검색 구조는 다음과 같은 2단계의 절차를 밟는다.

❶ 자연어(전문)로 FAQ 검색을 한다
❷ 더 나아가 자연어에서 단어를 추출하여 FAQ 검색을 한다

자연어에서 단어를 추출할 때는 형태소 해석을 사용한다. 예를 들어 그림 8-3과 같이 처리한다(형태소 해석 엔진에 따라 결과는 달라진다). 그림을 보면 자연어 검색이라고 해도 FAQ에서 보면 단어로 키워드 검색(텍스트 마이닝)한다. 역시 FAQ 시스템이 여러 단어로 and 검색하고 있음을 고려하면 적절하게 어휘를 포함된 FAQ를 작성하는 것이 중요하다.

자연어 검색을 챗봇에 응용

자연어 검색은 사용자와 시스템이 자연스러운 대화를 나눌 수 있는 챗봇에 도입되어 있다. 기업은 채팅이라는 UI에서는 자연어로 입력하여 FAQ를 찾아내면 사용자에게 친화성이 높다고 여기는 듯하다. 챗봇에도 앞서 이야

기한 자연어 검색의 구조는 똑같이 적용된다.

챗봇은 물론이고 FAQ를 찾는 목적으로 사용되기 때문에, 찾는 FAQ는 품질이 높을수록 좋다. 만약에 챗봇을 도입해서 더 많은 사용자가 FAQ를 잘 찾을 수 없는 경우에는 역시 FAQ 문장의 품질을 재검토할 필요가 있다.

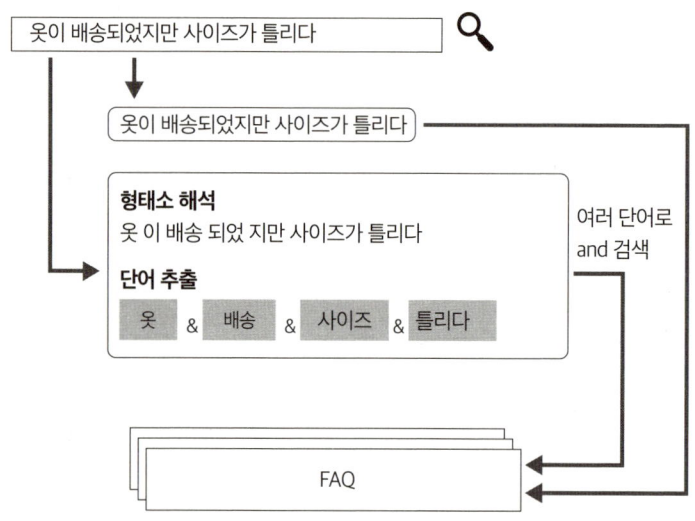

그림 8-3 형태소 해석을 하는 텍스트 마이닝이 자연어 검색

동의어 검색을 활용한다

키워드 검색은 사용자가 임의로(어떤 의미로는 제멋대로) 지정한 단어 또는 자연어에서 추출한 단어 또는 자연어 자체가 완전히 일치한 말을 포함한 FAQ를 보여준다.

단 말이 완전히 일치하지 않으면 FAQ는 찾지 못하는 결과가 되고 만다. 아무리 고품질 FAQ라도 사용자가 임의로 입력한 키워드 전부에 부응할 수는 없다.

이 문제를 해결하는 것이 동의어 검색(유의어라고도 한다) 기능이다.

동의어 검색의 구조

동의어 검색의 구조는 그림 8-4와 같다.

❶ 사용자가 지정한 키워드를 동의어 사전을 통해 변환한다. 변환하면 키워드가 여러 개가 된다
❷ 위의 여러 키워드를 사용하여 FAQ를 검색한다. 키워드 중 어느 하나가 포함된 FAQ를 골라낸다

동의어 검색 기능을 활용하려면 먼저 제7장에서 이야기한 표준 단어와 동의어의 정리를 해야 한다.

그림 8-4 찾아낼 가능성을 넓히는 동의어 기능의 구조

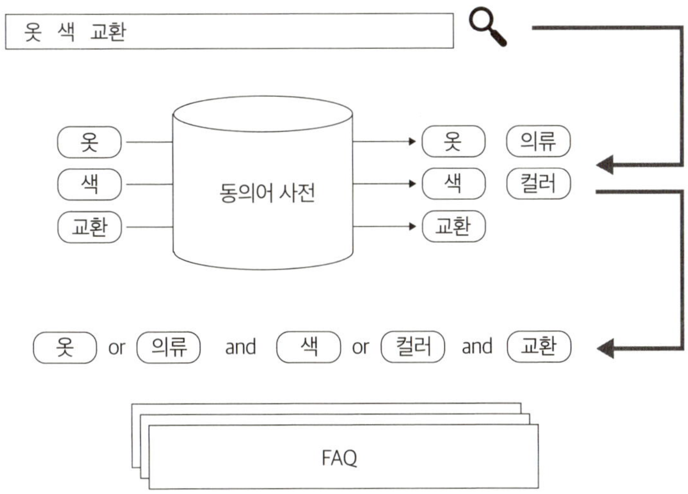

동의어 검색의 편리한 사용법

동의어 검색 기능을 잘 활용하면 일반적으로는 동의어로 간주하지 않는 단어라도 FAQ 사이트 내에 한해서는 동의어로서 검색할 수 있다.

사용자가 키워드로 지정할 만한 단어가 FAQ 문장에 사용되지 않은 경우 등에 그 단어를 동의어로 등록해 둔다.

표 8-1은 하나의 아이디어인데, 이렇게 동의어 등록을 해 두면, 사용자가 'M'으로 검색하면 '사이즈'에 관한 FAQ가 검색되는 구조로 만들 수 있다. 예를 들면 의류업계 온라인 판매 사이트의 FAQ에서 사이즈라고 하면 옷 사이즈, 색이라고 하면 옷의 색을 나타내는 것이다. 이처럼 한정적으로 사용할 수도 있다.

FAQ 시스템 동의어 검색을 이용하여 사용자의 검색 능력을 어떻게 보완할지는 FAQ 제작자의 아이디어에 달려있다.

복합적인 검색을 활용한다

지금까지 키워드 검색과 여러 단어에서의 and 검색, 그리고 동의어 검색에 대해 설명했다. FAQ 시스템은 이러한 기능을 동시에 이용할 수도 있다. 여러 단어로 and 검색을 하면서 동시에 동의어도 포함하여 FAQ를 검색할 수 있다.

예를 들어, 표 8-2와 같이 동의어를 준비해 둔다. 또 그 아래와 같은 FAQ가 있다고 하자.

> Q : 스마트폰에서 메일 주소를 사용한 계약의 등록 절차를 가르쳐 주세요.

표 8-1 동의어로 등록하는 단어의 예시

표준 단어	동의어(사용자가 찾을 법한 말)
사이즈	크다, 작다, S, M, L
색	파랑, 빨강, 블루, 레드, 흰색, 화이트

표 8-2 동의어 사전(동의어표)

표준 단어	동의어(사용자가 찾을 법한 말)
스마트폰	핸드폰 / Smartphone / 폰 / 휴대폰
메일	메일 주소 / e메일 / 전자우편 / 이메일
절차	과정 / 방법 / 수속 / 하는 방법
계약	입회 / 신청 / 가입 / 약정

사용자가 키워드 검색으로 아래와 같은 단어를 검색했을 때는 동의어 사전에 있는 것처럼 먼저 다음과 같은 표준 단어를 참조한다.

가입   휴대폰   메일 주소

계약   스마트폰   메일

이 세 개의 표준 단어에서 위의 FAQ에서 사용된 단어와 완전히 일치하므로 FAQ를 찾을 수 있다. 또 and 검색이라면 콕 집어서 이 FAQ가 검색된다.

사용자에게 더욱 자유롭게 검색해도 제대로 FAQ가 검색되도록 하려면 이와 같은 구조와 기술을 알아두면 편리하다. 물론 검색되는 측의 FAQ의 품질이 높기에 이러한 구조를 활용할 수 있다.

태그 달기 기능을 알아 둔다

태그란, FAQ마다 붙일 수 있는 포스트잇 같은 표시로, 보통 하나의 FAQ에 여러 개를 단다. 태그는 FAQ 문장에 표면상 보이지 않아도 되어서 메타 태그라고 부르기도 한다.

태그 검색 기능

FAQ 시스템에 따라 앞서 이야기한 키워드 검색과는 별개로 태그 검색 기능을 갖춘 것도 있다. 가지고 있다.

키워드 검색 대상은 FAQ 문장 내의 단어(문자열)인데, FAQ에 태그가 달려 있으면 그 태그도 검색 대상으로 삼을 수 있다. FAQ 시스템에 따라서는 키워드 검색 시 FAQ 문장에 있는지 그 여부를 확인하고, 만약 FAQ를 찾지 못하면 이번에는 태그를 검색하는 식으로 우선순위를 매길 수 있는 것도 있다.

어느 쪽이 되었든 사용자의 입장에서는 키워드 검색으로 더욱 FAQ가 쉽게 검색되는 구조이므로 FAQ 제작자는 이러한 기능과 설정도 알아두면 사용자가 검색하는 데 도움이 된다.

SEO에 응용하기

태그는 SEO 대책에도 도움이 된다. 구글과 같은 검색엔진은 사이트에 있는 FAQ와 같은 콘텐츠의 텍스트를 기반으로 사이트 검색하는 것과 동시에 태그도 기반으로 한다.

FAQ에 태그해 두면 웹에서도 검색될 확률이 높아진다. 그 결과 사이트가 검색 상위에 오르면서 SEO 대책에 일조한다.

FAQ를 고품질로 작성해 둠과 동시에 태그 달기를 병용함으로써 사이트 안팎에서 검색 시 부응하기 쉬워진다.

카테고리화 기능을 알아 둔다

카테고리화에 대해서는 제6장에서 설명한 대로다. 여기서는 FAQ 시스템에서 이상적으로 보는 카테고리화를 검토할 때 알고 있어야 할 점을 간단하게 설명하겠다.

카테고리화의 검토는 FAQ 시스템상에서 하는 것이 아니라 반드시 책상(엑셀을 이용해도 괜찮다)에서 한다. FAQ 시스템 자체는 카테고리화의 시행착오(이것도 아니고 저것도 아니라고 고민한다)를 쉽게 할 수 있도록 만들어지지 않았다. 우선 책상에서 자신이 이상적으로 여기는 카테고리의 형태를 고민하고, 시행착오를 거쳐 만든 카테고리를 FAQ 시스템상에 설정한다.

책상에서 카테고리화할 때는 당연하지만 FAQ 시스템의 카테고리 사양에 대해 다음 사항을 파악한다.

- 계층 구조의 카테고리화가 가능한가?
- 계층 깊이의 제한은?
- 각 계층의 최대 카테고리 수는?
- 하나의 FAQ는 여러 카테고리에 속할 수 있는가?
- 하나의 카테고리는 여러 카테고리의 아래에 속할 수 있는가?
- 모든 카테고리가 모든 카테고리의 아래에 속할 수 있는가?
- 카테고리 구조를 사용자는 화면에서 한눈에 다 볼 수 있는가?
- 카테고리 제목이 중복되어도 되는가?
- 카테고리화와 카테고리 제목은 운용 중에 언제든지 변경할 수 있는가?

이러한 FAQ 시스템의 카테고리 사양을 파악한 후에 이를 잘 활용한 카테고리화와 FAQ의 투입 계획을 세운다.

물론 카테고리 사양에서 할 수 있는 모든 것을 FAQ 사이트에서 이용할 필요는 없다. 사용자가 직관적으로 선별하여 빠르게 FAQ를 찾을 수 있는 카테고리를 생각한다면 단순한 것을 추천한다.

FAQ 분석 기능

사용자의 FAQ 사이트 이용 상황을 자동으로 실시간으로 분석할 수 있는 기능은 FAQ 시스템의 큰 특징이다. FAQ 제작자와 고객 지원 담당자는 FAQ 사이트의 분석 결과를 보기 쉬운 장부나 그래프로 언제든지 열람할 수 있다.

많은 FAQ 시스템에는 다양한 업종의 과거 사례와 고객 지원, 콜센터 등의 경험에 입각한 다양한 분석 계산식이 도입되어 있다. 과장해서 말하면 FAQ 시스템은 고객 지원이나 마케팅의 컨설팅이 붙어 있는 셈일지도 모른다.

다양한 분석값 제시

FAQ 제작자는 FAQ 사이트의 방향성과 대조하여 분석 기능의 유용성을 판별할 수 있다. FAQ 제작자가 최소한 원하는 FAQ의 이용 상황 분석은 다음과 같을 것이다.

- 답변 도달률
- 문제 해결률
- 답변 설문 응답률
- FAQ 열람 순위
- 키워드 순위

그 분석값의 기반이 되는 실시간 데이터와 과거 이력도 볼 수 있으면 좋겠다. 과거 이력을 봐야 하는 이유는 사용자의 이용 동향에는 계절 변동이 있기 때문이다. 분석값의 비교는 연 단위로, 예를 들어 전년 같은 시기와의 비교 등 중장기적인 FAQ 개선 정도를 볼 수도 있다.

맞춤형 분석 기능

기업이 생각하는 FAQ 사이트 이용 방향에 따라 FAQ 시스템에서 표준적으로 볼 수 있는 분석값 이외에도 보고 싶은 데이터가 있다. 예를 들면 고객 지원 이외에 경영이나 마케팅 관점에서 무언가를 분석하고 싶을 수도 있다. FAQ 시스템에 그러한 분석 기능은 표준은 아니지만 맞춤형으로 개발해 줄 수 있는지를 FAQ 시스템 벤더와 상의해 보자.

FAQ 시스템은 웹 시스템 중 하나이므로 다양한 로그를 수집한다. 그로부터 계산할 수 있는 것이라면 분석도 할 수 있다. 단, 이 경우는 토대가 되는 데이터, 데이터와 분석값의 관계성 및 의미, 그리고 계산 공식을 정확하게 시스템 벤더에게 전달해야 한다. 어쩌면 기업이 생각한 이상으로 좋은 제안을 시스템 벤더가 해 줄 수도 있다.

가능한 분석과 불가능한 분석

FAQ 시스템에서 자동으로 분석값과 그래프를 제시할 수 있는 것은 그 토대가 되는 세세한 데이터를 항상 사이트에서 수집하고 있기 때문이다.

분석에는 토대가 되는 데이터를 취득할 수 있는 것과 계산식이 필요하다. 데이터가 정확하고 계산식이 이치에 맞는 것은 물론이고, 둘 다 있으면 컴퓨터는 어떤 분석이라도 순식간에 할 수 있다. 분석은 컴퓨터의 특기 분야이기 때문이다.

하지만 분석을 잘하는 컴퓨터도 불가능한 일이 있다. 예컨대, 어느 상품이 앞으로 잘 팔릴지 어떨지를 분석하는 것이다. 토대가 되는 데이터와 그

계산식을 구할 수 없기 때문이다.

  FAQ 시스템도 만능이 아니다. 물론 과거의 고객 지원의 지식을 망라하여 필요한 최소한의 것들은 갖추고 있다. 하지만 그것을 뛰어넘는 것이 필요한 경우에는 우선 그 지식과 노하우를 FAQ 시스템 벤더에게 분명히 제시하고 협의해야 한다.

8.3 FAQ 시스템의 채택

FAQ 시스템은 사용자가 스스로 문제를 해결하는 비율을 최대한 높이고 싶은 기업에 매우 편리한 시스템이다. FAQ 시스템 벤더는 많으므로 채택하는 기업 측은 선정에 노력을 기울이는데, 사용자의 자기 해결률 향상과 FAQ 사이트의 존재 의의, 나아가 막대한 비용 절감(사용자와 기업 쌍방에서)를 기대할 수 있다면, 선정에 드는 노력은 헛되지 않다. FAQ 시스템의 선정을 헛되지 않게 하기 위해서도 FAQ 시스템 벤더와 명확한 기대치, 명확한 미래 비전을 협의해 둔다.

FAO 시스템 요구 사항의 정리

기업은 FAQ 시스템을 도입할 때 도입 요구 사항을 구체적으로 열거해 두는 것이 좋다. '구체적'이라는 점이 중요하다. 이를 정리하지 못하면 FAQ 시스템 벤더에 기업 측의 비전이 보이지 않는다.

- ✗ 많은 사용자가 FAQ를 찾을 수 있을 것
- ✗ 많은 사용자가 만족할 것
- ○ 답변 도달률 L%를 도달할 것
- ○ A 글을 읽은 사용자의 M%가 설문에 답할 것
- ○ 사용자 중 N%는 '문제가 해결되었다'라고 대답할 것

위의 ✕와 같이 애매해서 해석에 오차가 날 듯한 요구 사항이 아닌 ○와 같이 구체적이고 정량적으로 열거한다.

  요구 사항의 중요한 점은 FAQ 사이트를 운영하는 기업도 FAQ 시스템을 제공하는 시스템 벤더도 양자가 함께 성과를 추구해 간다는 점을 깨달아야 한다는 것이다. 따라서 FAQ 시스템 도입 초기에 충족하는 단기적인 요구 사항이 아닌, 운용하면서 중장기적으로 충족해 갈 요구 사항을 기업과 시스템 벤더가 정리해 두기를 권장한다.

  요구 사항을 충족시키는 것은 FAQ 시스템뿐만이 아니라 FAQ 콘텐츠 준비, FAQ 사이트의 흐름 유도, 웹 사이트의 디자인, FAQ 분석 및 유지 관리, 콜센터와의 협력 체제, 고객 지원 전체 체제와 같은 요소들과도 관련된다. 요구 사항을 정리해 나가다 보면 기업과 FAQ 시스템 벤더와의 공동작업 부분과 역할 분담이 보일 것이다.

  참고로 기업 측의 시스템 도입 책임자가 가장 빠지기 쉬운 실수는 '기능 의존'이다. 예를 들어, 'AI라면 알아서 자기 학습을 해서 현명하게 사용자의 문의를 해결해 줄 것이다'와 같은 SF 같은 사고방식이다. 그런 기대를 가지고 도입 요구 사항 이야기를 하면 시스템 벤더에 크게 부담이 되는 큰 기능 요구 사항이 되며, 이를 무리해서 이루려고 하면 기업 측에도 막대한 비용이 든다.

AI 요구 사항을 검토하는 방법

  기업의 요구 사항 사례로 많은 것이 'AI 기능'이다. 요구 사항으로 드는 것은 괜찮지만, AI에 대해 구체적인 말로 정의하는 편이 기업도 시스템 벤더도 안심하고 앞으로 나아갈 수 있다.

- ✕ AI가 할 수 있는 것
- ✕ 자동으로 학습하여 문제를 해결할 수 있을 것
- ○ 인기 키워드와 FAQ의 검색률로 자동으로 FAQ 순위를 만들 것
- ○ 열람률 N%를 기준으로 FAQ 표시·숨김을 자동으로 실행할 것

역시 ✕로 나타낸 식의 표현을 하면 구체적으로 진행할 수 없다. ○로 나타낸 바와 같이 구체적으로 기대하는 요구 사항에 대해 기업과 시스템 벤더 공동으로 시행착오를 거친다. 물론 요구 사항은 더 있을 것이다.

공동으로 검토하기 전에 다음과 같은 FAQ 사이트의 목적을 구체적으로 공유한다.

콜센터의 문의 콜 건수를 50% 줄인다.

AI 요구 사항 검토를 공동으로 진행하는 이유는 기업들이 든 목적을 이루기 위해 시스템 벤더가 가지고 있는 기술 지식과 기술력도 고려하여 생각해야 하기 때문이다. 기업 혼자서 일방적으로 생각한 AI 요구 사항은 위의 ✕와 같이 되기 쉽다. 시스템 벤더도 동석하여 AI 요구 사항 자체를 검토하면 기업에서만 생각할 수 있는 비현실적인 요구 사항이 기술적으로도 실현이 가능한 것으로 바뀔 것이다.

그리고 이 AI 요구 사항을 어떻게 달성할 것인가, 즉 완전 자동화를 할지 아니면 사람의 손도 빌릴지 등을 포함하여 방법을 함께 검토한다. 물론 FAQ(Q와 A)를 고품질로 만드는 것은 사람의 작업으로서 필수 요구 사항이다.

챗봇

고객 지원의 세계에서는 AI라고 하면 챗봇을 가리키기도 한다. 이 챗봇을 도입할 때 주의할 점 등도 설명하겠다.

자연스러운 대화를 하면서 사용자를 문제 해결로 이끄는 유형의 챗봇은 AI처럼 받아들여지고 있다. 챗봇에서 정말 사람과 사람이 대화하듯이 하는 것을 실현한다면 매우 번잡하고 많은 준비와 튜닝이 필수적이다. 이번 장의 시작 부분에서도 언급한 자연어 검색 기술만으로는 실현할 수 없기 때문이다. 고도의 챗봇을 사용할 수 있게 되기까지 막대한 비용이 든다.

한편 사용자가 제시된 선택지를 선택해 가는 유형의 시나리오형 챗봇도 있다. 이것은 단순한 만큼 만들기 쉽다. 앞서 이야기한 자연어로 대화가 가능한 고도의 챗봇에 비하면 간단한 조작이므로 사용자가 손쉽게 사용하는 경향을 보인다.

단 시나리오형 챗봇에서도 선택지(시나리오) 설계에는 센스가 필요하다. 작은 화면 내에서 사용자가 직감적으로 많이 고를 법한 선택지의 개수와 제목, 단계의 깊이를 숙고해야 한다.

FAQ 사이트에서 챗봇을 사용할 때는 도착할 수 있는 FAQ가 많아도 수십 건으로 해 두기를 권장한다. 그리고 그 수십 건의 FAQ는 사용자의 자기 해결률을 거의 100%에 가까워지도록 퇴고를 거듭하여 품질을 높인다. 대상 FAQ가 많으면 챗봇의 유지 관리가 힘들고, 사용자의 기대를 저버리는 비율도 높아진다.

FAQ 사이트를 편의점에 비유하면, 챗봇은 그 매장에 둔 자판기에 비유하면 둘 사이의 관계가 적절할 것 같다. 그래도 챗봇이 맡은 수십 건의 FAQ는 문의가 가장 많은 순으로 수십 개라면 챗봇만으로도 대부분의 사용자는 스스로 해결할 수 있게 될 것이다.

앞으로의 챗봇의 요구 사항

FAQ 제작자가 챗봇으로 성과를 내기 위해 현실적인 이야기를 해 보겠다.

챗봇에 SF 영화에 나오는 로봇처럼 자연스럽게 대화를 나누게 하려고 할수록 어째서인지 사용자의 평가가 점점 엄격해지는 경향을 보인다. 그래도 챗봇 자체가 사용자를 점점 더 이해하며 이른바 '자기 학습'으로 똑똑해진다는 사고방식이 있다.

다만 기본으로 돌아가면, 챗봇을 똑똑하게 만드는 것은 고객 지원과 FAQ의 목적이 아니다. 사용자의 자기 해결률 향상이 목적이다. 고객 지원에서 '똑똑한' 챗봇을 추구하는 것이 아니라 사용자의 자기 해결률이 높이는 FAQ의 품질을 추구하자. 그리고 챗봇의 역할은 사용자를 얼마나 원활하게 그 FAQ로 유도할 수 있는지를 요구 사항으로 삼는다. 이를 기업과 벤더가 협의하기를 추천한다.

FAQ 시스템의 설치 환경

FAQ 시스템의 도입에 관해 설명하겠다. 요즘 FAQ 시스템은 대부분 SaaS(Software As a Service)라는 형태로 FAQ 사이트에 제공된다. FAQ 시스템 본체는 자신의 컴퓨터나 스마트폰에 존재하지 않고 클라우드, 즉 인터넷상 어딘가에 존재한다. 클라우드가 아닌 기업 내부나 기업이 계약한 데이터센터에 FAQ 시스템을 설치하는 경우도 있지만, 보급형 FAQ 시스템에서는 매우 드물다.

클라우드 제공에 불안을 느끼는 기업도 아직 많지만, 기업이 자체적으로 서버 설비를 관리하려고 하면 장소 문제, 물리적인 컴퓨터의 연속 가동과 기본 소프트웨어의 보수 유지 관리, 네트워크 관련 설비의 안정성 확보 등과 같은 노력을 모두 자사에서 부담해야 한다. 또 FAQ 시스템의 SI(System

Integration) 비용, 라이선스 비용, 보수 비용 등이 고액이 되어 버린다.

그 점에서 클라우드상의 FAQ 시스템은 보수상의 번거로움이 일절 없고, 보안도 대부분은 나라나 국제적인 규격에 준거하여 유지되므로, 종합적으로 보면 상당히 가성비가 뛰어나다. 구독형(월 이용료 정산 등) 요금 체계이므로 예산 면에서 안심되는 측면도 있다.

많은 FAQ 시스템은 특별한 소프트웨어(예전에는 클라이언트 소프트웨어라고 했다)를 설치하지 않고, 컴퓨터나 스마트폰으로 이용할 수 있다. 시스템 벤더에서 제공하는 URL에 일반적인 브라우저로 접속하면 FAQ 제작자(ID와 비밀번호로 로그인할 수 있는 사람으로 제한할 수 있다)는 물론 일반 사용자 또한 FAQ 사이트의 서비스를 모두 사용할 수 있다.

> 마치며

집필 과정에 관하여

 이 책을 끝까지 읽어 보니 어떠셨나요? 대부분 고개가 끄덕여지는 내용이 아니었을까 싶습니다. 만약 몰랐던 사실을 알아 놀랐다고 해도 그 내용이 특별한 것은 아닙니다. 여러분이 그동안 FAQ의 품질에 대해 별로 신경을 쓰지 않았을 뿐입니다.

 지금까지 신경 쓰지 않았음을 깨닫고, 깨달은 점을 그대로 행동으로 옮기고, 행동함으로써 바라던 바가 이루어지고, 바라던 바가 이루어져 모두가 행복해진다면 필자는 더할 나위 없이 기쁘겠습니다.

 이 책은 말과 글에 관한 FAQ를 주제로 다룹니다. 될 수 있는 한 많은 사람이 이해하기 쉽도록 몇 번이나 '퇴고'를 했습니다.

 다만 본문에서도 이야기했듯이 글로 전하는 말과 표현은 점점 진부해지고 있습니다. 이 책의 내용도 마찬가지입니다. 앞으로 필요에 따라 개정해야겠죠.

 다시 한번 웹 세상의 FAQ를 보면 개정해야 할 것이 곳곳에 있습니다(좋지 않은 콘텐츠로 취재할 소재가 끊이지 않습니다). FAQ는 마음만 먹으면 책에 비해 압도적으로 빨리 개정할 수 있습니다. 이 책의 개정을 기다리지 말고 웹 사이트의 개정이 진행되기를 간절히 기원합니다.

혹시 몰라 말해 두자면, 이 책에 수록된 '자주 묻는 FAQ'의 예시는 특정 기업에서 가져 온 것이 아닙니다. 그리고 본문에서 등장하는 기업명, 인명, 상품명 등도 실존하는 것이 아닙니다. 만약 어딘가의 FAQ와 아주 비슷하거나 개인의 경험과 똑같다면 언짢게 생각하지 말아 주세요. 이 책을 긍정적으로 참고하여 주면 감사하겠습니다.

고품질 FAQ의 미래

고품질 FAQ는 사용자가 스스로 문제를 해결하도록 촉진하며, 결과적으로는 콜센터의 콜 건수를 줄일 수 있습니다. 그럼 콜센터 종사자는 일이 없어질까요?

그렇지는 않습니다. 현명한 매니저는 콜센터의 전화량이 줄어들면 새로운 관점으로 응대를 전환할 수 있습니다. 일정 시간 내에 응대 콜 건수를 늘리는 것을 멈추고 각 콜 건마다 대화에 여유를 줌으로써 서비스 수준과 기업 이미지를 향상하는 방향으로 전환할 수 있지요. 콜센터의 궁극적 과제는 대응량이 아닌 고객 만족도라는 서비스 품질이기 때문입니다.

그리고 고품질 FAQ와 지식을 양산하는 전문 작가라는 새로운 직종이 생길 겁니다. 기업 내에서는 사내 지식 전속 부서가 생길 수도 있습니다. 콜센터 상담원에게 안성맞춤인 기술일 겁니다. 고용 창출이 되기도 합니다. 그런 직무를 목표로 하는 학생도 늘어나리라고 생각합니다.

　사전이나 서적을 편찬하는 직업은 예전부터 존재했습니다. 편찬할 대상을 특정 제품이나 서비스로 압축한 FAQ나, 기업 내에서 공유하는 업무 지식을 정리하는 전문직은 그 공헌도의 크기를 생각하면 존재의 의의가 상당히 크겠습니다.

> **감사의 말**

  필자는 운이 좋게도 AI 관련 기술, FAQ와 지식, 그리고 고객 지원에 오랜 세월 동안 깊이 관여할 수 있었습니다. 더욱 운이 좋게도 시스템과 서비스 기여도의 요소로서 'FAQ 콘텐츠의 품질'이라는 씨앗을 찾았습니다. 게다가 행운처럼 높은 뜻을 품은 고객과 비즈니스 파트너를 얻으면서 씨앗이 싹을 틔우고 실증·실험·도입·운용으로 시행착오를 반복하여 실제 서비스에서 결실을 맺었습니다.

  특히 FAQ 콘텐츠는 시스템을 활용할 뿐만이 아니라 사용자의 문제도 해결하고, 운용자에게도 도움이 됩니다. 그래서 필자의 경험에 근거한 성과를 많은 분께 알려드리고 싶다는 생각이 들었습니다. 고객 지원 현장에서 수확했다 이 열매를 더 많은 분과 함께하기 위해서도 필자는 앞으로도 FAQ와 지식의 품질을 추구하는 활동을 계속 해 나가겠습니다.

  여기까지 필자를 이끌어 준 분들에 대한 보답으로서, 그리고 여기까지 읽어 주신 여러분에게 깊은 감사의 마음을 전해 드리는 바입니다.

  이 책을 내는 과정에서 취재에 협조해 주신 분들에게 진심으로 감사를 전합니다. 취재를 통해 책에 실은 내용에 대한 논증을 거치게 되었습니다. 이제 안심하고 출판하게 되어 진심으로 기쁠 따름입니다. 감사의 말을 대신하여 취재에 협력해 주신 분들의 회사명과 성함을 소개합니다.

벨시스템24홀딩스주식회사 집행임원 **하세베 히데노리**

CXM컨설팅주식회사 대표이사 사장 **아키야마 토시오**

주식회사이스마일 대표이사 CEO **사이토 마사루**

주식회사엑사위저즈 AI프로덕트사업부 DX프로덕트부 Qontextual 그룹 그룹 리더 **찬드마니 들지남지르**

이나고주식회사 대표이사 **론 디칼안토니오**

이나고주식회사 이사 **가자미 기요시**

이나고주식회사 이사 **마에다 아키코**

주식회사오케이웨이브 제품기획부 부장 **기무라 게이스케**

주식회사오케이웨이브 솔루션비즈니스본부 본부장 **사노 고오타로**

일본오라클주식회사 클라우드 및 애플리케이션 사업총괄 CX솔루션 엔지니어링본부 시니어 세일즈 솔루션 엔지니어 **시모 아스카**

테크매트릭스주식회사 CRM솔루션사업부 지식솔루션추진실 실장 **기타 마사키**

테크매트릭스주식회사 CRM솔루션사업부 지식솔루션추진실 실장대리 **우자와 아키히로**

   이 책이 출간되기까지 세세한 조언과 편집에 마음을 써주신 출판사 편집부에도 진심으로 감사드립니다. 서로 의지하며 앞으로도 함께 고품질 콘텐츠와 시스템을 추구하는 원동력이 되어 줄 다카하시 야스노리 씨에게도 감사의 말씀을 드립니다. 그리고 제가 평온하게 지낼 수 있도록 해주는 가족에게 진심으로 고맙다는 말을 전합니다.

고객 경험을 업그레이드하는
FAQ 작성의 기술
고객 서비스가 10배 빨라지는 UX 라이팅

발행일	2024년 12월 9일
발행처	유엑스리뷰
발행인	현호영
지은이	히구치 게이이치로
옮긴이	박수현
디자인	d.purple
일러스트	Freepik
주 소	서울특별시 마포구 월드컵북로 58길 10, 팬엔터테인먼트 9층
팩 스	070.8224.4322
ISBN	979-11-93217-82-5

YOI FAQ NO KAKIKATA USER NO WAKARANAI O KAIKETSUSURU TAMENO
BUNSHOJUTSU by Keiichiro Higuchi
Copyright © 2021 Keiichiro Higuchi
All rights reserved.

Original Japanese edition published by Gijutsu-Hyoron Co., Ltd., Tokyo
This Korean language edition published by arrangement with Gijutsu-Hyoron Co., Ltd., Tokyo
in care of Tuttle-Mori Agency, Inc., Tokyo, through KOREA COPYRIGHT CENTER INC.,
Seoul.

이 책의 한국어판 저작권은 저작권자와 독점계약한 골드스미스가 소유합니다.
저작권법에 의하여 한국 내에서 보호를 받는 저작물이므로 무단 전재 및 복제를 금합니다.